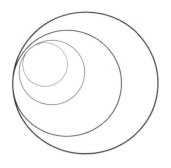

本书系浙江省哲学社会科学规划课题研究成果

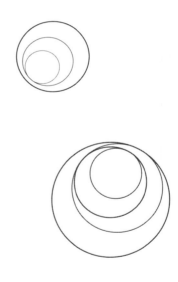

跨越区域
经济高质量发展

兰建平 ／著

ZHEJIANG UNIVERSITY PRESS
浙江大学出版社

序

回首改革开放 40 余年这一伟大的变革历程,中国经济社会发生了翻天覆地的变化。从经济规模上看,1978 年,我国的经济总量仅为 3679 亿元,到 2018 年,我国国内生产总值已经高达 90.03 万亿元,占世界经济总量的比重由 1978 年的 1.8% 上升到 2018 年的 16%。从经济增速上看,2018 年我国国内生产总值比上年增长 6.6%,增速位居世界前五大经济体之首,全球经济新增量的 30% 来自中国,是世界各经济体中贡献最大的国家。从经济结构上看,第一、二、三产业的结构日趋高度化,第三产业逐渐占据主导地位,尤其是生产性服务比重迅速提升,成为服务业的主导力量。2018 年,我国第一、二、三产业增加值占 GDP 的比例分别为 7.0%、39.7% 和 53.3%,第三产业成为拉动中国经济增长的主要力量。

如果把中国经济作为一个成功的案例,那么浙江经济就是这个案例中最具有代表性的样本。乘着改革开放的东风,40 多年来,浙江成功地走在了市场经济的最前沿,从封闭经济走向了开放经济,从块状经济走向了集群经济,成为中国经济的"模范生",走在了全国区域经济发展的前列。在经历 40 多年的高速增长后,实现从速度型经济、效率型经济向创新型经济的跨越式转变,成为区域经济高质量发展新的逻辑起点。以新一代信息技术驱动的数字化、网络化、智能化转型,成为浙江经济走向高质量发展时代的引擎。

作为浙江工业和信息化领域的研究专家,在"十二五"到"十三五"期间,兰建平同志围绕区域经济发展的主要问题,以浙江工业经济发展实践研究为重点,完成了《问道中国经济转型升级》《求索区域经济转型样本》两本著作,比较完整地记录了浙江经济转型的轨迹,对于区域经济研究开展了十分有益的探索。本书继续围绕浙江经济现阶段面临的主要问题,尤其对以数字经济为主要内容的区域经济创新转型,进行了总结提炼,并探讨了浙江实践中的成功经验,对浙江下一步的转型升级以及其他省(区、市)的高质量发展,均具有较好的借鉴意义。

作者指出,在生产关系变革上,浙江省从2013年提出"三张清单一张网",到提出"四张清单一张网",再到2016年省委经济工作会议提出"最多跑一次"改革,本质上就是通过一系列改革的叠加作用,构建起一个全省域的"高效政府",进而提升全省的"营商环境"生产力,加快推动产业的转型升级,为实现"两个高水平"提供坚实的政策与制度支撑。在经济质量的提升中,浙江从"亩产论英雄"向"亩均论英雄"深化,从项目准入、激励倒逼、综合评价、搭建数据平台、配套改革等多方面入手,经过试点、拓面、推广,逐步形成新机制,有机地调整和优化了产业结构。作为加快经济转型升级的重要手段和主动行动,"最多跑一次"改革、"亩均论英雄"改革体现的都是地方政府从"有为"到寻求"善治"的积极探索与实践,充分彰显了浙江省委省政府的现代化治理能力。

按照时任浙江省委书记习近平同志建设先进制造业基地的要求,今天的浙江仍然坚持一张蓝图绘到底,努力推进先进制造业基地建设,在高质量发展的新时代,着力促进"基地"向"高地"迈进。尤其是在当前世界经济格局面临重构的大背景下,大力发展实体经济,提升制造业的品质,是浙江需要努力探索的发展方向。

从信息经济到数字经济是科学技术进步推动产业创新的生动实践。从 2003 年启动"数字浙江"建设,到 2014 年举起信息经济发展大旗,2016 年成为全国唯一的国家信息经济示范区,再到 2017 年全国工业互联网试点花落浙江,浙江省委省政府提出了"数字经济"一号工程,大力推进"产业数字化、数字产业化"的发展战略。在刚刚结束的 2019 年世界互联网大会上,中央网信办、国家发展改革委正式确定在浙江开展数字经济创新示范省建设。显然,数字经济已经成为浙江再创新优势的必然选择,是贯彻党的十九大精神、建设数字强省、构建现代化经济体系的重要内容,也是浙江实现"两个高水平"、推动浙江经济高质量发展的重要战略路径。

党的十九大报告明确指出,中国特色社会主义进入新时代,我国社会主要矛盾已经转化为人民日益增长的美好生活需要和不平衡不充分的发展之间的矛盾。率先进入这一经济"新时代"的浙江实践,致力于推进建设产业的新内容、空间的新布局、市场上的新主体、政府引导上的新举措、理论研究上的新总结的产生。作为中国改革开放的"模范生",浙江经济在改革开放的第一个 30 年,很好地实现了从"小"到"大"的跨越。在中国经济百年崛起的第二个 30 年,浙江经济的目标是要实现由"大"到"强"的跨越,努力改造好传统产业,实现"存量"优化,培育好新兴产业,实现"增量"发展。浙江经济需要为迎接新"跨越"而注入更强动力!

"雄关漫道真如铁,而今迈步从头越",经过改革开放 40 余个春秋的历练,浙江将继续围绕"'八八战略'再深化、改革开放再出发"的总要求,坚持稳中求进的工作总基调,聚焦高质量、竞争力、现代化,努力推进浙江经济从"量"的扩张向"质"的提高转变。本书将为进一步加快推动质量变革、效率变革和动力变革,加快构建高质量的现代化经济体系,实现"两个高水平"的奋力前行提供重要的参考。

最后,祝贺兰建平同志及其研究团队在"问道"、"求索"和"跨越"中取得了丰硕的研究成果,同时我亦更期待他们在相关研究中继续深入实际,继续凝练并提出引领性的观点,不断迈上新的台阶。

作为他曾经的博士生导师,为他的著书立说而高兴!

且看他起高楼!

吴晓波

2019 年 10 月于杭州

前　言

　　高质量发展是党的十九大以后中国经济发展、区域经济转型研究最热门的话题。传统意义上所谓的质量,更多的是从产品质量上去研究,内涵和外延都是清晰的,很显然这里讨论的是经济的高质量话题,而不是工业产品质量高低的问题。迄今为止,无论是经济学,还是管理学,在理论上,尚没有明确地给出高质量发展的定义,但是在实践中,追求更高的产品质量或服务品质、更和谐的环境、更少的资源与能源消耗、更高的技术含量和更为有效的产业政策与制度相融性,是高质量经济发展的战略追求,这种经济发展模式,不仅仅是中国经济发展自身的要求,也是国际经济发展的共同追求。

　　中国在 2010 年超过德国、日本等国家,成为全球第二大经济体,这是中国改革开放 30 多年所取得的重大成就。这种成就的取得既得益于中国经济政策和制度的成功,更得益于全球产业的大转移、规则的大变革、技术的大进步所带来的机会。尤其值得研究的是,2001 年中国加入世界贸易组织(WTO)以后,全球市场向中国开放,为中国经济发展提供了巨大的机会。加入 WTO 后的中国,以广东、江苏、浙江等东部沿海地区为代表,其生产总值在很长一段时间内几乎每年都保持两位数的增速,在一定程度上创造并代表了中国经济发展的奇迹。然而,在 2008 年全球经济遭遇百年一遇的金融危机的背景下,中国经济的增长速度明显放缓,从高速走向中高速,并且这种趋势逐步常态化。加上中国国内人口红利的边际效益递减,刘易斯拐点显现,能源与环境方面的压力骤增,中国经济,尤其是东部各省(区、市)经济的发展,开始出现下行的压力。即使是不缺资源、能源的中国西部地区,经济下行压力同样十分巨大。同时,城乡和区域发展不平衡依然存在,这种现象在党的十九大报告中形象地被称为"不平衡、不充分"之间的矛盾。在保持经济的持续发展的同时采取积极的措施化解这些矛盾,成为中国经济实现高质量发展的重要目标。

浙江是习近平新时代中国特色社会主义思想的萌发地和实践地,是解读中国特色社会主义道路自信、理论自信、制度自信、文化自信的典型代表省份。作为拥有中国民营经济、绿色发展、数字经济、中小微企业与小微园区平台四张金名片的省份,浙江从一个资源小省发展成为经济大省,是坚持走中国特色社会主义道路的最好案例。在改革开放 40 余年的发展过程中,浙江成功地从计划经济走向市场经济,从封闭经济走向了开放经济,从"块状经济"走向了集群经济,成为中国经济发展的"模范生",走在了全国区域经济发展的前列。

但是,起步于"轻、小、集、加"的浙江经济,外延扩张的特性比较明显,突出地表现为"低、小、乱"的特征。在 2014 年召开的首届世界互联网大会上,时任浙江省省长李强用了五个"过多依赖"来概括浙江经济的"成长烦恼":过多依赖低端产业、过多依赖资源要素消耗、过多依赖低成本劳动力、过多依赖传统商业模式、过多依赖低小散企业。面对这样的发展格局,浙江经济如何适应新常态? 如何深化供给侧结构性改革? 在 2010 年后,"转型升级"成为"十二五"期间的一个高频词。在国家"三去一降一补"的大背景下,浙江从"腾笼换鸟、机器换人、电商换市、空间换地"这"四个换"入手,推进产业转型升级发展,努力提高全要素生产力,建设现代化产业体系,努力构建"机器人＋、大数据＋、互联网＋、标准化＋",并逐步向"智能＋"时代迈进。

如果说数字化、网络化、智能化是技术改变推动产业转型，那么起步于2006—2007年绍兴县（今绍兴市柯桥区）的"亩产论英雄"改革，则是为应对资源环境约束倒逼所开展的制度创新。这项试点经历了10年左右的实践、总结和提升，到2017年，浙江省转而提出"亩均论英雄"，不仅是从产出上改革导向，更是从能耗、环境等更多维度去考虑改革的综合制度供给，用制度的完善去引导经济的高质量转型。

2014年，世界互联网大会永久落户浙江桐乡乌镇，"互联网＋"成为推进转型升级的重要路径。2015年，浙江省提出了创建国家信息经济示范省的发展战略，最大的底气就来源于浙江的"两化"融合指数遥遥领先，来源于互联网大会对浙江的赋能。在"十三五"期间，起步于"两化"融合的转型，经历了"两化"深度融合的量变到质变，无论是传统产业的改造提升，还是信息与通信产业的发展，都开始呈现新的发展态势。值得一提的是，杭州、宁波这两大副省级城市，作为浙江经济的"双引擎"，其中杭州积极争创国家软件名城、"互联网＋"自主创新示范区，宁波积极打造智能制造全国示范城市，带动城市经济的转型发展。作为制造业大省，浙江的20个工业强县（市、区），都努力在制造业的转型发展上做出积极的探索。浙江的"两化"融合指数连续多年处于全国的前三名，始终高于生产总值在全国的排名，而信息技术的核心产业增加值增速始终高于工业增加值的增速。以信息化带动工业化、以工业化促进信息化，对于浙江来说，具有较为典型的产业转型与区域经济研究价值。

人类社会进入21世纪的前20年，是一个人类文明发展史上值得重点研究的历史时期。从国际规则的变化上看，第二次世界大战后确立的WTO、IMF等经济金融制度开始寻求完善突破，TPP、TTIP等规则变迁，英国脱欧等问题产生，世界经济规则开始剧烈变动，由此也导致世界经济的动荡。这种动荡到唐纳德·特朗普（Donald Trump）出任美国第45任总统后表现得尤为明显。

　　面对世界经济格局的变化,在 2013 年,中国提出了建设"丝绸之路经济带"和"21 世纪海上丝绸之路"的倡议,即"一带一路"倡议,成为重构世界经济规则的重要标志。自提出以来,"一带一路"倡议已经成为影响世界经济的重要标志性工程。

　　在中国经济进入新常态后,面对世界经济规则的变化、现代科学技术的范式转变,如何实现中国经济的效率变革、动力变革、质量变革,构建现代化的经济体系,成为高质量经济发展的重要逻辑新起点。浙江省按照习近平总书记任浙江省委书记时制定的"八八战略"的指导思想,贯彻党的十九大精神,顺势而为,提出了"数字经济"一号工程,大力推进"产业的数字化、数字的产业化"的发展战略,力图推动浙江经济率先进入高质量发展时代。同时,在一级宏观调控、两级宏观管理的经济制度下,经济发展的主体责任依然在地方。如何体现治理能力和治理体系的现代化,是另一个十分重要的研究话题。从"政务公开"到"四张清单一张网",再到"最多跑一次"改革,都是地方党委和政府从彰显"有为"到寻求"善治"的积极探索与实践。

目 录

第五篇　浙江经济质量不断向好

第一篇

从『有为』到『善为』：『改』出经济新加速

党的十一届三中全会以来，改革开放已成为当代中国最显著的特征、最壮丽的景象、最鲜明的精神标识。围绕改革开放的历史巨变，本篇以浙江省的"最多跑一次"与"亩均论英雄"改革为切入点，简要回顾了改革开放以来全国以及浙江省在经济工作中取得的积极进展，提出了在习近平新时代中国特色社会主义思想的指导下，浙江进行新一轮改革的关键思路与对策建议。

本篇围绕从"有为"到"善为"，在政府层面上，提出浙江实施"最多跑一次"改革的必然性与重要意义，从政府引导和市场激活两个层面分析"最多跑一次"改革取得的工作成效与经验做法，提出强化政策执行力度、提高政府服务质量的相关建议；在理论层面上，为论证"最多跑一次"改革的历史必然性，从产权管制的视角对"最多跑一次"改革所蕴含的内在机理和行动逻辑进行了建模分析，提出政府推进简政放权和"互联网＋政务服务"将有利于社会整体交易成本的下降，进而提高资源配置效率和社会福利水平；在企业层面上，对浙江工业企业开展问卷调查，了解"最多跑一次"改革对营商环境的优化提升效果，调研结果进一步表明"最多跑一次"改革有效降低了企业的市场运行成本，营造了稳定、公平、透明、可预期的营商环境。

围绕"经济的高质量发展"，对"亩均论英雄"改革的实施路径进行了系统性回顾，总结了"亩均论英雄"改革的经验与启示。在整体上将浙江的"亩均论英雄"改革划分为改革探索、试点拓面、推广改进三个阶段，从项目准入、激励倒逼、综合评价、数据平台、配套改革等角度梳理了浙江"亩均论英雄"改革的主要行动和重要手段，提出了"亩均论英雄"对于转变发展方式、优化经济结构、转换增长动力的重要意义，并围绕改革再深化、部署再落实的总体要求，在思想认识、政策制度、工作做法上提出了进一步"亩均论英雄"的对策与建议。

在改革中创新　在创新中发展

　　1978 年 12 月 18 日，党的十一届三中全会召开，开启了改革开放新时期；2017 年 10 月 18 日，党的十九大胜利召开。这中间，中国经济社会发展的历史，跨越了将近 40 年。在中国上下五千年的文明史上，虽然这只是短短的不到 1% 的时间，但是这 40 年对中国经济社会发展的影响，也许是 400 年，甚至是 800 年的。站在中国，展望世界，面对第二次世界大战以来奠定的世界经济格局，中国的改革开放已经从"利用""适应""加入"的时代，开始逐步进入"参与""重构""主导"的新时代。浙江作为我国改革开放的先行区，在网络强国、数字中国、智慧社会建设领域，具有明显的先发优势；在民营经济、贸易发展、国际化程度领域，具有突出的竞争优势；在治理能力、治理体系现代化方面，具有良好的治理优势。在新一轮改革开放中，浙江省应该，也完全有可能继续走在前列。

　　改革开放对中国来说意味着什么？对一个用"修长城""筑海堤"等方式来体现国家防御体系的民族来说，一方面，这是思想观念上的巨大改变。以严复翻译《天演论》为标志，中国近代仁人志士提出的"师夷长技以制夷""西体中用"等思想，都表明了国家振兴和民族复兴需要在开放中学习，在借鉴中提升。中国的发展不能游离于世界之外,只有睁开眼睛、放眼世界,承认差距、奋发图强,向世界上一切优秀的国家和民族学习,才能紧紧跟上世界经济发展的节拍。在从民族独立到和平崛起的征程中,中国人从未停止"走出去"的步伐,回顾 20 世纪 100 年的历史,从三四十年代的闽南人、五六十年代的潮州人、七八十年代的浙江人,到今天遍布全球的中国商人,不断走向五湖四海的浙江企业家、中国投资者,依次形成了海外华商的最大群体。另一方面,是价值追求的巨大变革。党的十一届三中全会后,我们党带领全国各族人民,瞄准经济问题,转变指导思想和工作目标。从 1978 年到 2018 年,在 40 年的改革开放历程中,我党始终坚持以经济建设为中心,一张蓝图绘到底,从农村到城市,从田地到车间,从地方到中央,牢牢抓住经济建设这个大命题,把发展这个硬道理写在经济建设的方方面面。不等、不靠,一遇雨露就发芽,一遇阳光就灿烂,在经济建设这个党的中心工作上,谱写出了最精彩的时代华章,并把人民群众获得感的高低作为党和政府事业成功与否的重要衡量标志。

改革开放以来,在全党和全国各族人民的艰苦奋斗和勇于创新下,中国经济实现了从经济总量仅占全球 GDP 的 1.8％到 2017 年成为占比达 14.8％的全球第二大经济体,人民生活实现了由贫穷到整体小康的跨越式转变,社会发展实现了由封闭、落后到开放、富强、文明的历史巨变。2013 年,诺贝尔经济学奖得主、新制度经济学鼻祖、产权理论创始人罗纳德·科斯在(Ronald Coase)《变革中国》一书中高度评价了中国的改革开放,认为"1978 年中国的改革开放是二战以后人类历史上最为成功的经济改革运动"。小康不小康,关键看老乡。比 GDP 占比更值得关注的是人均 GDP 的提升。在"十二五"期间提出的"两个高于"(人均收入的增幅高于 GDP 增幅,财政收入的增幅高于 GDP 的增幅),是这一指导思想的最好体现。从浙江发展的实际来看,在近 20 年的发展历史上,无论是城乡居民,还是农村居民,浙江省的人均可支配收入在全国各省(区)中,都是最高的。始终坚持富民导向,成为浙江经济社会发展的最大看点之一。

2018年是中国改革开放40周年,习近平总书记在庆祝改革开放40周年大会上发表了重要讲话,全面地总结了我国40年改革开放所取得的巨大成就。纪念是为了更好地发展,在世界经济格局发生巨大变化的时代背景下,中国又该如何加大改革开放的力度、续写经济建设的新篇章?立足中国、放眼全球,中国的改革开放事业已经从第一阶段的"中国资源、全球市场"发展至第二阶段的"全球资源、中国市场",并正在走向"全球资源、全球市场"的第三个新阶段。在第一阶段,中国充分利用国内廉价的劳动力、生产资源等优势,顺应改革开放初期国内、国际两个市场的巨大需求,让"Made in China"成为世界上最受欢迎产品的代名词,中国用"中国制造+产品出口",让世界重新认识了中国。以浙江为例,浙江的外经贸事业,在20世纪90年代迈入了发展最为辉煌的十年,成为浙江经济发展与崛起最重要的十年。在第二阶段,随着中国加入WTO,在中国产品走向世界的过程中,中国企业开始走向全球,一批拥有技术、资本优势的企业开始在世界范围内整合资源,呈现出"中国投资世界"的繁荣景象。与此同时,以"世界投资中国"为标志,中国成为全球利用外资规模最大的国家之一。产品流、资金流、技术流等掀开了世界产业转移的难忘岁月。作为中国民营经济的代表,无论是吉利集团并购沃尔沃,万向集团收购美国A123、混合动力汽车制造商菲斯克,均胜电子并购日本高田资产,还是阿里巴巴成功赴美国上市,都已成为中国产业开展全球产业链布局的最好证明。

2008年的全球金融危机,是一场改变世界经济格局的大革命。世界经济进入了十年,甚至更长时间的长周期。米歇尔·渥克(Michele Wucker)在《灰犀牛:如何应对大概率危机》中,作出了精彩的分析。这轮经济长周期产生的重要原因之一是科技革命带来了产业变革最典型的十年。2010年杰里米·里夫金(Jeremy Rifkin)教授在《第三次工业革命》中,2016年克劳斯·施瓦布(Klaus Schwab)在《第四次工业革命》中,都对以数字化、网络化、智能化以及生态化、绿色化为标志的新一轮技术变革进行了生动描绘。从21世纪初国家机构改革撤销国家经贸委、设立信息产业部,再到撤销信息产业部、成立工业和信息化部,其都在政策与制度层面,体现了从大力发展信息技术产业、以信息化带动工业化,到以工业化带动信息化、两化深度融合发展,并开启数字化、网络化、智能化的产业演进规律。

2014年世界互联网大会在浙江桐乡乌镇隆重召开,习近平总书记提出了"没有网络安全就没有国家安全,没有信息化就没有现代化"的战略要求,开启了以"互联网＋"为标志的新时代,2014年成为中国互联网经济的元年。在2015年的云栖大会上,时任浙江省省长李强提出了"云上浙江 数字强省"的地方发展战略,从"两化浙江",到"云上浙江",浙江在全国率先提出创建国家信息经济示范省。2016年G20峰会在杭州隆重召开,把大力发展数字经济写入了《21世纪新工业议程》,从此数字经济成为国内经济转型升级最重要的路径。2018年全国31个省(区、市)的主要领导集体喊话发展"数字经济",加快实施新一代信息技术产业化的发展步伐,大力推进产业与经济的数字化转型,成为贯彻党的十九大精神、建设现代化经济体系的重要战略选择。

浙江是全国两化融合的先进省份、互联网大会永久举办地所在省份、国家信息经济示范省,杭州是国家"互联网＋"自主创新示范区,宁波是"中国制造2025"的第一个示范城市;在市场主体上,培育了阿里巴巴、海康威视、大华、新华三以及江丰电子等行业代表企业;在产业平台上,拥有云栖小镇、梦想小镇、杭州湾信息小镇等标志性平台。在高质量要求的时代大背景下,2017年浙江省委经济工作会议把发展数字经济确定为浙江经济创新发展的"一号工程",成为浙江走向高质量时代的同心路。

如果说在改革开放的第一步,浙江成功实施的第一个从资源小省向经济大省的跨越是由一种"从上到下"与"浙自下而上"的制度结合所带来的,那么第二个跨越该如何实现是"十四五"时期必须给出的时代回答。

在习近平新时代中国特色社会主义思想的指导下,中共浙江省第十四届委员会因地制宜地提出了"两个高水平"的发展战略,践行"干在实处永无止境、走在前列要谋新篇、勇立潮头方显担当"的重要思想。在数字化治理的时代,围绕数字经济发展,在地方党委和政府治理体系与治理能力改革上,浙江省以"最多跑一次"和"亩均论英雄"为突破口,不断提升和优化经济发展的制度环境,以打造"管制的洼地、服务的高地"为导向,最大限度地优化营商环境,为新时期以民营经济为主体的区域经济高质量发展注入新的制度力量。

　　未来的浙江要努力实现从"大"省到"强"省的全面超越。"强"就是话语权,要在世界经济规则的大变革中赢得话语权。按照"'八八战略'再深化、改革开放再出发"的主题,需要更大的智慧、更高的水平,在更深的领域,进一步聚焦国内外的技术变革、制度变革、政治变革等巨大变化,"胸怀祖国、放眼世界",既把中国伟大的改革开放事业推向新的高度,也为世界经济社会发展提供新的范式,让中国改革开放事业成为世界经济社会发展新的可借鉴路径。

原载《浙江经济》2018 年第 24 期

新一轮改革要聚焦四个"要"

面向新时期,进一步深化改革,再创体制机制新优势,必须更加重视国家现代化经济体系建设,必须努力提升产业层次,必须切实完善党委和政府的治理体系,提高治理能力,彰显中国特色社会主义的道路自信、理论自信、制度自信、文化自信。新一轮的改革要聚焦四个"要"。

一是要在注重以人民为中心的指导思想下,把经济体系建设得越来越现代化。当今世界的竞争、大国的博弈,从本质上讲仍然是经济实力的竞争,中美之间的贸易摩擦就是最好的案例。新时期继续推进改革开放的伟大事业,落脚点是人民群众的幸福感、获得感,出发点仍然在经济建设上,全党仍然要把党的十九大报告提出的建设现代化经济体系放到十分重要的位置上。既要彰显经济的"现代"感,又要突出经济的"体系"化。

新时期加快现代化经济体系建设,一方面要重视技术创新的作用,用科技进步推动经济高质量转型;另一方面,要高度重视金融创新,在金融安全的前提下,努力把社会资本转化为产业资本。国资、外资、民资,都是产业资本的重要实现方式,要深化改革,做到一视同仁,放宽产业准入,提供均等参与竞争的市场机会。在市场准入上,要为各种资本提供一视同仁的竞争机会。如在工程项目建设过程中,人民政府的大楼,民企和国企都可以去建造,规则更应该关注的是性价比的高低,而不是国企、民企在制度上的差异。

二是要把产业层次的提升放到更加重要的位置上。经过40多年的改革开放,我国充分发挥了劳动力众多、勤劳致富等优势,在劳动密集型产业的发展上,已经取得了明显的优势,成为"名副其实"的"世界工厂"。但是,以劳动密集型产业为主导,是很难在全球市场中体现出持续的竞争优势的。引导更多的产业从劳动密集型转型升级为技术与资金密集型产业,是高质量发展的必然要求。要以数字化、网络化、智能化为重点,把数字产业化与产业数字化摆到产业转型升级"一号工程"的位置,提升存量经济的质量。同时高度关注对新材料、生命技术等新产业的培育。没有这些存量产业与增量产业的高质量发展,是无法真正把现代化经济体系建设的目标落到实处的。

对于现代产业,政府必须采取有力的引导方式,努力突破现有的各种制度,如在数字经济的立法方面,要加快立法进度,努力把党委的要求转化为立法的要求,成为政府工作的依据。

三是在新时期,要把党委和政府治理能力的提升、治理体系的完善,作为执政党核心能力建设的重要内容。现代经济发展与社会管理,往往是老革命面临新挑战,老经验无法解决新矛盾。一个人最难忘记的是昨天的经验,一个国家和政党最大的挑战是没有足够的能力解决新的问题。在大变动、大分流的时代,要把党委、政府的执政能力建设放到和党风廉政建设同样重要的位置,干部想干事,关键是要能干事、会干事。党的干部不能是"万金油"的干部。当今产业分化、社会分工越来越细,要求的工作模式也越来越专业,从这个角度上讲,当年邓小平同志提出的领导干部"专业化"的问题,仍然没有过时。一个人即使学历再高,也同样面临着知识更新的问题,学习力的培育和养成是新时期党的领导干部必须具备的新修养。

四是要把国家的文化软实力,作为国家与国家之间合作的重要内容。从某种程度上看,文化软实力是大国之间合作与竞争的终极目标。丘吉尔曾说过:"我宁愿失去一个印度,也不愿失去一个莎士比亚。"讲好中国故事是重要的,但是比讲故事更重要的,是要把体现中国文化软实力的项目,更多地放到全球,特别是"一带一路"沿线国家中去。中国悠久的历史文化,如美食、中医、太极、茶道等,是人类共同的文化遗产,更是中国文化的重要符号,要在全球规划和努力建设新时期的唐人街,让古老的文化与现代科技相结合,在传承中创新,在创新中传承。

原载《浙江经济》2019 年第 1 期

"最多跑一次"跑出浙江经济新加速

浙江提出的"最多跑一次"改革,是在中国经济社会发展进入新阶段的背景下,提升政府治理能力和治理水平的积极探索,是浙江践行"八八战略",发挥体制机制新优势,进一步寻求政府"善治"的生动实践。

一、"最多跑一次"开启浙江政府自我改革新篇章

为了寻求地方政府的"善治",浙江一直在努力。从数字经济到数字治理是政府寻求行政有效的必然选择。从技术背景上看,21世纪最大的特点在于三个字——信息化。诺贝尔经济学奖获得者约瑟夫·斯蒂格利茨(Joseph E. Stiglitz)曾说过:21世纪前50年,对人类产生最大影响的技术就是信息技术。从数字化、互联网化到移动化、人工智能的迅速发展,在中国经济版图上,区域经济的浙江实践格外亮眼。从"机关效能建设"到"四张清单一张网",从"店小二"到"最多跑一次",浙江对善治的探索和实践从未停止过。

"只进一扇门""最多跑一次"成为浙江贯彻中央提出的"放管服"改革的重要体

现。为贯彻"放管服"改革,浙江以"最多跑一次"开启了政府自我改革的新篇章,成为浙江省在经济新常态下全面深化行政管理体制改革、推进"互联网＋政务服务"的一张金名片。从浙江部署、推进"最多跑一次"的时间表来看,可谓上下同心、高效有序。2016 年初,浙江提出"最多跑一次"口号;同年 12 月,浙江省委经济工作会议提出了"最多跑一次"改革。2017 年 1 月,时任浙江省委副书记、代省长车俊在政府工作报告中明确表态要加快推进"最多跑一次"改革,提出以群众和企业获得感的提升为目标,优化政府服务供给;同年 2 月,车俊代省长在省政府第九次全体(扩大)会议上动员部署"最多跑一次"改革;同年 4 月,全省组织召开"最多跑一次"改革座谈会。

作为浙江撬动全面深化改革的突破口,"最多跑一次"改革是在信息时代大背景下推进政府治理体系和治理能力现代化的重大创新,旨在通过信息化的手段,以清权、减权的方式来提升社会治理能力和水平,进而提高社会福利水平。"最多跑一次"改革,在技术层面上,主要体现在大数据、云计算、物联网、移动互联网的技术突破;在政府管理模式、服务方式上,主要体现在现代信息技术在治理能力和治理水平现代化中的广泛运用和深度融合。这种融合,首先体现在政务服务内容、服务方式的数据化、在线化、标准化上等;其次,以要求数据公开为基础,实现数据的共享,构建政务服务的协同效应,进一步优化政务服务的流程;最后,反向倒逼政府机构职能的改进和优化,着力推动基于新一代信息技术的政府能力大提升、职能大转变。在此基础上,逐步规范化、流程化,并形成可复制、可推广的治理能力和治理体系的改革经验。可以说,在现代信息社会里,政府服务如果不能创新和成熟运用信息化技术,就很难实现真正意义上的善治。

二、"最多跑一次"改革的成效与经验

"最多跑一次"反映了浙江构建"高效政府"的决心和做法,不仅体现了政府服务的指导思想从被动封闭转向主动开放,更体现了政府服务水平的有效提升,本质上是通过一系列改革的叠加作用,构建了一个全省域范围的"高效政府",从而提升"营商环境"生产力,推动产业加快发展。总的来看,"最多跑一次"改革所反映出的浙江经验体现在以下两个方面。

一是政府"主动有为"。推进"最多跑一次"改革,是"放管服"改革的浙江探索、浙江实践。在推进这项改革的过程中,政府首先树立了以人民为中心的指导思想,提高了对审批事项的自适应性和主动性,表现了政府想群众之所想,把百姓的获得感放在政府服务第一位来考虑。如探索和推行"五星级"网上办事模式、商事登记"五证合一"等,基本达到"最多跑一次是原则、跑多次是例外"的改革要求,体现了政府"主动有为"的服务态度。

二是激发市场活力。2017年7月浙江省人民政府办公厅出台《关于加快推进企业投资项目"最多跑一次"改革的实施意见》,要求全面推广应用"一口受理、在线咨询、网上办理、代办服务、快递送达"办理模式,推动实体办事大厅与投资项目审批监管平台线上线下融合发展,有效实现了企业投资审批项目"一章到底"、个人创业创新项目"只跑一次"。各地通过权力整合、能减则减,推进审批流程再造,净化了审批环境,大大降低了投资项目的行政成本,同时也助力创业创新,促进动力机制、创新创业常态化,这些都极大地激发了民间经济的活跃度。

随着改革开放日益进入深水区,实践证明,"最多跑一次"较好地适应了经济新常态带来的新要求。

三、深化"最多跑一次"改革，提高服务质量

为更好地落实浙江省委省政府"最多跑一次"改革，发挥黄金政策的黄金效益，扎实推进各项工作的有效落地，亟须不断强化政策执行的力度，进一步提高服务质量，实现全流程深化改革。

(一)不仅要"最多跑一次"，更要"只等十分钟"

客观上，现行政府政务网络所能够提供的各种服务是不完整的，政务 App 客户端、微信公众号等未能实现良好整合，一方面影响企业及个人的办事体验，另一方面也导致了行政资源的浪费。仅仅从"C"端看，作为用户办事直接面对的审批前台，虽然在证件、材料齐全的情况下实现了"最多跑一次"，但用户等待办事的时间仍然较长，"一等大半天"的情况时有发生。

2015 年 8 月，上海浦东新区推出了"只说 Yes 不说 No"的"O&K"窗口服务快速反应机制。在推进"只说 Yes 不说 No"的工作背后，不仅仅是政府服务理念的转变，更是服务水平的提升。上海市政务服务通过云计算、大数据的智能分析，提高运转效率，将办事人员等候的时间控制在十分钟之内。这种双向之间的信息互动，努力做到了让前来办事的企业"只等十分钟"，结果导向显著，百姓获得感强。

可以说，政府服务到位了，优质的营商环境也就应运而生了，经济发展也就有了保障。目前，浙江的"最多跑一次"改革是从办事次数的减少上提高政府服务能力。从深化改革的未来视角来看，不仅要有各种审批在数量上的减少，更要有服务质量的提升。这方面，政务服务可以学习和借鉴"只等十分钟"的上海经验，积极推动线上线下融合发展，能线上办理的事情全部通过线上完成，需要线下办理的事情

事先统一在线上预约进行材料预审,建立潮汐工作制度,让前来办事的企业、个人"只等十分钟"。

(二)不仅要加强制度建设,更要加大执行和推进力度

从实际调研情况看,仍然有一部分企业没有从"最多跑一次"改革中受益,反映了改革需要在当前制度建设的基础上,进一步加大执行和推进力度,全面覆盖各个地区、各个行业、各种规模的企业。

深化"最多跑一次"改革,要建立改革主体责任制,落实审批单位一把手负责制,加强部门协调和沟通,主管部门要挂图作战,建立各项改革目标任务计划表,强化落实,加快改革进度,让改革的春风尽快沐浴全体企业。一是要基于互联网技术发展,以"互联网+政务"思维构建"一朵云"共享平台,实现政府部门之间数据的互联互通。通过推进县(市、区)、市、省(区、市)各级的资源共建共享,实现从"让人跑腿"到"数据跑腿"的转变,优化行政审批流程,有力推动政府数字化转型和政府服务方式的根本性转变。二是要通过身份认证、信息授权、防火墙等多种信息安全技术,打破以保护信息安全为名的信息隔离。三是应当建立完善反馈机制和回访机制,通过大数据动态监测行政审批流程与服务,深度优化"最多跑一次"的形态、模式,更好地满足各类主体的需求,提升获得感。

(三)不仅要优化窗口办事流程,更要实现全流程改革

在对企业的服务方面,"最多跑一次"改革可以将工作重心从优化窗口办事流程转向优化后台审批流程,重点围绕工业项目投资审批等堵点、难点问题,开展集中攻坚,对相关流程、环节进行重新设计和调整,实现全流程改革。

最多跑一次的全流程改革,可以从竞争领域的项目入手,可以以市场相对竞争程度最高的领域的工业项目投资审批服务为突破口,梳理和优化审批流程,更加注

重创新审批方式、优化政府服务、强化事中事后监管,同时促进企业自主合法依规,探索建立起环节最少、时间最短、效率最高、服务最优的企业投资项目审批制度。

窗口优化服务和全流程改革推进,是点与面的结合。从点上入手,根本上是要推进全流程的优化改革,只有这样才能真正体现"优化"两个字的价值。

(四)不仅要企业"最多跑一次",更要政府主动跑企业

把握"最多跑一次"的改革契机,进一步深化制造业转型升级中政府对体制机制改革的探索和实践。对符合产业未来发展定位的重大项目和重点企业,必须转变政府对企服务的方式方法,做到从"被动等待"到"主动出击",从"审批监管服务"到"贴心跟踪服务",从"企业上门找政府"到"政府上门找企业"。

对项目落地和企业发展过程中遇到的实际问题和困难,能在政策层面解决的尽快促成解决,难以解决的问题要努力想办法解决,做好主动服务、跟踪服务、真实服务,营造更具针对性、高效性和主动性的营商环境,加快提升企业获得感,有效带动地方经济发展。

"最多跑一次"改革是对"改革强省"任务的细化与落实,本质上是通过一系列改革的叠加作用,构建起一个全省域范围的"高效政府",从而提升"营商环境"生产力,推动产业加快发展,打造浙江经济新加速,为实现"两个高水平"提供坚实的政策与制度支撑。

原载《浙江经济》2017 年第 18 期及《浙江日报》2017 年 10 月 17 日

"最多跑一次"改革的行动逻辑和内在机理分析

一、问题的提出

在人类漫长的历史长河中,从语言的产生、文字的发明到新一代信息技术的创新变革,人类社会大概经历了六次信息革命,在代表技术的推进下,信息的流动性不断增强,与其他要素的紧耦合关系不断被打破[①],使得信息表现、交流、传播和处理方式不断升级。在提升劳动力、资本等生产要素配置效率的同时,信息逐渐上升为独立的生产要素,促进生产力不断提升、生产效率不断提高,形成了与生产力相适应的生产关系,推动人类社会从农业时代向工业时代、信息时代不断演化(见表1)。

---

① 王俊秀.新经济:信息时代中国升维路线图.北京:电子工业出版社,2016:131-132.

表1　人类社会的历次信息革命及社会治理机制

名　称	时　间	社会形态	代表技术	治理模式	治理形式
第一次信息革命	约5万年前	原始社会	语言	民主型社会治理	氏族制度（氏族会议）
第二次信息革命	3500年前	农业社会	文字	统治型社会治理	奴隶制度（奴隶主专权）
第三次信息革命	公元前2000—1000年	农业社会	印刷和造纸术	统治型社会治理	皇权政治（郡县制）
第四次信息革命	19世纪中期	工业社会	无线电/电话	管理型社会治理	威权政治（国家崇拜）
第五次信息革命	20世纪50年代	工业社会	微电子和现代通信	管理型社会治理	有限民主政治
第六次信息革命	21世纪初	工业社会信息社会	云计算、大数据、物联网、移动互联网等新一代信息技术	服务型社会治理	民主政治

资料来源:阿里研究院报告;薛泉."自上而下"社会治理模式的生成机理及其运行逻辑——一种历史维度的考察.广东社会科学,2015(4):202-210。

从严格意义上来说,直到19世纪中期,第四次信息革命才正式开启了信息化革命的征程,之后信息革命之间的时间间隔逐渐缩短,向社会经济的渗透速度、广度和强度不断提高。随着信息流动速度的加快和信息传播成本的降低,人类处理公共事务的组织方式也在不断发生变化,从民主型社会治理到统治型社会治理,再到管理型社会治理,最后转变为服务型社会治理[1]。在服务型政府的构建中,包括观念、规则和操作三个层次的范式[2],信息技术的应用和发展,大大降低了信息搜寻成本和交易成本,重

---

[1]　张康之.公共管理伦理学.北京:中国人民大学出版社,2003:7.
[2]　刘祖云.历史与逻辑视野中的"服务型政府".南京社会科学,2004(9):48-53.

塑了社会治理的模式与功能,改变了传统政府服务供给的方式和手段[①],成为创新社会治理体制、推进国家治理体系和治理能力现代化的重要保障[②]。然而,鲜有研究关注信息化推动社会治理能力和水平提升的内在机理,而这恰是未来通过社会治理改革推动社会发展的重要议题和关键问题。

基于以上,本研究尝试从产权管制的视角构建一个信息化影响产权管制放松的分析框架,深入探讨浙江"最多跑一次"改革,为信息化背景下的社会治理创新改革提供指导和借鉴。

二、产权管制放松的理论范式

在转型经济学中,政府管制及其放松是一个有争议性的话题,早期文献主要关注国家对经济的权利管制,比如价格管制[③]、产量管制和行业管制等。随着实践的推演,经济学家们积极地探索和寻求管制过程中更加一般的分析工具,基于促进经济增长和保护消费者利益两个不同的视角,逐渐衍生出政府管制的"公共利益范式"和"私人利益范式"[④]。

管制经济学作为一个研究领域,无论是从实施管制到放松管制,还是从公共利益范式到私人利益范式,均需要一套逻辑清晰的一般理论。[⑤] 约翰·昂伯克(John

---

① 王平.城市信息化与政府治理模式的创新.上海:华东师范大学,2005.

② 姜晓萍.国家治理现代化进程中的社会治理体制创新.中国行政管理,2014(2):24-28.

③ Cheung S N S. A theory of price control. Journal of Law and Economics,1974,17(1):53-71.

④ Stigler G J. The theory of economic regulation. The Bell Journal of Economics and Management Science,1971,2(1):3-21; Peltzman S. Toward a more general theory of economic regulation. Journal of Law and Economics,1976,19(2):211-240; Becker G S. A theory of competition among pressure groups for political influence. The Quarterly Journal of Economics,1983,98 (3):371-400.

⑤ 罗必良,何一鸣.产权管制放松的理论范式与政府行为:广东例证.改革,2008(7):76-83.

R. Umbeck)建立了一个"权力制造产权"理论框架[1]；道格拉斯·诺斯（Douglass C. North）和巴里·温格斯特（Barry R. Weingast）建立了基于权力范式的国家理论[2]；罗必良和何一鸣构建了产权管制范式，认为产权管制放松是产权集合中的全部或部分从被剥夺或删除到部分或全部被赋予或界定的动态过程，随着产权管制程度的降低，部分甚至全部的产权束被重新赋予市场中的决策个体，停留在公共领域里的租金耗散将会相对减少，进而提升制度绩效。

有鉴于此，我们将在"技术—管制—产权—绩效"的框架下，以浙江省"最多跑一次"改革为案例，探讨在新一代信息技术的创新变革环境下，随着信息成本的降低，政府放松对分散决策单位的产权管制会给资源配置机制和行为角色带来怎样的重大变化。

三、信息化影响产权管制放松的数理模型与逻辑框架

产权是围绕一定的经济物品所形成的人与人之间的责权利关系，包括所有权、使用权、收益权和转让权，对其中一项或几项权利进行限制甚至删除就是产权管制。一般来说，有效率的产权安排是市场竞争的结果，而国家设置产权制度，主要是为了降低外部性、提高资源配置效率，以及降低社会管理成本。信息技术的进步将带来信息成本的降低、产权束中各项权利的分离、监督成本的大大下降，因此从整个社会福利水平最大化的角度来看，有必要进行治理体系的变革。一方面通过信息化手段优化政府的社会治理方式，使政府社会治理由原来的经验管理转化为

---

① Umbeck J. Might makes rights：a theory of the formation and initial distribution of property rights. Economic Inquiry，1981，19（1）：38-59.

② North D C，Weingast B R. Constitutions and commitment：the evolution of institutions governing public choice in seventeenth-century England. The Journal of Economic History，1989，49（4）：803-832.

基于数据的精准管理;另一方面对原有的产权安排进行调整,形成新的产权安排选择空间,从而降低社会管理成本,提高社会福利水平。

为了更好地解释在经济转型过程中,信息化对产权管制放松的影响,假设一个社会中有 n 个决策单位,每名决策单位中只有 1 名决策者,每名决策者的能力相同,但是偏好不同,政府在进行社会管理时追求产权管制的净收益最大,其行为方式是:

$$\max_{e_g} R(e_g) - C(e_g, n) \tag{1}$$

在(1)式中,产权管制收益 $R = tY$,平均产权管制租金(收益)率 $t(0 < t < 1)$ 为(1)式的外生参数;Y 和 n 分别是全社会的生产总值(总收入)和分散决策单位的数量;C 和 e_g 分别是政府实施产权管制的成本和努力程度。此外,假设 C 是二次可微且 $\dfrac{\partial C}{\partial e_g} > 0, \dfrac{\partial C}{\partial n} > 0$。

为了便于进一步分析,假设单个分散决策单位的生产函数为柯布-道格拉斯型,且规模报酬不变:

$$y_i(e_i, x) = A e_i^{\alpha} x^{\beta} \qquad (0 < \alpha, \beta < 1, \cdots, n) \tag{2}$$

在(2)式中,e_i 和 x 分别为分散决策单位的劳动积极性投入和其他要素投入,A 是技术水平,由规模报酬不变得出 $\alpha + \beta = 1$,从而得到:

$$\begin{aligned}
Y(ne_i, nx) &= A(ne_i)^{\alpha}(nx)^{\beta} \\
&= A n^{\alpha} n^{\beta} e_i^{\alpha} x^{\beta} \\
&= n y_i \quad (i = 1, \cdots, n)
\end{aligned} \tag{3}$$

政府最优化问题的一阶条件是:

$$\frac{\partial R}{\partial e_g} - \frac{\partial C}{\partial e_g} = 0 \tag{4}$$

在模型中,n 是外生变量,在技术不变的前提下,n 是影响政府产权管制放松的关键变量,对(4)式相应于 n 和 e_g 的隐函数 $f(n, e_g) = \dfrac{\partial R}{\partial e_g} - \dfrac{\partial C}{\partial e_g}$ 求微分:

$$\frac{\mathrm{d}e_g}{\mathrm{d}n} = \frac{\dfrac{\partial}{\partial n}\left[\dfrac{\partial C}{\partial e_g}\right]}{\dfrac{\partial}{\partial e_g}\left[\dfrac{\partial R}{\partial e_g}\right] - \dfrac{\partial}{\partial e_g}\left[\dfrac{\partial C}{\partial e_g}\right]} = \frac{\dfrac{\partial}{\partial n}\left[\dfrac{\partial C}{\partial e_g}\right]}{nt\dfrac{\partial}{\partial e_g}\left[\dfrac{\partial y}{\partial e_g}\right] - \dfrac{\partial}{\partial e_g}\left[\dfrac{\partial C}{\partial e_g}\right]} \tag{5}$$

在(5)式中,随着分散决策单位数量 n 的增加,政府管制的成本 C 将随之增加,要想实现管制收益的最大化,就必须使得目标函数的二阶条件小于 0,因此(5)式的分母小于 0,可以认为,随着分散决策单位数量的增加,政府实施管制的成本将不断上升。因此理性的政府会选择降低实施管制的努力程度,或者提高实施管制的工作效率,进一步可得出以下推论:

推论 1:在技术水平不变的前提下,随着经济的转型发展,分散决策单位的数量将会增加,进而导致政府实施产权管制的努力程度不断下降。随着信息技术的进步和信息化水平的不断提升,政府推进"放管服"改革将有利于社会整体交易成本的下降,进而提高资源配置效率。

然而,随着政府产权管制的放松,理性的分散决策单位将会选择将资源配置到效益更高的地方,假定分散决策单位 i 以外的其他决策单位的劳动投入总量为 E_{-i},则有:

$$y_i(e_i) = \frac{e_i}{E_{-i} + e_i} \tag{6}$$

对(6)式求 e_i 的一阶偏导数,

$$\frac{\partial y_i}{\partial e_i} = \frac{E_{-i}Y(e_i + E_{-i}, nx)}{(e_i + E_{-i})} + \frac{e_i}{e_i + E_{-i}}\frac{\partial Y(e_i + E_{-i}, nx)}{\partial e_i}$$

$$= \frac{n-1}{n}\frac{Y(ne_i, nx)}{ne_i} + \frac{1}{n}\frac{\partial Y(ne_i, nx)}{\partial(ne_i)} \qquad (n = 1, \cdots, n) \tag{7}$$

再对(7)式求偏导数,

$$\frac{\partial}{\partial n}\left(\frac{\partial y_i}{\partial e_i}\right) = Ae_i^{\alpha-1}x^{\beta}\left[(\alpha+\beta-1)n^{\alpha+\beta-2} + (\alpha-1)(\alpha+\beta-2)n^{\alpha+\beta-3}\right]$$

$$= (1-\alpha)Ae_i^{\alpha-1}x^{\beta}n^{-2} < 0 \tag{8}$$

根据(5)式,可以得出:

$$\frac{\partial}{\partial n}(\frac{\partial y_i}{\partial e_i})<0 \qquad\qquad (9)$$

由此可以得出以下推论:

推论 2:当规模报酬不变时,产权管制放松将引起分散决策个体单位劳动激励的边际产量提高。随着政府的简政放权和"互联网＋政务服务"的大力推行,企业和个体参与市场交易的成本将大大降低,提高效率的同时提升了企业和个体的满意度,最终提高了社会福利水平。

可见,随着分散决策单位拥有更大的产权空间,它们将得到激励把资源配置到更有价值的地方,进而提高整个社会的福利水平。在实践中,随着市场化改革的不断推进和信息技术的不断进步,政府必将逐渐放松产权管制、优化社会治理方式,激励企业和个体提高工作的努力程度,提高资源的配置效率,最终推动社会福利水平的不断提升。在经济转型过程中,信息化影响产权管制放松的内在机理和理论逻辑具体如图 1 所示。

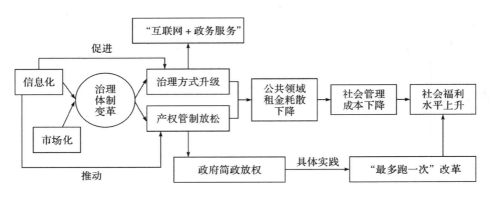

图 1　信息化影响产权管制放松的逻辑框架

四、浙江"最多跑一次"改革:过程与机理

浙江省的"最多跑一次"改革是政府利用信息手段放松产权管制、提升社会治

理效率的社会实践,是浙江省"四张清单一张网"改革的再深化再推进,也是"放管服"改革的区域探索。

(一)浙江产权管制放松的初始条件

在对新制度的分析和解释方面,新制度经济学中的路径依赖原理提供了可靠的分析思路和范式,其认为"历史是至关重要的……人们过去作出的选择决定了他们现在的选择"[①]。这也就意味着,即使初始条件是偶尔存在的,但是由于其所带来的"报酬递增"促使"不断降低交易费用"将制度的变迁引入特定的路径,从而,不同的路径将最终导致完全不同的结果。浙江省的社会治理体制改革便是一个有益的例证。

在改善社会治理方式、提升政务服务效率方面,浙江省一直走在全国前列。早在 2003 年,浙江省委省政府就要求各地各部门提高办事效率和服务水平,着力构建服务型政府,之后的十余年,浙江省行政审批制度改革脚步未歇、不断深化。2011 年 3 月,浙江省开始建设社会管理综合信息系统,实现了全省 7 大系统、11 个市、90 个县(市、区)、1380 个乡镇(街道)、27372 万余个村(社区)和省、市、县三级1568 个部门的联网运行,对社会治理资源的整合力度在全国遥遥领先。随后,浙江省不断深化信息化在加强和创新社会治理方面的技术支撑作用,2012 年率先启动智慧城市建设示范试点工作,2014 年率先推出"四张清单一张网"审批制度改革,2016 年大力推进"互联网+政务服务",在简政放权和信息化提升治理方式方面均走在全国前列。浙江省社会治理的制度变迁路径如表 2 所示。

---

① North D C. Institutions, Institutional Change and Economics Performance. Cambridge: Cambridge University Press, 1990.

表 2　浙江省社会治理的制度变迁路径

改革名称	制度类型	动力机制	组织模式	资源配置	政府角色	相互关系	权力分配	评估手段
行政审批制度改革	以指令为导向	政府指令	科层制	整齐划一	划桨者	命令服从	统治	政府单一考核
"四张清单一张网"	以市场为导向	市场效率	私有制	市场化	导航者	委托代理	管理	利润最大化
"最多跑一次"	以需求为导向	需求信号	民主制	多样化、个性化	服务者	参与合作	治理	群众满意度

可见,在全面深化改革的过程中,浙江省通过简政放权改革来推动政府转变职能和增强企业活力,通过精简政府机构、简化行政审批手续和下放企业经营管理权来激活市场活力、发展动力和全社会的创造力。早在 21 世纪初,浙江省就开始建设服务型政府,不断解除和放松索取权和控制权,使得市场、企业所受到的政府产权管制强度不断减弱。因此,浙江省继续建立和推行新的产权制度的选择空间就相对较大。

从微观视角来看,随着服务型政府的构建,浙江省的政府职责体系、政府与市场之间的界限相对就比较清晰;随着信息技术的不断发展、信息化在社会治理方面的深入应用,浙江省通过信息化的手段进一步推进产权管制放松、提升政府服务效率的制度创新成本相对就会比较低,因此也比较容易实现。

(二)"最多跑一次":产权管制放松的浙江模式

在"最多跑一次"改革中,浙江产权管制放松最重要的关键点在于政府社会治理观念的全面创新,通过优化政府供给,将政府管理社会发展转变成政府为社会治理提供政务服务,以前的改革目标是推进社会稳定发展、提高社会管理效率,而"最多跑一次"以提升老百姓和企业的便利感、获得感为目标,从动力机制上推进服务型政府建设。"最多跑一次"改革从社会治理的观念、规则和操作三个维度作出了明确的表态和规范,通过流程再造优化政府制度供给,应用信息技术提高政府服务的精准度,进而构建提高精准服务的数字政府。

在工作保障方面,《加快推进"最多跑一次"改革实施方案》明确了工作目标、职责分工、实施步骤和配套措施,以及搭建便民服务平台、事项网上办理、建设政务咨询平台、事项办理标准化、审批制度改革、创新政府监管、"四个平台"建设和建设社会信用体系等八大举措,从顶层设计上保障了改革的切实可行。此外,由省长担任省政府推进"最多跑一次"深化"四单一网"改革协调小组组长,从机构设置上体现了改革的高度、力度和强度,也为产权放松管制提供了最大的产权空间,为再造社会治理流程提供了强有力的权力保障。

在实施方式上,浙江将"一窗受理、集成服务"作为本次改革的"牛鼻子",力促部门之间以问题解决为目标协同作战。目前,衢州行政服务中心已经实现了一个窗口办理所有事项,台州玉环实现了二孩准生证"一次都不跑"的"在线咨询、网上办理、证照快递送达"工作机制,杭州市区房屋交易、税收和不动产登记全业务、全过程和全网点已实现"最多跑一次"。

在改革环境方面,浙江省拥有政务网和大数据技术等方面的优势,早在2012年,浙江省就在全国率先启动智慧城市试点示范项目,以信息化推动社会领域的全面发展,2015年在全国率先成立浙江省数据管理中心,加快推进信息资源的整合开放和大数据产业发展,此外,浙江省是全国唯一的两化深度融合国家示范区和国家信息经济示范区,拥有"互联网＋政务服务"全面推进的良好环境和技术支撑。

在改革绩效方面,"最多跑一次"推进速度快、完成效率高,在短短的几个月时间中,在全省各领域遍地开花、硕果累累。在省级层面,国土和建设厅联合推进不动产交易、登记全过程"最多跑一次"改革;省档案馆在数字档案建设的基础上进一步梳理工作流程,大力推行简化程序、放权窗口和网上服务。在地市层面,杭州市第一批 4909 项行政权力及公共服务均已实现"最多跑一次",并且公布在相关市、区(县、市)的政府官网上接受社会监督;温州市已有 25 个单位在政务云系统平台上实现行政审批、行政处罚、公共服务、社会信用和不动产登记等各类数据的交换共享,通过共享平台向市民提供相关业务的一站式办理服务。

由此可以认为,在信息化推进社会创新发展的进程中,"最多跑一次"改革解除了所有权和剩余索取权的管制,放松了控制权的管制;信息化手段的深入应用降低了改革深入和流程再造的信息成本,提高了改革的效率,为改革目标的高效率实现提供了有力的保障;以省长为组长的顶层设计为制度创新和流程再造提供了良好的权力保障和改革环境,增加了产权管制放松的空间;以企业和群众便利感、获得感为目标反映了服务型政府构建的决心,契合了低成本、高效率社会的建设潮流,是"放管服"纵深推进的浙江智慧和区域样本,改革的机理分析如图 2 所示。

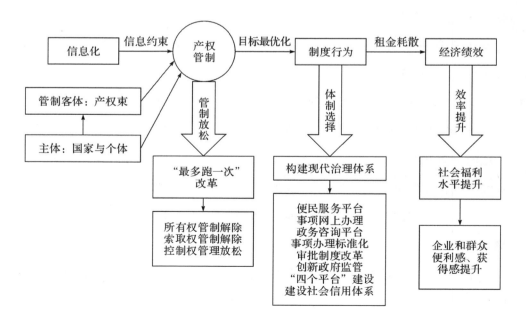

图 2　产权管制放松的浙江模式机理分析

五、"最多跑一次"改革的政策建议

在"技术—管制—产权—绩效"的理论范式下,本研究对浙江省信息化推进产权管制放松进行了分析和探讨,从而解读了"最多跑一次"改革的内在机理和制度逻辑,并得出了以下两个结论:第一,随着信息技术的进步和信息化水平的不断提升,"最多跑一次"改革使得产权管制被部分地重新赋予分散决策组织,进而降低社会交易成本,提高了资源配置效率;第二,随着"互联网+政务服务"的大力推行,政府社会治理的效率将会不断提升,"最多跑一次"以企业和个人的便利感、获得感为工作目标,从根本上解决了服务型政府的构建问题,将会带来社会福利水平的极大提升。基于此,笔者提出以下政策建议。

(一)加强顶层设计,实现跨部门、跨地区协调推进

在社会治理体制的改革过程中,顶层设计和整体协调推进是改革成功的关键要素,只有众志成城、全面统筹,才能围绕着"企业和个人的便利感、获得感提升"的改革目标,进行工作梳理和流程再造,以突破行政部门之间条块分割的体制和机制性障碍。

(二)坚持简政放权,提升政府行政效能

"最多跑一次"改革的提出是政府对自身角色的一次重大改革,即从管理社会转变为治理社会。在社会治理的过程中,政府主要是弥补市场的不足,随着信息技术进步带来的信息约束不断减弱,政府应该坚持简政放权,将产权管制重新赋予市场中的企业和个人,从而提升行政效能,激发市场活力。

(三)加强信息资源整合,实现数据共享

在产权管制放松改革的进程中,要加大力度推进各条线、各部门相关信息资源的整合,构建信息共享的运行流程和体制机制,避免以往电子政务建设过程中的"信息孤岛"现象。加强全省社区管理服务信息系统的顶层设计,将基层社会治理与社会治理通盘考虑,寓管理于服务之中,全面提升社会治理水平。

(四)培育政务服务专业组织,建立全程代办制度

在服务型政府的构建过程中,政府需要不断释放相关职能,这时就需要相应的社会组织和中介市场来承接相关职能,并且通过专业化的服务来提高服务效率、降低服务成本。在具体的实施过程中,要积极引用先进的信息化手段,规范中介管理,做好网上预约服务,优化网上办理流程,落实好快递服务,提升"最多跑一次"中的上门体验感和网络体验感。

原载《社会治理》2017 年第 6 期

"最多跑一次"改革对浙江营商环境
优化成效的调查

2017年6月,李克强总理在不同场合多次提出:"营商环境就是生产力!"浙江在全国率先推进的"最多跑一次"改革对优化营商环境具有非常重要的现实意义。从企业层面看"最多跑一次"改革对营商环境的优化提升效果。调研结果表明,"最多跑一次"改革有效降低了企业的市场运行成本,为浙江省的工业经济发展营造了稳定、公平、透明、可预期的营商环境。

一是工业企业高度关注"最多跑一次"改革。从图1中可以看出,73.5%的样本企业表示听说过"最多跑一次"改革,表明改革的宣传力度在不断加强,各项工作在有序展开。从地区看,绍兴市是全省传统产业改造的试点市,83.1%的样本企业表示了解该项改革,知晓率位居全省第一位。此外,湖州、台州、衢州、金华、丽水和杭州6个地区的企业对"最多跑一次"改革的知晓率也都高于全省平均水平。在主观问题的填报中,95.8%的企业积极建言献策,表达自己的想法,其参与度远远高于其他调查,这充分表明了企业对推进该项改革持热烈欢迎的态度,以及对改革的效果有着迫切的愿望。

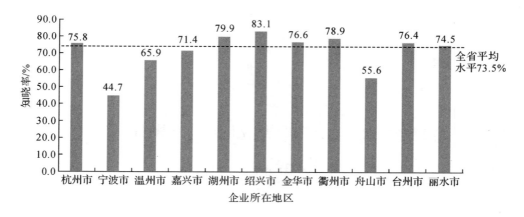

图1　各地企业对"最多跑一次"改革的知晓情况

二是企业对"最多跑一次"改革的总体获得感较强。有64.4%的样本企业表示，实行"最多跑一次"改革以来，去政府办事比以前方便多了，其中23.1%的样本企业表示改革给企业办事带来了明显的便利。从办事效率看，78.5%的样本企业认为跟改革前相比，当前企业去政府办事的程序、环节、时间减少了，其中28.8%的样本企业表示办事程序、环节和时间比改革前明显减少了。从地区看，如图2所示，绍兴市企业改革获得感最强，有76.9%的被调查企业表示办事比之前便利了，湖州市次之，有71.6%的被调查企业认为得到了便利。相对而言，杭州和宁波两个副省级城市的企业的获得感相对较低，其原因是发达地区制度环境相对完善，享受的政务服务也走在前列，在进一步深化改革的过程中，与制度不够完善的地区相比，获得感程度不同。

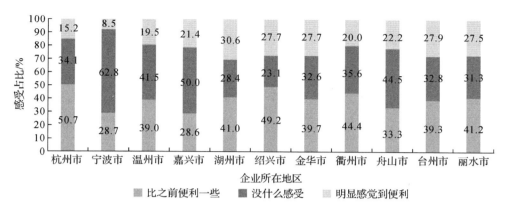

图2　各地企业对"最多跑一次"改革获得感的反馈

三是企业登记制度改革的落实情况最佳。企业登记制度改革具体指深化企业"五证合一、一照一码"登记制度改革,推行电子营业执照、证照联办等。77.7%的企业表示当地已经落实或正在落实企业登记制度改革,其中,64.3%的企业表示已经落实,13.5%的企业表示正在落实,该项改革事项的落实情况明显好于其他事项。从地区看,如图3所示,企业登记制度改革落实情况排名前两位的是绍兴和湖州两个地区,分别有72.3%和71.5%的企业表示当地已经落实企业登记制度改革。

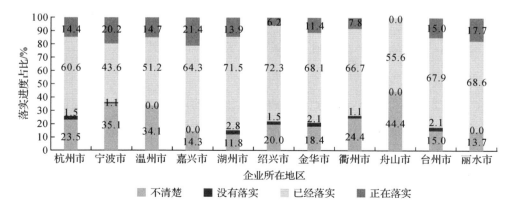

图3　各地企业对当地登记制度改革落实情况反馈

四是纺织行业工业企业反响最好。如图4所示,传统产业中,纺织行业工业企业对改革的反响最好,有75.3%的样本企业感受到了改革带来的便利。造纸和农副食品两个产业位于第二位和第三位,分别有73.0%和72.2%的工业企业感受到了改革带来的便利,均明显高于64.4%的全省平均水平。电子信息、装备制造和新材料等新兴产业的企业反响也好于全省平均水平。可见,实现"最多跑一次"改革有利于推动传统产业转型升级,也有利于新兴产业的培育发展。

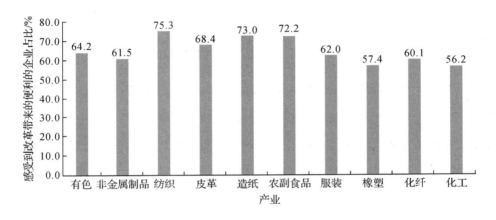

图4　十大传统产业企业获得感对比

五是改革红利在大型企业得到最大体现。如图5所示,企业规模越大,其改革红利获得感就越强。销售收入在4亿元以上的企业中,只有20%的企业认为在"最多跑一次"改革后,到政府办事的感受变化不大,远低于300万元以下企业43.1%的比例。此外,2000万～4亿元和300万～2000万元的样本企业中,分别有65.2%和61.4%的企业认为"最多跑一次"改革后,企业到政府办事明显感觉到便利或比之前便利一些。同样,企业规模越大,对政府效率提升的反映情况也越好。究其原因,可能是大企业去政府办事的频率高,对改革带来的获得感反应更强。

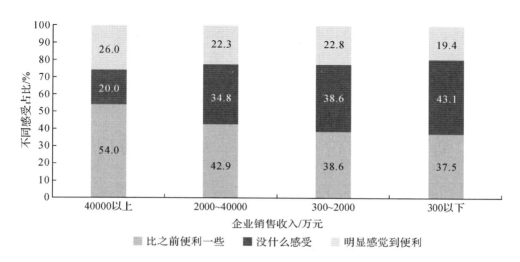

图 5　不同规模企业对"最多跑一次"获得感的反馈

原载《经信参阅》2018 年第 12 期

浙江"亩均论英雄"改革的经验与启示

一、浙江"亩均论英雄"改革的历程及成效

进入 21 世纪以来,资源要素环境问题日益突出。浙江省作为传统的资源小省,土地、能源等不足的矛盾日趋突出,如何突破资源约束成为浙江经济工作中的一项重要命题。时任浙江省委书记习近平提出了"八八战略",明确要求建设"先进制造业基地"。贯彻落实这一战略,成为实践中催生"亩产论英雄"改革最大的动因。作为全国传统纺织业最发达的绍兴县(今绍兴市柯桥区),其率先从追求规模化快速发展转向"向亩产要效益",实现有限资源的优化配置,迅速得到了地方政府、企业及其他社会各界的认同,并逐步在全省铺开,形成了相对成熟的政策体系和工作举措。这一改革历程,总体上经历了以下三个阶段。

(一)改革探索阶段

为了贯彻浙江省委省政府的"八八战略",推进先进制造业基地建设,破解要素

资源这个"紧箍咒",2005年绍兴县率先提出了"亩产论英雄"的发展新理念,以提高"亩产效益"为核心,围绕节约集约用地、节能降耗减排等重点任务,公布企业效益"排行榜",探索建立导向、准入、制约、激励"四大机制",试行与"亩产效益"紧密挂钩的城镇土地使用税、排污费等激励和倒逼政策,引导企业走科学发展之路,促进经济结构调整和发展方式转变,为"先进制造业基地建设"奠定了重要的政策和制度供给基础。

(二)试点拓面阶段

党的十八届三中全会提出了"使市场在资源配置中起决定性作用"的重大思想,为深化"亩产论英雄"改革提供了新的政策和制度环境。2013年9月,浙江省委省政府在总结绍兴县改革实践的基础上,选择了基础更为扎实、条件更为成熟、更具样板价值的海宁市,启动以"亩产效益"为导向的资源要素市场化配置改革试点,并在2014年5月进一步将"亩产论英雄"改革试点拓展到全省24个县(市、区)。这个阶段的改革重点是建立完善以"亩产效益"为导向,综合考虑亩均产出、亩均税收、单位能耗、单位排放等指标,分类分档、公开排序、动态管理的企业综合评价机制。同时,根据综合评价结果,完善落实差别化的用水、用地、用电、用能、排污等资源要素配置和价格政策措施,并探索区域性要素交易制度,破除要素配置中的体制性障碍,提高配置质量和效率。

(三)推广改进阶段

2015年4月,浙江省印发《关于全面推行企业分类综合评价加快工业转型升级的指导意见(试行)》,开始在全省推广"亩产论英雄"改革。2016年8月,浙江省进一步印发《关于三级联动抓好企业综合评价工作的通知》,提出亩均税收、亩均工业增加值、单位能耗工业增加值、单位排放工业增加值四项评价指标。2017年浙江省政府颁发《关于全面深化企业综合评价工作的意见》，提出在四项指标的基础上增加研究与试验发展经费支出占主营业务收入比重、全员劳动生产率两项评价指标。至此，企业"亩产效益"综合评价从基层探索走向了顶层设计，"亩产论英雄"与"创新论英雄"统一于"亩均论英雄"改革，成为推动浙江省加快经济转型升级的一项关键举措。2018年1月，浙江省政府印发《关于深化"亩均论英雄"改革的指导意见》，"亩均论英雄"改革成为推动浙江省产业结构调整、经济发展方式转变、迈向高质量发展的重要政策和制度。

实践证明，浙江省"亩均论英雄"改革所取得的成效是显著的。根据浙江省经信委(省深化"亩均论英雄"改革工作小组)提供的数据，2017年，全省规模以上工业企业实现亩均税收25.5万元/亩，同比增长17.5%；实现亩均增加值103.2万元/亩，同比增长近1.6%；全员劳动生产率21.6万元/人，同比增长3.5%；R&D经费支出与主营业务收入之比近1.6%，同比增长9.5%；利润总额4323亿元，全年增长16.1%；装备制造业、高新技术产业、战略性新兴产业增加值分别增长10.9%、10.1%和8.6%，分别占38.8%、40.1%和22.9%，比重分别比上年提高2.0个、2.0个和0.5个百分点，八大高耗能行业增加值比重同比下降0.9个百分点；工业新产品产值23861亿元，增长11.6%，新产品产值率为34.3%，比上年提高2.3个百分点，对规模以上工业总产值增长的贡献率为90.2%。全年分类处置僵尸企业555家，淘汰改造产能落后企业2000家，整治脏乱差小作坊3万家，盘活存量土地资源10.9万亩。

二、浙江"亩均论英雄"改革的主要做法

浙江"亩均论英雄"改革追求质量和效益的统一，从项目准入、激励倒逼、综合评价、搭建数据平台、配套改革等多个方面入手，抓出了实效，形成了机制，是调整优化产业结构、加快经济转型升级的重要手段和主动行动。

(一)制定项目准入规范,实现以更有效为方向的投资升级

以行业标杆的投入产出指标为参考,同国家相关产业准入标准相衔接,结合行业产品升级和技术改造的方向,在试点的基础上,完善市场准入标准,严格新增用地的准入门槛,分区域、分行业设置相应的投资强度、亩均产出、能耗地耗、污染排放、技术水平、产品质量、安全生产等标准和门槛,逐步建立相对统一的市场准入标准体系,并将标准从新增建设用地逐步向存量企业覆盖。执行上,严把用地指标安排、项目准入、履约管理等环节,建立健全严密、规范的管理流程,形成强有力的"亩均论英雄"约束机制。同时,建立健全以"区域能评、环评+区块能耗、环境标准"取代项目能评、环评的工作机制,实现新上项目的全覆盖。

(二)完善激励倒逼政策,实现以更强劲为方向的动能升级

一是在企业分类指导的基础上,完善电价、水价、城镇土地使用税、排污费等差别化收费机制,注重把降低企业成本与倒逼企业加强要素节约集约利用结合起来。二是完善土地、能源、环境容量、水资源、财政资金等要素配置机制。按照亩产论英雄、节能论英雄、节水论英雄、环境论英雄、绩效论英雄的要求,制定以单位建设用地增加值为基础的土地配置制度,以单位增加值能耗为基础的用能权交易制度,以水定产、以水定城的水资源配置制度,主要污染物排放财政收费制度。三是完善事权与支出责任相适应、更加注重财政绩效的新一轮省对市县财政体制。

(三)拓展评价领域范围,实现以更高端为方向的产业升级

在完成规模以上工业企业和占地 5 亩以上工业企业综合评价的基础上,将综合评价对象拓宽到全部拥有自主土地使用权的规模以下工业企业,科学制定规模以上企业同规模以下企业无缝对接的排序归档机制,构筑更加公平的竞争环境,以

企业综合评价推进"小升规"。拓宽综合评价领域,实现工业、服务业(第二和第三产业)企业"亩均论英雄"综合评价全覆盖,强化分县域、分行业、分园区的"亩均论英雄"综合评价。目前,浙江省正在推进全省服务业综合评价工作,重点行业先行先试,研究制定服务业企业"亩均论英雄"综合评价指标体系,相关部门抓紧制定出台覆盖工业、服务业的资源要素差别化配置配套政策。

(四)分级搭建数据平台,加快实现以更精准为方向的服务升级

综合部门数据、地方上报数据、企业公开数据,以工业大数据平台为基础,建立省市县三级云端全省经济大数据平台,多维度归集全省经济发展年度数据与动态数据,开展分行业、分区域、分指标项多层次数据深度挖掘分析,为客观反映转型升级成果、分析研判经济走势、开展企业精准服务、合理制定产业政策等提供重要参考。基于分产业(行业)、分区域的"亩均效益"综合评价结果,合理制定有针对性的产业支持政策和区域发展规划,合理推进区域生产力布局和重大基础设施建设。以县(市、区)为主体,建立"企业体检档案库",逐步在全省推广以企业综合评价结果为依据的"一企一单"体检表送达制度。

(五)及时跟进配套改革,打造以更加公平为方向的营商环境升级

一是简政放权,除跨区域的重大项目、需要上报国家审批的项目、涉及省级层面要素分配的项目外,其他项目的审批原则上下放或委托到县(市、区)。二是深化落实"零土地"技改项目审批制度改革,实行承诺验收制。承诺验收制将覆盖所有技改项目,在全省范围内推进企业独立选址项目高效审批,非独立选址项目不再审批。三是及时调整产业政策取向,放弃"扶大限小"以及挑选特定产业、特定企业、特定技术、特定产品进行扶持的产业政策模式,将政策重点转为放松管制和维护公平的竞争环境。

三、"亩均论英雄"改革的经验与启示

回顾浙江改革开放以来经济和社会发展以及宏观环境的巨变,"亩均论英雄"改革愈来愈成为转变发展方式、优化经济结构、转换增长动力的有力抓手,成为高质量发展的有效途径。

(一)"亩均论英雄"改革有效应对了资源禀赋的变化

浙江是全国的资源小省,人均水资源、能源、可利用土地拥有量分别只有全国平均水平的 89.6%、0.5%和 40%,自然资源丰度只有全国的 11.5%,仅略高于上海及天津。浙江省过去的经济发展模式,与全国一样,过度依赖传统产业、过度依赖资源要素的消耗、过度依赖低端劳动力。以民营经济为主体的浙江经济,以民间投资为主渠道的发展方式,进入高质量发展时代后,要更多导入现代高端要素资源,才能逐步建设和完善现代化经济体系,实现质量和效益统一发展的目标。浙江的"亩均论英雄"改革是投入产出边际效应的一种体现,单位资源要素消耗的产出水平是衡量区域经济和企业财富创造能力和可持续发展能力最为直观的表达,推动要素向高效益、高产出、高技术、高成长性企业集聚,倒逼落后和过剩产能退出和低效企业转型,其结果必然是资源要素利用越来越高效,越来越回归其市场价值。

(二)"亩均论英雄"改革是推进供给侧结构性改革的核心抓手

供给侧结构性改革主要是从要素端、生产端入手,通过改革不合理的制度障碍,实现对要素结构、经济结构和产业结构的重新调整和优化,激发各经济主体活力,促进要素资源合理配置,其政策着眼点是从经济运行的源头入手,更加强调"治本",更突出长远的转型升级和活力再造。"亩均论英雄"改革直接切入生产端的要

素问题,秉承供给侧结构性改革的核心理念,应成为推进供给侧结构性改革的核心抓手。

(三)"亩均论英雄"改革是对要素配置体制性障碍的深度矫正

我国要素价格形成机制改革远滞后于商品经济领域,资源要素配置的体制性障碍越积越深,日益成为当前阻碍经济转型升级的重大制约,突出地表现在要素价格扭曲导致资源错配,监管缺失导致低效利用。资源要素市场化配置改革是中国深层次、体系化改革的重中之重。溯其本源,要素价格扭曲导致资源错配主要是政府越位所致,而后续监管缺失导致低效利用又是政府缺位所致。"亩均论英雄"改革的制度设计,充分尊重企业的主体地位和市场在资源配置中的决定性作用,同时立足于政府管理方式向公共服务型政府转变,体现了其以事实为依据和用数据说话,并将综合评价结果与差别化资源要素价格机制挂钩,让低效沉淀的资源要素充分流动起来,从而推动资源配置依据市场规则、市场价格、市场竞争实现效益最大化和效率最优化的特征。从本质上讲,资源要素的差别化配置改革是通过对政府权力的约束和后续监管的补缺,从而实现对前一时期要素配置体制性障碍所导致的资源低效利用的深度矫正,本质上是向资源要素市场化配置的回归。

(四)"亩均论英雄"改革是地方政府治理能力和治理体系的实战考验

中国经济社会发展已经进入新的发展阶段,经济发展、社会发展开始面临许多新的矛盾。国际市场呈现出的一些新问题,更加剧了这些矛盾。既要积极应对种种原因导致经济放缓从而出现的种种问题,更要有坚定的决心和强大的毅力,始终把高质量发展放在首位,咬定青山不放松,一张蓝图绘到底。实践证明,浙江省所开展的"亩均论英雄"改革是一场产业发展与制度变迁齐头并进的工程,是经济发展生态环境的一场革命。各种市场主体,包括大中小企业,都要在从想法到做法上与之相适应。各级政府经济管理部门,也要在贯彻国家产业政策和落实地方政府的主要思想上,有高招、新招和实招,面对新情况、新问题、新举措,采取行之有效的办法,推进经济由大向强转变,切实把高质量发展的思想落到实处。要避免出现面对经济发展出现的新矛盾,政府"无动于衷、苍白无力"的局面,把政府的治理体系和治理能力提升到一个新的高度,真正把国务院提出的"放管服"改革落实到产业与经济转型的每一个环节中,让营商环境建设上升到一个崭新的高度。

原载国务院发展研究中心《调查研究报告》

[2018 年第 170 号(总 5445 号)]

再论"亩均论英雄"

"亩均论英雄"改革（以下简称"亩均改革"）自实施以来，经历了不同的经济背景、发展阶段、政策和制度变革，从县到市到省，到向全国逐步推开，关键在于这个"论"字，通过"论"寻找"道"，由点到面、由下到上，逐步达成思想共识，形成行之有效的推进方法，为经济发展方式的转变起到了积极的促进作用。

新时期，要实现经济的高质量发展，真正建立现代化经济体系，把"两个高水平"落到实处，这对亩均改革也提出了更高的要求。老话题要寻求新答案，老命题要探索新解法。如何往更深处"论"、论出新的"道"，往实处"做"、做出新的事，是当前亩均改革要进一步深化必须认真研究的问题。省委省政府提出大学习、大调研、大抓落实，就是要牢牢把握一些改革的关键领域，咬定青山不放松，一张蓝图绘到底，推进改革再深化、部署再落实。需要在思想认识上、政策制度上、工作做法上进一步往前扎实推进。

在思想认识上，进一步提高对亩均改革的认识。亩均改革诞生在浙江省绍兴县（今绍兴市柯桥区），经历十多年的实践，无论是在指导思想上还是在工作实践上，各项工作均已经走在全国前列。但是，必须指出，随着经济社会发展环境的变化,亩均改革的内涵在很大程度上已经发生变化,这要求各级党委、政府和广大市场主体,在思想上必须进一步提高对该项改革的认识。从目前看,提高思想认识,要注意避免三个倾向:一是简单地把亩均改革作为一项具体工作来加以部署,没有从全局高度加以把握;二是简单地把亩均改革当作工业经济转型升级来推进,没有从所有市场主体去考虑逐步全覆盖;三是简单地从产出的多少去衡量改革的得失,没有从经济社会生态上系统地加以考虑。

在政策制度上,亩均改革已经出台了很多的政策,从县里到省直各单位、部门,不少政策对亩均改革也起到了很好的促进作用,也为经济高质量发展的理论研究提供了有效的样本案例。但是,必须指出,很多政策是否精准、有效,是否注重问题导向,突出解决实际问题,仍值得商榷。科技革命的浪潮,特别是大数据、物联网、云计算、移动互联网等技术的不断发展,为党和政府的决策提供了强有力的技术手段支撑。梳理亩均改革政策,要注意避免三个倾向:一是红头文件很多,但管用的却不多,意义写了很多,如何做却写得很少;二是文件联合印发,参与部门很多,但真正起到牵头作用的部门却很少;三是省里文件政策发了很多,真正到县(区、市)可执行的却很少。政策和制度是党和政府管理经济社会发展、履行职能的重要体现,决策要从以经验决策为主走向以科学决策为主,亩均改革是要基于数据来说话的,要基于"数字政府"的建设,努力使亩均改革的政策和制度更加精准、有效,最大限度提高亩均改革政策的"技术含量"。

在工作做法上,要充分体现政府引导、企业主体,变政府要我"论"英雄,到企业自身要"做"英雄。党的十八届三中全会明确指出,要发挥市场在资源配置中的决定性作用。亩均改革从本质上讲就是通过改革来更好地优配资源,让优质资源发挥出最大效用。回顾亩均改革工作,同样要注意改变三个现象:一是上面事很多、很忙,下面事较少、空闲;二是各级党委、政府热火朝天,广大企业却冷冷清清;三是开始部署工作时大张旗鼓,真正落实任务时却偃旗息鼓,没有一以贯之。亩均改革面对的是产业经济领域，很多是充分竞争或竞争相对充分的行业领域，工作上能否让企业从被动、从属到主动、积极，关键在于我们推进工作的方法是不是符合市场经济的根本规律。例如在将企业划分为 A、B、C、D 四个等级的过程中，是简单地一划了之，还是针对企业发展的各种不同实际，因地制宜地引导企业自行"排队"，而不是被贴上标签而被"列队"，是实际工作中要高度重视的问题。

面对新时期新要求，亩均改革也必须重新思考，不能够简单地坐而论道。要将此项改革进行到底，就需要在理论上再研究，在实践上再探索，使得亩均改革具备可复制性与普遍推广价值。

浙江经济的高质量发展，必然是充满了现代气息的特质的，必然是能够彰显政府现代化治理能力的，必然是可以体现出千行百业高效益发展的。亩均改革是经济上的一种边际效应的体现，借改革开放 40 周年和"八八战略"15 周年的东风，期待这项改革通过不断深化，体现出新的边际效应，让更多的浙江市场主体能够进入高质量发展时代，继续走在中国区域经济发展的前列。

原载《经信参阅》2018 年第 12 期

第二篇

从『基地』到『高地』：『干』出产业新亮点

建设先进制造业基地，是习近平同志在浙江工作时确定的全局性任务，也是"八八战略"的重要组成部分，为浙江实现由工业大省向工业强省的转变提供了重要启示与指导作用。本篇梳理了"先进制造业基地"发展战略的发展历程、丰富内涵、时代背景与价值意义，以浙江省建设先进制造业基地、促进高端制造业发展、打造地方产业集群为切入点，总结了浙江在先进制造领域的工作亮点与经验启示，对未来的产业发展工作提出相应的对策与建议。

本篇围绕浙江建设先进制造业基地的行业实践，分析了浙江在汽车制造、绿色石化等先进制造领域的发展思路。在汽车制造领域，回顾了浙江汽车行业从零部件生产到整车协同制造的成长历程，总结了当前汽车产业发展所面临的外部形势和内部规律，提出坚持走龙头引领、整零协同、创新驱动、合作共赢的发展之路，培育整车先进制造业基地。在绿色石化领域，阐述了舟山绿色石化基地项目对浙江高端制造业发展的带动作用，提出把握舟山绿色石化基地机遇，重点关注配套产业培育、产业能级跃升、区域联动发展、市场环境优化等抓手，提升浙江高端制造业的国际竞争力与市场话语权。

围绕浙江打造特色产业集群的地方探索，提炼出浙江发展"块状经济"的整体思路。重点分析了诸暨大唐袜业、永康五金产业、乐清电气产业等"块状经济"典型代表的重要实践经验，明确了块状行业对拉动经济增长的重要支撑作用，从基础现状、问题矛盾、发展优势、转型路径等多个角度对块状行业发展进行了系统性研究，进而提出了促进浙江块状行业向高端化、协同化、集聚化转型提升的对策建议。

从"基地"到"高地"

先进制造业基地建设对于浙江现代化进程具有十分重要的意义。2002年，时任浙江省委书记、代省长习近平总结浙江省经济社会发展经验，明确提出进一步发挥浙江的块状特色产业优势，加快先进制造业基地建设，走新型工业化道路，这就是"八八战略"的第三大战略。历届省委省政府按照建设先进制造业基地的要求不断推进，把加快先进制造业发展作为经济结构调整的主攻方向，用现代发展的理念引领工业，为浙江工业经济的高质量转型奠定了坚实的基础。

一、谋篇布局，部署新型工业化道路

2002年，时任浙江省委书记、代省长习近平在中共浙江省第十一次代表大会上提出了"着力推进结构调整，构筑产业新高地"的目标，要求围绕建设先进制造业基地，抓住国际产业转移的机遇，大力推进工业结构战略性调整，提高制造业整体发展水平。党的十六大以后，省委省政府按照其战略部署，结合浙江实际，作出了"建设先进制造业基地、走有浙江特色新型工业化道路"的战略决策。

当时,习近平同志已经敏锐地把握了在浙江建设先进制造业基地的可行性和必要性,他指出,浙江是有条件在全国率先基本实现现代化的地区。工业是经济发展的支柱,是现代化建设的主导力量,是综合实力和国际竞争力的主要体现。工业化是浙江省提前基本实现社会主义现代化的前提条件和重要标志。面对经济全球化的趋势、新技术革命的挑战和产业转移的机遇,我们必须按照党的十六大提出的要求,以信息化带动工业化,以工业化促进信息化,走新型工业化道路。就浙江省而言,走新型工业化道路,必须大力推进制造业发展,这是浙江省的特色和优势,也是推动浙江省经济更快更好发展的潜力所在、希望所在。我们要把建设先进制造业基地作为推进工业化的重要战略任务,着眼全国大局,发挥自身特点,按照市场经济规律,因势利导,加大扶持力度,进一步扩大总量,优化结构,增强实力,做专做精一批名牌产品,做好做大一批领跑企业,做优做特一批强势产业,做实做强一批特色园区,努力提高浙江省的综合实力和国际竞争力。可以说,先进制造业基地建设,是浙江产业转型发展的重要战略方向,不但对浙江经济的创新转型具有重要的战略指导作用,对全国的产业转型和结构调整也起到十分重要的指导作用。从走新型工业化道路,建设先进制造业基地的 1.0 版本,到建设现代化经济体系,建设先进制造业基地的 2.0 版本,是浙江经济的发展方向,更是未来全国经济实现高质量发展的方向。

二、精准发力,努力建设先进制造业基地

按照继续走在全国前列的要求,浙江省坚定不移地落实先进制造业基地建设的战略部署,扎实推进结构调整和增长方式转变,着力在六个方面狠下功夫。

(一)做大做强骨干企业

打造先进制造业基地,其主要载体必然是企业,首先要集聚一批具有竞争力的大企业、大集团。对标国际先进水平,加速"赶超式"发展,努力培育本土化的国际企业。经过近15年实施先进制造业基地战略的努力,初步培育、形成了一批主业突出、核心竞争力强、带动作用大的先进制造业大企业、大集团。从21世纪初全省的140多家工业龙头企业,到"十二五"期间提出以"名企、名家、名品"为代表的"三名"企业,全省累计培育省级"三名"试点企业104家,中国500强企业34家,世界500强企业2家,国内外上市企业达377家,数量居全国第二位;并培育了一批产品市场占有率在全国同行业领先的"小型巨人",一批在细分市场中专心耕耘的"隐形冠军",以及一批具有国际竞争力的高新技术产品。

(二)做好做精重点品牌

中国游客出国抢购国外电饭煲、马桶盖,中国游客"扫货"随处可见……这些话题,最终都指向了一个现象:中国自主商标品牌建设薄弱。类似华为式的产品,在全球市场上可谓凤毛麟角。打造浙江先进制造业基地,就是要在大企业、大集团的带领和影响下,联动"专精新特"型企业,形成品牌带动效应,努力补齐这块"品牌短板"。为打造先进制造业基地,浙江省一手抓知名品牌的培育,推动企业和产品进入全国驰名商标和名牌产品行列;一手抓名牌产品的推介,做大已经拥有中国驰名商标和中国名牌产品等荣誉称号的企业和产品。截至2015年,浙江制造业共有54个商标被认定为中国驰名商标;拥有注册商标总量96.5万件,居广东之后,位列全国第二;境外注册总量达6.6万件,位列全国第一;驰名商标总量达552个。同时,依托产业集群优势,大力推进先进制造业区域品牌建设。如长兴被称为"中国蓄电池之都",东阳被称为"磁性材料之都",永康被称为"五金之都",温州被称为"中国鞋都"等,这些制造业区域品牌的形象正在逐步建立。2014年底,浙江正式推进"浙江制造"认证,"浙江制造"成为一个能够代表浙江制造业先进性的区域品牌形象标识。2016年,浙江启动了"商标品牌战略2016浙江行动",绘制浙江省商标品牌的发展蓝图。

都说一流企业输出品牌与标准,二流企业输出技术,三流企业输出产品。为了引导更多的大企业、大集团进入品牌与标准引领发展的时代,浙江省委省政府通过与国家标准化委员会、国际相关行业协会、中介机构的合作,在全省推进标准化改革试点,推出了"浙江制造精品"工程,"品字标"产品成为"浙江制造"的金字招牌。

(三)实施重大工业项目

今天的投入就是明天的产出,今天的投资结构就是明天的产业结构。一个地区的投资可以说是区域经济发展的"主引擎",稳增长、调结构的"顶梁柱"。往往一个大项目,会改变地方产业的发展路径,改写地方经济面貌。为建设先进制造业基地,浙江省高度重视重大工业项目的投资和建设。2004年以来,浙江省贯彻实施《浙江省先进制造业基地建设重点领域关键技术及产品导向目录》,持续保持高强度投入和高水平技术改造,实施了一批带动性强、投资规模大、技术水平高、市场前景好的重点技术改造项目。完善投资机制,引导民间资本进入主导产业,推动了乙烯、PTA、优特钢、船舶修造等一批大项目的建设。2016年,浙江省制造业投资达7822亿元,"十二五"期间达到了年均13.9%的快速增长。在保持投资增长的同时,浙江省拒绝"为了增长而增长",积极优化投资结构,制定了制造业淘汰落后的技术、工业和产品目录,按照目录要求淘汰过剩产能,并不盲目地、低水平地扩张,而是严格限制高消耗、高污染项目,投资效率得到大大提高。以项目推进先进制造业基地建设,以先进制造业基地建设优化项目实施环境,充分发挥地方党委、政府在优化资源配置方面的重要主体作用,同时把这种主体作用与考核体系加以结合。

从"十二五"开始,浙江提出了"区、县(市)长工程",把大项目的实施机制与政绩挂钩,有力地促进了一批重大项目的实施。

(四)整合提升工业园区

20 世纪 90 年代以来,浙江省制造业受到经济结构调整的压力,从乡镇工业园区、工业功能区上走出来的浙江块状特色经济,在外向型经济逐步成为重要的经济形态的大背景下(中国积极加入 WTO,并于 2001 年正式成为 WTO 成员),开始逐步成为各级经济开发区的雏形。但必须看到,产业组织方式"低、散、乱"现象较为普遍。"先进制造业基地"这一提法突出了"先进"二字,要求工业园区必须采用先进的生产方式,运用先进的制造技术,发展先进生产力。因此,浙江省按照"视野扩大、层次提升"的新要求,集中力量整合提升各类工业园区,提高了园区的投资密度和产出水平,建立了多元化投入、市场化运作、政府扶持、滚动开发的新型园区开发机制。截至"十二五"末期,浙江省已建成 8 个国家级高新技术产业开发区和 27 个省级高新技术产业园区,100 多个省级以上的开发区。全省省级重点特色工业园区已超百个,这些平台已成为先进制造业的"孵化器",也为"十三五"期间的特色小镇发展奠定了扎实的基础。

(五)加强科技创新和技术改造

区别于传统制造业,先进制造业基地的打造关键是体现其先进性,包括产业的先进性和技术的先进性。产业方面,一方面加快改造提升机电、服装、造纸、皮革、食品等优势传统产业,另一方面大力发展电子信息、机器人和智能装备、新能源汽车和生物医药等高新技术产业。发挥杭州市"互联网+"自主创新示范城市和阿里巴巴的独特优势,培育消费互联网产业集群,发挥浙江省沿海临港的区位优势,培育杭州湾先进制造业产业集群和港口经济产业集群,推动如大型绿色石化基地等项目的建设,培育新竞争优势。技术方面,浙江省加大研发投入力度,抓好技术创新体系建设,积极推进产、学、研结合,为先进制造业基地打造提供技术支撑,目前制造业研发投入占销售收入的比重为 1.5% 左右。支持大中型企业建立技术中心,国家级、省级企业技术中心和省级重点企业研究院分别累计达 93 家、896 家和172 家。有条件的企业积极到美国、欧洲等发达国家和地区设立研发机构,并吸引跨国公司和科研院所落户浙江。在创新平台构建上,最值得关注的是,浙江省政府、浙江大学联合杭州市政府、阿里巴巴,共同设立之江实验室,努力打造国家实验室,有力地促进了浙江基础研究与创新能力的提升。

(六)大力实施可持续发展战略

浙江"七山一水二分田",在传统的经济发展模式上,土地少、空间有限,是浙江最大的痛点之一。因此,建设先进制造业基地要和资源循环利用相结合,努力形成"自然资源—产品—再生资源"的循环经济。浙江省实施《中华人民共和国清洁生产促进法》和《中华人民共和国节约能源法》,通过清洁生产、资源节约、污染治理、绿色营销和淘汰落后等手段,在重点控制污染企业和工业园区全面推行清洁生产,发展循环经济,推动制造业发展模式从末端治理向全过程控制转变,推动制造业增长方式从"高消耗、高污染"向生态环保型转变。当前,浙江省万元地区生产总值能耗下降到 0.48 吨标准煤(2010 年价),单位规模以上工业增加值用水量在"十二五"期间累计下降 38.1%,用能效率居全国前列,基本形成了以资源节约型、清洁生产型和生态环保型为特征的制造业新格局。

三、再接再厉,打造先进制造业高地

通过多年努力,浙江省的先进制造业基地建设目标已基本完成。在高质量发展阶段,浙江省需要再接再厉,一张蓝图绘到底,努力推动先进制造业基地向先进制造业高地提升。

(一)突出产业层次"高地"

传统产业占比高,产业组织方式"低小散",以劳动密集型产业为主导,是过去浙江区域经济的主要特征。21世纪以来,浙江积极开拓经济转型升级的崭新路径,积极培育和发展高新技术产业。一方面,以高端装备制造为核心的"中国制造2025"浙江版已经初步成型,一大批以传统产业为主的县域经济已经转型成为以高端制造为主的新型城乡经济,如湖州市长兴县,从卖煤、卖石、卖蓄电池,到卖高端装备、智能家电、新能源,是浙江省"块状经济"转型升级发展的典型案例;另一方面,以大数据、云计算、物联网、移动互联网为代表的新一代信息技术广泛应用,正加快推动生产方式、生活方式、消费方式的深刻变革,日益成为经济发展方式转变的内在动力。走新型工业化道路,在相当大程度上就是不断提高高端装备制造、信息经济、新材料、生物医药、新能源汽车等新兴产业的比重,在这一点上,浙江做到了。通过十几年的努力,浙江的主要产业已经由以纺织化纤产业为主的传统产业提升为以高端装备制造业和信息经济为主的高新技术产业,产业层次从中低端向中高端提升,形成了先进制造业的产业层次"高地"。要么进入高端产业,要么进入产业高端,浙江的产业层次明显得到提升。

(二)打造产业组织"高地"

新型城市化一直是浙江经济社会发展新的重要动力。为了增强杭、甬、温都市圈和浙中城市群对区域发展的辐射和带动作用,推进中心镇发展和新农村建设,浙江省于2010年提出重点布局建设14个省级产业集聚区,助推"块状经济"转型升级。2014年10月17日,时任浙江省省长李强在参观云栖小镇时,首次提出了"特色小镇"的概念。2015年初,浙江省委省政府决定创建100个省级特色小镇,重点是以特色经济为切入点,一手抓丝绸小镇、黄酒小镇、茶叶小镇等经典产业发展,一手抓梦想小镇、云栖小镇、互联网小镇等新兴产业发展。截至2016年底,浙江省已经创建了两批共计79个省级特色小镇,累计投资1200多亿,集聚企业3.7万家,引进各类创新创业人才1.6万余名。特色小镇发展模式已经得到了中央领导的高度肯定,成为浙江省加快产业转型升级的新"高地"。

(三)构筑政府服务"高地"

从建设角度来看,过去十几年中,浙江先进制造业基地的打造依靠大量的政府基础投资和改造来推动,基础设施、平台建设等已相对完善。而当前供给侧结构性改革激发了新一轮浙江先进制造业基地发展的动能。浙江政府通过"四张清单一张网"、"最多跑一次"、国家监察体制改革、国家标准化综合改革等自身改革,正在加快权力"瘦身",从过去的"资本推动"转变为"服务推动",市场主体活力得到激发。各地全力推进"最多跑一次",所有行政服务中心要在2017年3月底前完成"一个窗口受理"改革,浙江要努力打造成为审批事项最少、办事效率最高、政务环境最优的省份,减少制度性交易成本,降低实体经济运行成本。浙江省在政府服务的改革过程中,为先进制造业提供了良好的制度和服务保障,用服务创新、制度创新、政策创新形成了浙江先进制造业发展的"高地"。

(四)培育人力资源"高地"

浙江省是全国外来务工人员主要输入地之一,在新世纪初始的十多年里,每年约有2000万名外来务工者在浙江务工,全省很多"块状经济"、产业集群成为了解决中国社会就业的主渠道。而随着先进制造业基地的打造,浙江打出了"机器换人"等一系列转型升级组合拳,目前浙江省在役工业机器人总量达到3.2万台,占全国的 15% 左右,居全国第一位。员工的劳动力素质和全要素生产力得到大大提高,大量的"农民工"转变成为现代产业工人,以及具有"工匠精神"的"工匠级"产业工人,一支有理想守信念、懂技术会创新、敢担当讲奉献的产业工人队伍悄然推动"浙江制造"升级。可以说,浙江已经成为全国重要的职业培训和现代产业工人转化中心,成为名副其实的先进制造业人力"高地"。

(五)建设空间布局"高地"

浙江 30 年工业经济发展绕不开"块状经济"这个词,而如今,先进制造业基地的打造还要注重空间布局的高度。一方面,要注重和都市经济圈的衔接。杭州城市群、温台城市群以及浙中城市群在今后将发挥各自区域经济特色,逐渐向周边地区辐射,形成都市经济圈,其引领的都市经济是"十三五"时期经济发展的重要增长点。杭州湾"沿湾"产业带、温台"沿海"产业带、金衢"沿路"产业带等是浙江省先进制造业基地发展的重要空间布局,也是浙江省都市经济圈的重要支撑,更是浙江省区域经济在世界第六大城市群——长三角城市群——中的重要体现。另一方面,要注重和义甬舟开放大通道的衔接。义甬舟开放大通道背靠世界著名的宁波舟山港和义乌小商品市场,具有雄厚的货源优势和辐射功能,是先进制造业基地的重要支撑。由此,浙江先进制造业在空间布局上也成为"高地"。

原载《经信参阅》2017 年第 23 期

加快建设"先进制造业基地"

　　新一轮科技变革、产业变革、市场变革席卷全球,制造业重新成为大国竞争的战略制高点。建设先进制造业基地,加快发展先进制造业,是从制造大国走向制造强国的必由之路。习近平总书记早在 2003 年主政浙江时,就提出要大力发展高新技术产业和高附加值加工制造业,进一步提高制造业的国际化水平,加快建设先进制造业基地,走出一条有浙江特色的新型工业化路子。[①] 长三角如何建设全球先进制造业基地,是习近平同志主政浙江时提出的战略性指导思想,实践证明,这一战略已经成为中国适应新时期世界经济格局大变动背景下,应对日益复杂的国际环境的重大举措。先进制造业是创新的主战场、技术的新高地、就业的主渠道、税收的主阵地,没有发达的制造业,是很难真正建立起现代化的经济体系的。

---

① 鲍洪俊,孟晓云,何伟.浙江省委书记:加快建设先进制造业基地.人民日报,2003-03-04(5).

一、"先进制造业基地"发展战略的发展历程

"先进制造业基地"发展战略是习近平同志主政浙江期间,在全面考察浙江区域经济的基础上所提出的顶层设计、系统谋划和科学理论,是长期指导浙江区域经济转型升级实践的总方略,是马克思主义政治经济学在浙江区域经济发展的生动实践与理论升华。

(一)战略形成阶段:2002年10月—2003年6月

2002年10月,党的十六大胜利闭幕,提出了中国特色社会主义新型工业化的时代命题:走发展科技含量高、经济效益好、资源消耗少、环境污染低、人力资源得到充分发挥的工业化道路。2001年中国加入WTO,巨大的国际市场向中国开放,带动了浙江经济的快速发展,也带来了要素短缺的"成长的烦恼"。作为正面临"成长的烦恼"的浙江,如何贯彻党的十六大的精神是浙江经济社会发展的重大战略性问题。作为沿海开放省份和经济大省,浙江迎来了习近平同志主政的新时期。从2003年上半年开始,习近平坚持调研开局、调研起步,深入基层和部门调研,走街串巷、进户入企,问计于基层、问计于群众,广泛听取方方面面的意见。针对浙江"一火车产品抵不上一辆汽车""10万件衬衫买不回一架飞机"的外延式发展,同时空间与立地条件又面临无煤、缺电、少人的资源要素约束,在全面调查、深入研究的基础上,习近平与浙江省委全体班子成员一起,坚持继承与创新的统一,中央精神与浙江实践的结合,立足浙江区域实际,面向全球,再造浙江区域经济的国际竞争力。"要坚持不懈抓创新,着眼长远抓转型,以科技创新和体制创新为动力,深入推进先进制造业基地建设。"[①]至

---

① 周咏南,应建勇,毛传来.一步一履总关情——习近平总书记在浙江考察纪实.浙江日报,2015-05-30(1).

此,先进制造业基地的顶层设计日益清晰,发展思路逐步开始形成。

(二)战略提炼阶段:2003 年 6—12 月

2003 年 6 月 24—25 日,浙江省委省政府召开全省工业大会。会上习近平同志明确提出,坚持走新型工业化道路,加快浙江先进制造业基地建设,这是围绕浙江产业经济创新发展最高的顶层设计。从党的十六大提出的全面建设小康社会、加快推进社会主义现代化建设的全局出发,国家开始谋划科学和技术长远发展规划,提出建设创新型国家的要求。浙江如何建设创新型省份?在浙江省委十一届四次全会准备期间,习近平同志开始从更高层面、更大范围,考虑浙江创新型省份的建设,运用马克思主义系统论的方法,和浙江实际相结合,创造性地提出了浙江经济社会发展的新战略——"八八战略"。在浙江省委十一届四次全体(扩大)会议上,习近平同志向全会作《兴起学习贯彻"三个代表"重要思想新高潮,努力开创浙江各项事业新局面》的报告,第一次明确提出了进一步发挥"八个方面的优势",推进"八个方面的举措"的重大决策和系统部署,正式将先进制造业基地重要思想纳入"八八战略"体系之中,在浙江省委第十一届五次全体(扩大)会议上,习近平同志再次提出,要充分发挥"八个优势",深入实施"八项举措",扎实推进浙江全面、协调、可持续发展,并把贯彻落实"八八战略"作为今后一个时期工作的主线。"八八战略"的第三大战略"进一步发挥浙江的块状特色产业优势,加快先进制造业基地建设,走新型工业化道路",成为浙江走新型工业化道路、建设创新型省份的战略性举措。

(三)实践探索阶段:2003—2010 年

先进制造业基地建设战略逐步形成后,在充分调研和广泛征求意见的基础上,由浙江省制造业主管部门牵头,联合国内主要产业经济领域的专家,在国家发展改革委、工业和信息化部等的指导下,浙江省研究制定了《浙江省先进制造业基地建设规划纲要》,明确提出:"到 2010 年,基本建成国内领先、具有较强国际竞争力的先进制造业基地,成为我国走新型工业化道路的先行地区。在若干行业和区域形成一批产业规模、创新能力、出口规模居全国前列的全国性制造中心和国内重要的产业基地……到 2020 年,浙江制造业全面融入世界现代制造业体系,基本形成以高新技术为先导,高附加值加工制造业与现代装备制造业协调发展的国际性先进制造业基地。"规划纲要明确了浙江建设先进制造业基地的总定位、时间表、路线图,指出要以高新技术为先导,以高附加值产品为主体,以传统优势产业为基础,培育若干行业产业规模大、技术创新能力强、管理先进的产业集群区,并配套出台了推进先进制造业基地建设的若干意见。2005 年,浙江继续出台《浙江省先进制造业基地建设重点领域、关键技术和产品导向目录》,明确了四大类先进制造业基地建设重点,即高技术产业、装备制造业、传统优势产业改造提升和循环经济;明确了 36 个重点领域和 100 项发展重点,组织实施一批带动性强、投资规模大、技术水平高、市场前景好的重大技术改造项目。杭州提出打造"天堂硅谷"先进制造业基地,宁波、舟山打造临港工业先进制造业基地;温州依托轻工业特色,加快国际性轻工城建设;台州打造"九大工业品制造之都",湖州、嘉兴打造接轨上海的浙北先进制造业基地;绍兴提出建设国际纺织中心;金华、衢州、丽水也纷纷高起点规划产业布局。浙江省全面贯彻党的十六大提出的新型工业化道路,掀起了全面建设先进制造业基地的热潮。

(四)思想深化、普及推广阶段:2016 年至今

先进制造业基地建设发展战略提出以后,经过 10 多年的实践探索、总结提升,逐步发展成为新时期经济高质量发展的重要经验与样本。从国家层面上看,2010 年中国的 GDP 超过了日本,成为全球第二大经济体。经济发展应该从需求端发

力,还是从供给端发力?实践越来越证明,提高生产水平、提升产业层次,比扩大内需更为关键。2015 年国家提出的经济新常态、供给侧结构性改革,2016 年国家制定并颁布实施的"中国制造 2025",是先进制造业基地思想的进一步总结和提升。从浙江的实践看,继续推进先进制造业基地,宁波市成为以"智能经济"为主要特点的第一个国家试点、示范城市,湖州成为以"绿色+智造"为主要特点的第二个试点示范城市。作为国家"互联网+"自主创新示范城市,杭州市积极申报以"工业互联网"为主要特点的第三个国家试点示范城市。可以说,从国家提出走新型工业化道路到转型升级走高质量发展时代,正是先进制造业基地建设"一张蓝图绘到底"生动的实践。

先进制造业基地建设的浙江实践,不但大大提升了浙江经济活力,增添了浙江经济的魅力,而且也为全国经济转型升级发展提供了时代的案例。发展实体经济、注重制造业,提升产业结构、实现创新驱动、追求质量效益统一,成为党的十八大以来经济转型升级发展的重要方向。浙江的先进制造业基地发展战略已经开始向全国复制推广。如 2016 年发布的《长江经济带发展规划纲要》强调,长江经济带要加快实施"中国制造 2025",加强重大关键技术攻关、重大技术产业化和应用示范,联合打造电子信息、高端装备等世界级产业集群;《长江经济带创新驱动产业转型升级方案》进一步提出在五大重点产业领域和十大发展潜力较强、市场前景广阔的新兴产业领域培育世界级产业集群。

2017 年 10 月,习近平总书记在党的十九大报告中指出:"加快建设制造强国,加快发展先进制造业,推动互联网、大数据、人工智能和实体经济深度融合,在中高端消费、创新引领、绿色低碳、共享经济、现代供应链、人力资本服务等领域培育新增长点、形成新动能。"可以看到,为加快发展先进制造业,习近平总书记在建设先进制造业基地的战略部署中,明确提出要推动实体经济和数字经济融合发展,继续做好信息化和工业化深度融合这篇大文章,推动制造业加速向数字化、网络化、智能化发展,为进一步完善"先进制造业基地"建设指明了方向。

至此,"先进制造业基地"从一省一域的地方实践、"八八战略"的重要内容之一,上升为建设制造强国的"中国方案",大大丰富了当代马克思主义政治经济学,成为习近平新时代中国特色社会主义思想的重要实践案例。

二、"先进制造业基地"发展战略的丰富内涵

主政浙江后,习近平同志认为,浙江是有条件在全国率先基本实现现代化的地区。走新型工业化,是国家的重大战略。浙江贯彻这一战略,要按照市场经济的规律因势利导,加大扶持力度,进一步扩大总量,优化结构,增强实力,做精一批名牌产品,做好做大一批领跑企业,做优做特一批强势产业,做实做强一批特色园区,努力提高浙江的综合实力和国际竞争力,使浙江成为全球重要的先进制造业基地。[①]

选择一个条件相对成熟的省份,谋划和建设全球重要的先进制造业基地,是中国百年崛起在区域经济上的重大探索。浙江经济外向度高,产业基础好,协作配套性强,为这种探索提供了很好的背景、基础。这一战略的制定与实施至少包括四层内涵:

一是在视角上立足全球化。在改革开放的大背景下,国家区域经济的发展,必须立足全球化的视角,要敢于直面世界竞争,才能体现大国的风范,才能体现真正的竞争力。站得高才能看得远。要拥有全球化视野,这是中国经济创新发展的战略定位。

二是在水平上体现先进性。经济的先进性,首先体现在产业结构上,高新技术

---

① 俞文明.习近平在省经贸委调研时提出 努力把浙江建成先进制造业基地.(2002-12-03). http://news.sina.com.cn/c/2002-12-03/0939827365.html.

是产业发展的主攻方向,要培育具有重大带动作用的先导性、战略性产业;同时,要进一步加大传统产业的改造,大力发展高附加值特色产业。其次,体现在企业生产经营理念的先进性上,运用符合现代经济发展的先进理念、先进文化、先进制度来支撑制造业的发展。可以说,先进性是"硬本事"先进性的体现,更是"软实力"先进性的体现。

三是在内容上专注制造业。要注重 GDP 的数量,更要注重 GDP 的结构。中国是一个发展中大国,浙江是个加工大省。以制造业为主体的工业经济是区域经济发展的支柱,是现代化建设的主导力量,是综合实力和国家竞争力的重要体现。产业为基,实业为本,中国尚未完成工业化,坚定不移地推进工业化进程,努力实现工业的现代化,是现代化建设不可逾越的阶段,也是当今世界大国民族丛林的生存法则。

四是在空间上体现组织化。现代经济越来越体现出社会化的组织程度,党委和政府抓经济,要高度关注产业基地、产业平台的建设。浙江产业发展"低、乱、散"的问题比较突出,劳动密集型产业特点比较明显。按照"产业链、供应链、价值链"的方式,推进产业的集中、集聚、集群发展,提高要素市场化配置的效率,是浙江产业发展的重要新途径。因此,先进制造业基地的建设目标和走新型工业化道路的要求是完全符合的,对于浙江真正按照新型工业化的道路,逐步实现创新型省份的建设可以起到积极的促进作用。

正是由于先进制造业基地建设的重要意义和作用,在浙江省委省政府归纳总结的"八八战略"中,其成为第三大战略。这一战略对于指导浙江加快工业化进程,提高工业化实现程度,实现"十二五"规划中提出的建设现代产业体系、努力实现工业现代化起到了重要的发展战略指引作用。

三、"先进制造业基地"发展战略的时代背景

精辟的理论总结来源于生动的实践。"先进制造业基地"建设的重要战略不是凭空产生的,而是源于对国际国内宏观背景与浙江经济社会发展阶段变化的科学分析和把握:既是对浙江发展实践经验的总结整合,又是对未来浙江发展思路的创新;既体现了工作的继承性和连续性,又体现了工作的开拓性和创造性。

(一)浙江制造业的特色优势(2003 年)

2003 年是习近平"先进制造业基地"发展战略思想提出的第一年,当时的"浙江制造"已经具备三大特色优势:

一是产业优势。浙江制造业较早突破传统的工业发展模式,坚持区域分工,着力扬长避短,发挥特色优势。制造业发展的一个显著特点是"加工型、分散化、短平快",广泛发展具有竞争力的劳动密集型产业,提高地方的工业化实现程度。在此基础上,抓住区位优势和外向经济的机会窗口,在市场中学习、在学习中创新,进而发展资金和技术密集型产业。经过改革开放 20 多年的发展历程,浙江制造业拥有了一批在长江三角洲乃至全国具有一定优势的产业。这些具有相对优势的产业包括:化学纤维制造业,纺织业,纺织服装、鞋、帽等制造业,皮革、毛皮、羽毛(绒)及其制品业,造纸及纸品业,印刷业和记录媒介的复制,文教体育用品制造业,电气机械及器材制造业,通用设备制造业,仪器仪表及文化、办公用机械制造业,金属制品业,塑料制品业,工艺品及其他制造业,木材加工业,家具制造业,废弃资源和废旧材料回收加工业等 16 个。2003 年这些产业的销售收入和利润总额均占全国同行10％以上。其中化学纤维制造业,纺织业,纺织服装、鞋、帽制造业,皮革、毛皮、羽毛(绒)及其制品业的销售收入占全国同行业 20％以上,利润总额超过或接近全国

同行业的 30%。

二是集群优势。浙江具有竞争优势的制造业,主要依托被称为"块状经济"的产业集群。产业集群构成了浙江富有特色的区域性产业组织形态,在全国发展最早,规模也最大。产业集群的主要构成是:实行专业化分工协作的中小企业群;以轻型的最终产品为主体的特色产业;专业贸易市场及初级形态的要素市场;基于地域文化的创业氛围;支持性的公共政策。典型的产业集群,显示"小产品大市场、小资本大集聚、小企业大协作、小产业大规模"的特征,通过不断创新赢得竞争优势,成为区域经济持续快速增长的动力源,形成了不易为其他地区所模仿的核心竞争力。2003 年全省工业总产值(或销售收入)在 10 亿元以上的产业集群有 149 个;工业总产值(或销售收入)合计达 1 万亿元,约占全省总量的 52%。其中,50 亿元以上的有 35 个,100 亿元以上的有 26 个,200 亿元以上的有 6 个。产业集群在发展中产生了五大效应:一是竞争效应,二是专业化分工效应,三是范围经济和规模经济效应,四是外部经济效应,五是地区经济繁荣效应。以块状经济、产业集群为重要依托,建设先进制造业基地,成为浙江制造业发展的重大战略取向。

三是机制优势。浙江抓住改革开放的历史机遇,率先突破计划经济体制束缚,在全国较早形成了适应市场经济的工业经济运行机制。市场取向改革率先,市场因素发育程度较高,市场运行机制形成较快,是浙江制造业迅速崛起的关键和机制优势所在。最突出地表现在:第一,立足于培育具有独立经济利益、富有活力的市场经济主体,充分调动和依靠人民群众的积极性和创造性,推进工业化进程。应该说,人民群众是浙江制造业发展奇迹的真正创造者。第二,着眼于解放和发展社会生产力,在调整和完善企业所有制经济结构上走在全国前列。浙江制造业以民营经济为主体、国有经济和其他所有制经济共同发展的路子,在各省(区、市)中独树一帜。

(二)浙江制造业存在的主要问题(2003年)

2003年的浙江制造业也存在不少结构性和素质性问题,在快速发展中遇到了成长的烦恼。

一是产业高度化不足。制造业的二元结构现象较为突出:大量较传统的产业与部分较现代的产业并存;低水平加工业比重过高与高加工度产业成长不足并存;一般产品生产能力过剩与高技术含量、高附加值产品供给不足并存。具有国际竞争力的主要是劳动密集型产业,资本和技术密集型产业普遍缺乏国际竞争力。作为出口主体的传统产业处于国际垂直分工的末端,主要依赖于低价格竞争。高新技术产业占工业总产值的比重不到8%,排在各省(区、市)的第16位。2003年浙江全省的工业总产值仅为江苏和上海的25%和33.5%。

二是企业缺乏技术创新能力。制造业技术水平偏低,产品科技含量和装备现代化程度不高。多数企业形成了生产能力,但是没有形成技术开发能力;多数企业只是个加工厂或组装厂,没有成为创新主体;多数企业的主导产品技术以引进和模仿为主,原创性的技术和产品甚少。制造业的先进性明显不及上海和江苏。2003年浙江R&D经费支出只有75.2亿元,明显低于上海的128.9亿元、江苏的150.5亿元;浙江大中型工业企业办有技术开发机构的只占32%,而江苏为48.3%;每个机构的科技活动人员浙江平均不到104人,而江苏和上海分别为175.5人和299人。

三是可持续发展面临较大挑战。制造业增长方式仍以高投入、高消耗、高排放、不协调、难循环、低效率为特征的粗放型增长方式为主,面临比上海和江苏更大的资源和环境压力。一是能源等主要资源对外依赖度不断提高与资源利用水平较低的矛盾加大。2003年,浙江工业耗能占到全社会耗能的77.3%,但工业部门终端能源利用率比工业化国家低10个百分点左右,主要产品单位能耗比国外先进水平高出 40%;工业废水重复利用率 36.4%,比发达国家低 30 多个百分点。二是工业污染居高不下与生态省建设的矛盾进一步显现。2003 年,浙江亿元工业增加值所排放的工业废水达 38.37 万吨,高出发达国家几倍甚至几十倍。

总的来看,经过改革开放 20 多年的快速发展,2003 年的浙江制造业在全国的产业地位已经取得了巨大的跨越。但是在产业规模显著扩张的同时,制造业的先进性表现不足,已经成为影响综合实力和国际竞争力的突出因素。必须着力提高制造业的先进性,加快建设先进制造业基地。

四、新时代"先进制造业基地"发展战略的新价值

坚持实施"先进制造业基地"发展战略,用现代工业的理念建设现代化经济体系,实现由工业大省向工业强省的转变,这是先进制造业基地建设在新时代的理论价值和实践意义。

(一)坚持五大建设要求

2003 年 7 月,习近平同志在浙江省委十一届四次全会上作报告时强调了建设先进制造业基地必须坚持的五个要求。

第一,先进制造业基地必须保持特色,进一步把浙江省块状特色产业做大做强,充分发挥产业集聚所产生的竞争优势。第二,先进制造业基地必须接轨国际重要的制造业,要充分利用国际国内两种资源、两个市场,适应国际产业结构调整的新变化,跟上国际制造业发展的新趋势,参与国际产业分工。第三,先进制造业基地必须充分体现先进性特点,突出技术创新,坚持以信息化带动工业化,既要努力提升传统产业的"先进"程度,不断强化原有的产业优势,又要大力发展高新技术产业、临港重化工产业和装备制造业,努力构筑新的竞争优势。第四,先进制造业基

地必须有选择地实行重点突破,切实防止低水平的重复建设,防止产业同构化。第五,先进制造业还必须是可持续发展的制造业,要实现工业化和资源、环境、生态的协调发展。

(二)把握五个关键要点

结合习近平同志提出的五大建设要求,贯彻落实"先进制造业基地"发展战略,至少需要把握五个关键要点。

一是注重发挥有效市场机制。浙江是市场化改革走在全国前列的省份,是新时期贯彻党的十九大精神,发挥市场机制起决定性作用条件最成熟的省份之一,要借鉴国内外成熟的经验和做法,最大限度地降低制度性交易成本,最大限度地优化创新创业环境,使浙江省成为新时期全国最佳的创业高地,让市场的魅力充分地展示。

二是注重发挥实体经济作用。把实体经济作为建设先进制造业基地的着力点,大力推进"转型升级组合拳",以现代工业理念发展现代工业,引导工业经济走内涵发展的道路,为现代产业体系建设奠定坚实的基础。

三是注重发挥民营经济优势。庞大的民营经济浙商群体,是浙江省经济最大的亮点。过去浙江省经济的发展依靠民营经济,未来仍然依靠民营经济。广大民营企业家是浙江省先进制造业基地建设的中坚力量。要引导浙江省广大民营企业家加强实业投入,回归创业创新,加快推进行业整合,不断提升服务水平,持续增强民营企业的综合竞争力,使之成为促进科技创新、整体转型升级的重要支撑。

四是注重发挥技术革命力量。数字经济等新一轮科技革命和产业变革正在孕育兴起,一些重要科学问题和关键核心技术已经呈现出革命性突破的先兆,抓住新技术革命的机会,创造新的经济增长点和创新发展模式对浙江省建设先进制造业基地至关重要。传统工业企业要逐渐脱离传统经营方式,在新一轮的强势竞争中向注重技术创新和商业模式创新转变,敏锐把握产业领域的最新动向,积极致力于突破关键核心技术,最终形成合力,建立起创新驱动、人才支撑的现代产业体系。

五是注重优化产业引导方式。要加快实现工业现代化,大幅度地提高生产效率和经济效益,就必须要多方面地创新生产关系,改变上层建筑,改变企业的管理方式和政府对企业的管理方式,使之适应于先进制造业基地建设的需要。从各个层面来看,建设先进制造业基地战略的实施不仅需要生产技术上的重大改革,而且需要制度上组织上的重大改革。改变传统的生产方式,普及现代企业管理理念,建立现代企业管理制度,实现从思路到模式的彻底改变,才能使浙江省在走向现代化的道路上大踏步向前。让政府的作用恰如其分,让市场更加"有效",让政府更加"善为",为全国提供可以参考、可复制的模式和道路。

本报告系 2018 年度浙江省社科规划"马克思主义理论研究和建设工程——习近平新时代中国特色社会主义思想研究"专项课题中期研究成果摘要

从零部件制造大省向整车先进制造业基地的跨越

一、40年积淀，成长为全国领先的汽车零部件大省

浙江在改革开放之初，就在国内抢先布局发展汽车零部件制造业。经过40年的持续发展，产业规模不断扩大，总量位居全国前三。截至2017年底，全省拥有汽车零部件企业上万家，其中规上企业1881家。2017年，实现规上工业总产值4136亿元，占全省工业总产值的5.9％，约占全国行业总产值的10％；实现利润总额506亿元，利润率12.5％，高于全省平均水平5.5个百分点。汽车零部件产业已成为浙江传统制造业的典型代表。

浙江汽车零部件制造业产品系列全、品种多，涵盖整车制造所需的五大系列，尤其在发动机总成、制动器、曲轴、万向节、传动轴、轮毂、组合汽车仪表、汽车空调、真空助力器、悬架总成、滤清器等细分领域具有较强竞争力，形成了一批有较高市场占有率和美誉度的拳头产品。2017年，全省汽车零部件制造业新产品产值率达

到 57.9%,居传统制造业首位。

浙江汽车零部件制造业集群化发展特征明显,共有十余个百亿级规模的汽车零部件制造业集群,形成了杭州、宁波、台州、金华、温州五大传统汽车零部件制造业集聚区,同时以杭州、宁波、湖州、嘉兴等为代表的新能源汽车零部件制造业集聚区和以杭州、宁波为代表的汽车电子产业集聚区也在加速培育形成中。遍布全省的汽车零部件制造业集群,围绕地方特色领域大力推进专业化分工与协作,成为支撑当地经济发展的主导产业。

二、从无到有,培育全国有影响力的整车制造基地

在 2000 年以前,浙江没有整车制造产业,"造车"一直是浙江制造的"梦想",没有整车也是浙江制造的"遗憾"。在计划经济时代,汽车生产是体现国家生产力布局的重要标志,整车生产制造与浙江没有任何关系。然而,从自行车、摩托车时代进入汽车时代是经济社会发展的一个趋势,对于向来敏锐的浙商企业家来说,抓住汽车产业的发展机会,也是势在必行。1997 年,李书福带领吉利公司进入汽车制造业。1998 年,吉利汽车自主研发的第一台轿车"豪情"在临海正式下线。2010 年吉利集团收购沃尔沃引起了广泛的关注,吉利集团几乎在短短的三年时间里,实现了从造"最便宜"的汽车向"最安全"的汽车的转型升级。2015 年,吉利控股集团进入世界 500 强,成为浙江本土民营跨国公司。2018 年李书福入股戴姆勒,成为戴姆勒最大个人股东。到 2019 年,浙江已经拥有吉利、众泰、大众、福特、零跑等 17 家整车生产企业,如果算上各类专用车的话,浙江的整车企业数量达到了 55 家。在整车的带动下,汽车产业一跃成为浙江的第二大制造业,浙江的汽车产业格局也从依托各地块状经济"小打小闹"的初级阶段逐渐进阶为"1+10+N"整零协同的发展新阶段。

"1"是培育形成了有望对标国际一流知名企业的吉利汽车,同时众泰、大众、福特、零跑等整车企业也在带动地方经济发展方面发挥了重要作用。2008年以来,吉利汽车发展势头强劲,在整车设计、动力总成、整车匹配等环节综合能力持续提升,形成了万人规模的研发队伍,市场占有率不断提高,品牌美誉度显著提升,已成为我国民族汽车品牌的一面旗帜。

"10"是培育形成了10来家有市场影响力的总成类零部件企业。全省形成了万向、华翔、亚太等一批具有国际影响力的老牌龙头企业,形成了均胜电子、微宏动力等具有行业引领作用的新兴龙头企业。如均胜电子在汽车安全系统市场上的占有率居全球第二。2017年,浙江进入全国汽车零部件百强榜的企业有21家,居全国首位。

"N"是培育形成了一大批在细分领域有特色优势的中小零部件企业。全省培育形成了银轮机械、双环传动等一批单项冠军和隐形冠军,其中银轮机械的冷却系统国内市场占有率达到40%。万里扬、万丰奥特、瑞立等企业分别位列汽车变速箱、轮毂、离合器等行业的市场占有率前三名。

三、风云激荡,汽车产业发展直面"三变""三不变"

2018年被视为中国汽车行业的分水岭,中国汽车行业告别高速增长时代,逐步跨入转型升级的"高质量发展时代",微增长、负增长开始显现。与之形成鲜明对比的是,近年来我国汽车规划产能迅速增长,根据公开数据,国内汽车年产能(含在建产能)超过6000万辆,为2018年销量的2.1倍;我省到2020年也将新增近450万辆的规划产能。因此,我们既要看到前几年浙江整车迅速崛起的势头以及给全省经济增长带来的重要支撑性作用,也要清醒地认识到未来几年市场及行业竞争格局的变化以及可能会出现的供需严重"倒挂"问题。从5年规划的角度分析,汽车产业的发展形势可归纳为三个"变化"和三个"不变"。

(一)三个"变化"

第一是汽车产业快速增长的势头发生了变化。进入 2018 年,汽车行业保持多年的快速增长趋势发生了变化。从全球看,2018 年,全球主要汽车市场除美、日、法等国分别出现了 0.3％、0.7％ 和 3.0％ 的微增之外,中国、韩国、德国、英国等国均出现了不同程度的下滑,其中下降幅度最大的为墨西哥和英国,增幅分别为－7.1％ 和－6.8％。从国内看,2018 年全国汽车销售量为 2808.06 万辆,同比下降 2.76％,为我国汽车销售量近 28 年以来的首次年度下降。我省的吉利汽车得益于前 8 个月的快速增长,全年总销量达到 150.1 万辆,同比增长 20.4％,但是进入 9 月后,销量也出现了下滑,其中 12 月份销量为 9.3 万辆,同比下降 37％,未完成上年度制定的 158 万辆的销售目标。行业专家普遍认为,中国汽车行业将告别高速增长时代,迎来周期性低谷。如一汽董事长徐留平认为,汽车行业正在"晴转阴甚至阴雨","严冬"或已悄然来临;长安汽车执行副总裁李伟认为国内车企面临很大挑战,微增长、负增长时代来临;中国汽车流通协会副秘书长朗学红认为"中国车市开始进入周期性低谷,周期或达三年及以上"。

第二是汽车产业发展的技术路线发生了变化。一是关于驱动能源的路径选择。毫无疑问,电动化仍是主流趋势,但日韩力推的氢能源汽车已开始崭露头角。全球第一大车企丰田以及本田、现代等都开启了产业化进程,尤其是丰田正加速布局全球专利和标准,即便是坚守电动汽车阵营的德系车企宝马、奔驰,也都有氢能源汽车布局。国内已十分重视氢能源汽车的发展,佛山等地已有加氢站等相关产业链项目布局;我省也把氢能源汽车作为重点发展方向,正加紧研究制定《浙江省培育氢能产业发展的若干意见》等政策文件。二是关于电动汽车动力电池的路径选择。目前,三元锂电池与磷酸铁锂电池间的学术争议仍然存在,但过往钟爱磷酸铁锂电池的企业,在近两年都维持磷酸铁锂产能不变,转头增产三元锂电池,就连代表国内磷酸铁锂最高水平的比亚迪在 2017 年也规划了 6Gwh 的三元锂电产能,约占总产能的 37.5%。

第三是汽车产业面临的宏观环境发生了变化。一是汽车整车及零部件进口关税下调。自 2018 年 7 月 1 日起,我国汽车整车进口税率从 25%、20% 降至 15%,汽车零部件税率降至 6%,平均降税幅度为 46%。民族品牌相对于合资品牌及进口品牌的主要优势是成本低,随着关税的大幅调低,民族品牌挺进中高端的进程将面临更大压力。二是汽车制造业的外资股比限制将逐步取消。2018 年 4 月 17 日,国家发展改革委表示将逐步取消汽车制造业的外资股比限制①。几乎是应声而下,宝马集团宣布收购华晨宝马的部分股权,持股比例增至 75%。股比限制放开后,国际汽车巨头的自主权进一步加大,整合品牌、技术及供应链优势后很可能会引发降价潮,将对民族品牌形成较大冲击。如何利用好股比限制放开的五年窗口期,成为摆在我国汽车从业者面前的一大问题。三是项目审批和资质发放将进一步收紧。2018 年 12 月,国家发展改革委印发《汽车产业投资管理规定》,文件规定新建独立燃油车项目将被禁止,现有燃油车产能的扩大也将要满足更加高标准的要求,还进一步提高了新能源汽车跨界造车、上马动力电池新项目的门槛。四是中美贸易摩擦带来的不确定性。目前,美国市场约占我国汽车零部件出口的 25%,部分总成件、汽车电子等技术密集型产品需要从美国进口。长期来看,中美汽车在新能源汽车电池、智能网联汽车等领域的合作将受到一定影响。此外,购置税优惠政策退出、各地限购限牌限迁政策趋严、新能源汽车补贴"削低补高"和"国六"标准的发布等相关因素,也对汽车产业的发展造成一定影响。

---

① 国家发展改革委:2018 年取消专用车、新能源汽车外资股比限制;2020 年取消商用车外资股比限制;2022 年取消乘用车外资股比限制,同时取消合资企业不超过两家的限制。

(二)三个"不变"

第一是作为国民经济支柱性产业的地位不变。汽车被誉为制造业皇冠上的明珠,能够有效带动橡胶、金属、玻璃、汽车金融等上下游约150个产业的发展。纵观世界经济大国,可发现其大多是汽车工业大国,如德国汽车产值在制造业中的比重高达20%。以浙江为例,2018年,全省汽车制造业实现规上产值5186亿元,在工业总产值中的比重由2012年的4.9%迅速提高到2018年的7.5%,在38个工业门类中排名第三;按照现有趋势,到2022年前后,浙江整车产量将达到300万辆左右,汽车产业将达到万亿量级,成为浙江名副其实的"一号产业"。

第二是汽车制造专业化分工的内在逻辑不变。汽车产业具有"全球研发、全球采购、全球生产、全球销售"的特点,企业和产品竞争的核心在于供应链的竞争,因此无论全球局部贸易形势如何变化,汽车制造专业化分工的内在逻辑不会改变,区别只是从一个地区转向另一个地区。目前,整零分工和协作主要有以通用为代表的大规模制造模式和以丰田为代表的精益制造模式,其中大规模制造模式以批量采购、批量生产著称,精益制造模式以"多品种、小批量"著称。

第三是电动化、智能化等"四化"趋势不变。电动化、智能化、网联化、共享化是汽车产业公认的技术趋势。未来十年,围绕"四化"趋势的多元化创新和融合应用是汽车产业的主要技术变革方向。传统燃油汽车将仍是市场主体,但是其平均油耗必将逐步降低,节能汽车的占比将快速提高;新能源汽车将逐渐成为主流产品,2018年,在车市普遍低迷的情况下,新能源汽车总销量达125.6万辆,同比增长61.7%;新能源乘用车销量达105.3万辆,同比增长82%;随着汽车产业与ICT(信息与通信技术)产业的加速融合,智能网联汽车的发展已成为必然趋势,共享汽车等新型商业模式将得到快速推广;新型电池、自动驾驶、新材料应用等支撑汽车"四化"的技术领域将成为创新的热点。

四、浙江培育与发展整车先进制造业基地的思考

抓住我国由汽车大国向汽车强国转变的历史机遇，紧扣长三角经济带和"大湾区"建设的时代要求，围绕培育整车先进制造业基地这一核心，聚焦到"1＋10＋N"产业布局上，统筹规划、部门协同、省市联动、多措并举，着力提升汽车行业整体发展质量、核心竞争力和现代化水平。

（一）注重高端整车品牌的培育和引进，走龙头引领的路子

整车先进制造业基地必须有世界一流企业支撑，浙江汽车产业发展也须着力发挥整车企业在产业带动中的引领作用。

一是重点支持吉利成长为世界知名汽车品牌。目前吉利在省内布局的整车基地超过 10 个，预计到 2022 年，吉利汽车全球销量将达到 300 万辆，省内产量将突破 200 万辆，同时还将带动浙江万亿规模产业发展。要统筹资源配置，坚定不移地支持吉利做大做强，鼓励吉利强化浙江基地的核心地位。二是以市场化、法治化手段化解产能过剩风险。按照"市场开拓消化一批、兼并重组整合一批、提高准入标准淘汰一批"三个一批的工作思路，引导龙头企业与产能过剩企业创新合作，防范化解产能过剩风险。三是加强与国际一流汽车企业对接，一事一议给予政策支持，争取其计划布局的高端新能源汽车项目落户浙江。四是引导吉利等整车企业加快布局插电式混动汽车、纯电动汽车等新能源汽车以及智能网联汽车，鼓励有条件的企业酌情开展氢能源汽车研发。

（二）着力提高汽车零部件的质量水平，走整零协同的路子

汽车行业的竞争，本质上是供应链的竞争。要抓住省内整车快速发展尤其是

吉利行业竞争力快速提升的机遇,加强零部件支撑能力建设,着力提升整零协同水平。一是要引导扶持万向、亚太、均胜等汽车零部件龙头企业进一步向专业化、规模化、集约化发展,成长为国际一流汽车零部件供应商,引领零部件行业发展。二是要重点加强汽车电子领域的技术攻关和产业化,重点支持车用 IGBT 芯片、逻辑芯片、高性能传感技术基础研究,引进一批技术先进企业落户,形成若干产业互联、开放共享的"高、精、尖"汽车电子新型工业化示范基地。三是在杭州等地率先实施的整零协同政策的基础上,尽快研究出台省级层面的整零协同政策。通过整零协同专项资金、省市重大科技专项等,引导整车企业与零部件企业同步设计、同步开发。

(三) 大力推进产业协同创新机制建设,走创新驱动的路子

由政府牵头,强化区域内资源要素的优势互补、协同发展,积极引导高校、科研机构、零部件企业与整车企业建立研发战略联盟,争取在核心领域突破一批关键技术。一是建设一批国家级、省级重点实验室、制造业创新中心、企业技术中心等创新平台,形成一批重大汽车产业相关的原创性科学成果。二是建设技术标准、测试评价、基础设施等产业支撑平台,形成支撑产业发展的系统化服务能力。三是面向全球加快引进汽车设计、技术研发等机构、团队,将浙江打造为海外汽车人才归国创新创业的优选地。支持龙头企业到海外设立、兼并和收购汽车设计和研发机构,打造国际新能源和智能网联汽车产业创新中心。

(四) 融入长三角汽车产业集群发展,走合作共赢的路子

上海是我国规模前三的整车生产基地,拥有大众、上汽等龙头企业,引进了特斯拉、WAYMO 等全球一流新能源、智能网联汽车企业。浙江培育整车先进制造业基地,应站在长三角区域一体化的高度进行谋划。一是把汽车产业作为"大湾区"建设中区域合作的重点,推进与上海签订汽车产业发展战略合作协议,并建立长效沟通联动机制。二是积极对接上海全球科技创新中心建设,探索共建上海—浙江汽车产业合作园,聚焦新能源整车、电池电机电控、动力总成、智能网联、无人驾驶以及新兴商业模式等领域开展产业合作。三是探索"飞地"模式,支持浙江企业入驻并整合利用上海、江苏、安徽等智力资源富集地区的创新资源。

(五)加强产业公共支撑服务体系建设,走环境优化的路子

一是加快新型企业联盟建设。引导吉利等整车龙头企业牵头建立新型企业战略联盟。鼓励以联盟为依托,成立汽车零部件检验检测中心,为企业提供检验检测服务,统一供应标准。二是加快汽车工业互联网平台建设。支持浙江省新能源汽车产业联盟联合亚太机电、吉利、阿里巴巴、之江实验室,建设全省汽车工业互联网平台,作为全省工业互联网"1+N"构架的重要组成部分,为整零协作、同步开发、协同制造、生产管理、产品追溯以及融资等提供专业化服务。三是加大本省新能源汽车推广应用力度。研究制定刺激汽车消费的政策措施,积极推进充电桩等基础设施建设,加快小区、商务楼等的电网线路改造。对于政府采购新能源汽车,在同等技术条件下,加大省内配套权重值。四是大力推进汽车后市场服务体系建设。加快发展生产性物流、汽车销售和售后服务、汽车租赁、汽车共享、房车营地、汽车保险、汽车展览等汽车后市场服务。做好专业化联盟、协会等中介服务体系建设并充分发挥其作用。五是加快完善资金扶持与保障体系。设立浙江汽车产业发展基金,用于扶持大项目招引落地、新技术国际并购。扶持本地专业汽车金融和保险企业发展壮大,积极培育产业投资、融资租赁等新兴汽车金融业务,进一步完善出口有关的信用保险、担保制度与融资平台建设,通过出口信贷和税收优惠等政策,支持浙江自主品牌企业"走出去"。

原载《经信参阅》2018 年第 12 期

舟山绿色石化基地建设的浙江路径

　　舟山绿色石化基地是"十三五"期间国内建设规模和投资金额最大的炼化一体化项目,也是"十三五"期间我省投资最大的产业项目。项目的建成投产,对于改善国内石油市场将起到积极的促进作用,也被称之为中国的"第四桶油"项目,项目与舟山的"油商大会"、舟山国家自由贸易试验区的平台实现无缝链接,因此格外令人瞩目。基地的技术装备和生产能力达到国际一流水平,是国家能源安全战略在浙江省的又一重大布局,也是浙江民营经济改革创新又一生动而伟大的实践。该项目不仅是一个大规模的能源及原材料保障项目,更将是一次推动制造业高端化发展的难得机遇。"中国装备"要努力"装备中国"。抓住重大项目建设对产业发展千载难逢的带动作用和升级机会,鼓励和支持省内富有创新创业精神的民营企业踊跃进入项目建设和运营所需的配套产业体系,带动省内石化、装备、纺织等优势产业向高端化迈进,进一步提高我省在高端制造领域的核心竞争力和市场话语权,向"制造强省"目标大步迈进。

一、项目基本情况

　　舟山绿色石化基地是经国家和省政府批准建设的大型石油炼化一体化项目,位于舟山市岱山县渔山岛,规划面积41平方公里,总投资超过1700亿元,被称为浙江产业投资的"一号工程"。项目分两期实施:一期主体工程包括38套炼油及化工装置,建设规模为2000万吨/年炼油、400万吨/年PX及100万吨/年乙烯等;二期主体工程包括35套炼油及化工装置,建设规模为2000万吨/年炼油、480万吨/年PX及120万吨/年乙烯。项目承建方浙江石油化工有限公司是一家由浙江荣盛控股集团有限公司出资51%、巨化集团公司出资20%、浙江桐昆控股集团有限公司出资20%、舟山海洋综合开发投资有限公司出资9%共同发起成立的民营控股、国企参股的新型混合所有制合资公司。

　　按照"炼化一体化、装置大型化、生产清洁化、产品高端化"的要求,舟山绿色石化基地定位于成为全球最大的石油储运基地、国际绿色石化基地、国际油品交易中心、东北亚保税燃油供应市场和国际海事服务基地。该项目的实施对于优化我国石化产业布局、提高我国在全球经济治理中的制度性话语权具有重要的战略意义,对于我省加快推进国家海洋经济发展示范区、环杭州湾大湾区、义甬舟大通道、长三角江海联运体系、宁波舟山港一体化等的建设,具有重要的产业支撑作用。从长远来看,也是直接关系到"中国制造2025"国家战略中新材料产业发展和绿色制造工程实施的重要载体,项目的建成将大大提升浙江省作为临港经济大省的炼化一体化能力,为浙江成就中国的"第四桶油"奠定坚实基础。

二、项目实施带来的产业发展机遇

舟山绿色石化项目投资巨大,经济带动作用明显。项目达产后预计每年可实现销售收入 2500 亿元、利税 600 亿元,带动上下产业链销售收入 6000 亿元,并将直接推动我省石化行业全产业链高端化发展。同时应该看到,浙江装备制造业也有望获得一次主动嵌入全球产业链,提升产业竞争力,进一步朝高端化、智能化、集成化方向发展的重大战略机遇。

(一)为我省制造业做大做强提供基础保障能力

经过多年发展,浙江石油化工总量规模已居全国第四位,但结构性矛盾仍较为突出,部分基础化工和传统精细化工产品产能过剩,而高技术含量的先进高分子材料和高端专用化学品自给率偏低,工程塑料、高端聚烯烃塑料、特种橡胶、电子化学品等高端产品仍主要依赖外省调入和国外进口。舟山绿色石化基地以进口原油为原料,主要生产国Ⅵ汽油、航煤、国Ⅵ柴油、苯、对二甲苯、硫黄、一乙二醇、高密度聚乙烯、均聚聚丙烯、聚碳酸酯、苯乙烯、丙烯腈等产品,不仅可以缓解我省汽油、柴油、乙烯、丙烯、丁二烯、异丁烯、芳烃等能源和重要石化原料的供需矛盾,而且将推动高性能聚烯烃等高分子材料实现省内配置,为我省制造业做大做强夯实基础。

(二)为我省石化中下游产业高新化发展提供支撑

舟山绿色石化基地所生产的石油及基础化工原料,广泛应用于下游化纤、橡胶、医药、塑料、交通装备及运输等多个行业,将带动我省石化中下游产业,尤其是高新材料、精细化工等行业进一步延伸产业链、提升价值链。以化纤为例,石化终端产品之一的 PTA 中 4-CBA、粒度、金属含量、水分含量等多项指标,对下游化纤产品品质影响较大,而项目承建方浙江石油化工有限公司四大股东中有三家企业(荣盛石化、巨化集团、桐昆集团)涉及化纤业务,其依托多年的行业经验和对市场变化的深刻认知,将引领推动炼油业务、石化业务和化纤业务联动发展,加速推进纺织行业大规模个性化定制生产进程,进一步推动化纤行业功能化、精细化、差异化发展。

(三)为我省高端装备制造业发展带来巨大市场

舟山绿色石化基地项目囊括主体工程、储运工程、公辅工程、环保工程和厂外工程等多个工程,项目总投资的40%将投向装备,约为700亿元,涉及炼油和化工装置、罐区、固体产品包装储运设施、水电气设施、空分空压设施、电信基础设施、环保设施等多种设备,装备需求体量大、涉及门类广、标准要求高,高技术门槛和大投入建设给我省装备制造业发展带来重大战略机遇。我省装备制造业企业进入该项目配套体系,将加快推动我省高性能关键装备自主设计和制造能力、重大成套装备系统集成与开发能力、高可靠性基础功能部件研发与批量生产能力的提升。

三、顺势而为,建立绿色石化先进制造业基地

抓住绿色石化基地项目落地机会,主动作为,多措并举,推动省内配套产业深度介入,不断探索大项目建设与区域产业联动发展的路径,进一步提高我省在高端制造领域的国际竞争力和市场话语权。

(一)立足现有基础,培育石化配套产业

经过30多年的发展,我省在多个石化配套领域已实现关键性突破,在汽轮机、空分设备、石化流程泵、各类阀门、压力容器、控制系统与仪表等领域诞生了一批替

代性好、质量过硬、美誉度高的本土优质供应商,如杭汽轮的汽轮机、杭氧的空分设备、浙江中控的 DCS 控制系统、杭州大路实业的石化流程泵系列产品等。面对舟山绿色石化基地项目落地带来的市场和技术锤炼机遇,应立足现有产业基础,主动作为,积极培育本土配套产业。建议组织石化领域的权威专家,对我省配套能力开展全面评估,提出配套产业发展建议。同时,围绕舟山绿色石化基地项目配套,支持有条件的地方加快引进培育一批创新能力强、有国际竞争力的龙头骨干企业和"专精特新"的隐形冠军,着力打造绿色石化配套产业。

(二)强化产业引导,加快石化产业跃升

绿色石油化工产业既是我省要重点改造提升的十大传统制造业之一,也是《中国制造 2025 浙江行动纲要》明确的产业发展重点。随着世界石化工业步入成熟期,产业的延伸布局和产品升级已成为产业转型升级的主攻方向。应当抓住项目实施后我省向石化产业上游原材料布局和拓展的机会,以产品升级和应用拓展为重点,加快推进石化全产业链向高端化迈进。建议积极面向个性化、高端化、绿色化的消费需求,主动谋划化工新能源、化工新材料、高端石化等方向新产品新技术的开发。同时,建议积极推进高端新产品在新兴产业的广泛应用,重点关注生物医药、包装材料、电子化学品、建筑新材料、专用化学品、节能环保等新兴领域的拓展。

(三)深化国际合作,加强重大项目招引

"一个大项目带来一个大产业"是舟山绿色石化基地项目的又一个生动启示。在绿色石化基地项目带动配套产业发展积累一定经验的基础上,重点围绕大飞机、核电、机器人、轨道交通、集成电路等领域,进一步谋划实践"大项目带来大产业"的发展路径,强化重大项目招引,加强国际技术和投资交流合作,主动嵌入全球产业链,提高我省在高端制造领域的国际竞争力和市场话语权。围绕现代产业发展重

点,搭建重大项目全球推介平台,开展全球化精准招商,主动设计和谋划一批重大项目,每年召开一次全球推介大会,同步建设省级招商引资综合管理信息系统。同时,积极支持行业龙头企业参与在本省投资建设的国际化大项目,对于暂时不具备独立实施能力的领域,鼓励企业通过联合投标、提供产品和技术支持等其他方式积极参与。

(四)加强政策引导,营造公平竞争机会

改革开放以来,面对产业技术差距,国家开启了"以市场换技术"的发展模式,在引进大项目的过程中投入大量资源,期待为地方经济发展换来核心竞争力,也缩短了产业技术水平上的一些差距。但是"天下没有免费的午餐",对于一些重大装备项目,技术输出方往往采用"卖猪肉搭青菜"的捆绑销售模式,而本土细分领域有实力的供应商被拒之门外。根据目前公开的招投标信息,舟山绿色石化基地项目中,我省企业参与度仍不够高,尤其是在大型成套装备、关键技术与设备及整体工程中参与度明显偏低。应高度重视这一问题,避免出现有实力的本省企业"在路边鼓掌"的现象,将"大投资"带来的"大机会"拱手让人。项目主管部门在审批项目招投标方案时,应要求项目业主采用分段招标的形式,如工控系统和成套装备的采购必须要分开,避免出现在大石化项目招标过程中"整体打包"的情况,让本土的中小企业拥有更多在市场中锤炼的机会。同时,省级和各地应加大对本省企业参与大石化配套项目的支持力度,对关键技术攻关、创新成果产业化、产品升级等项目,给予财政资金或政府产业基金扶持,并优先推荐申报国家和省首台(套)重大技术装备产品等。

原载《经信参阅》2018 年第 13 期

从袜业基地到袜艺小镇

改革开放以来,"块状经济"已成为支撑浙江省区域经济发展的重要产业组织形态,诸暨大唐袜业就是其中的典型代表。大唐袜业是以诸暨市大唐镇为核心,涵盖草塔、安华等18个乡镇,辐射周边地区,以袜品生产销售为主,包含原材料生产、袜机制造等在内的区域产业集群,是浙江乃至中国纺织服装产业集群的标杆,更发展成为世界最大的袜业生产制造基地。大唐在21世纪被形象地称为"东方佩恩堡"。大唐袜业从一个扎堆式块状经济产业集聚区发展成为一个产业链完整、产品系列丰富、技术配套齐全、拥有自主品牌、创新研发能力的专业型产业集群,其发展历程为中国纺织服装产业发展实践提供了重要的经验。

然而,随着国际国内产业梯度转移步伐不断加快、传统比较优势日趋弱化,产能过剩、无序竞争等产业问题凸显,并衍生出环境、生态、安全等一系列社会问题,大唐袜业亟待从困局中突围。适应经济新常态、探索发展新模式、重塑竞争新优势,推动产业发展方式从规模速度型向质量效率型发展,发展动力从要素驱动向创新驱动转变,加快"块状经济"向现代产业集群转型升级,已成为实现大唐袜业产业集群涅槃重生,推动区域经济、社会、环境和谐发展,打造宜居、宜商、宜业、宜游现代产业集群示范区的首要任务,也对浙江省传统产业集群探寻转型升级之路具有重要的示范意义。

一、大唐袜业的基础与优势

(一)产业地位稳步提高

大唐袜业作为世界上最大的袜子生产基地,2018年实现总产值超过800亿元,总产量达到240亿双,包含健康、保健、时尚、户外、新工艺新材料等高中低各档次袜子,并承担了150多个国外知名品牌的大批量贴牌工作。大唐袜业长期保持较高的市场占有率,国内市场占有率达70%以上,占据三分之一的国际市场,被誉为"大唐袜机响,世人袜一双"。

(二)生产链条逐渐完备

大唐袜业拥有袜业企业1.5万余家,从业人员20余万人,其中规上企业259家。已形成以织袜为主,包含研发设计、纺丝、加弹、染整、绣花、包装、营销等的完整袜业产业链,并拥有完备的生产和经营原辅材料、袜机及备品配件、后整理和联托运、中介服务机构等相关配套企业,产业集聚度居世界第一。大唐袜业的各企业间具有灵活的分包模式,拥有完善的社会化分工协作体系,自发形成"半小时服务配套圈"。

(三)品牌知名度不断提升

"大唐袜业"整体区域品牌已成为浙江省首批五个区域名牌之一,有区域品牌授权企业53家,拥有3个中国名牌产品、17个中国驰名商标及大量省、市级名牌。

诸暨每年举办中国(国际)袜业博览会、邀请外国驻华大使参观袜业企业和吸引意大利罗纳地、美国杜邦、德国拜尔等 20 多家世界 500 强知名企业和销售公司在大唐设立销售代理机构,大唐袜业的国际知名度显著提升。

(四)线上线下融合发展

过去 20 年诸暨坚持工贸联动发展,建造了 4 个袜业专业市场,大唐轻纺袜业城、大唐新袜业市场和中国针织原料市场成为国内最大的销售针织原料、袜机设备、各类袜子的综合性商贸城。随着电子商务的高速发展,诸暨建立了 3 个电子商务园区和 2 个电子商务村,专业市场和产业集群为电商企业提供了品种丰富的产品和响应及时的生产,电商集聚又带旺了专业市场的人气,进一步加强了袜业品牌辐射能力。

(五)政府高度重视转型

浙江省委省政府高度重视大唐袜业的转型升级,省级相关部门及绍兴市相继给予大唐一系列先行先试政策;诸暨市委市政府,深入开展"三合一"企业、燃煤锅炉淘汰、流动人口管理、出租房屋管理、查处无证照经营行为、规范个体税收征管秩序等一系列专项整治,并制定一系列专项规划、方案等,推动大唐袜业的转型升级。

二、大唐袜业的问题与瓶颈

(一)产品结构有待调优

尽管大唐袜业在国内外有较高的市场占有率,但产品附加值较低,品牌实力不足,低端产品所占比例过高。从国内市场来看,大唐袜业产品在超市、高端商场等渠道占有率不足；2017 年，诸暨市袜业企业利润率不足 5％，一些袜厂每双袜子的利润甚至低至 1 分钱。从外销出口来看，2017 年大唐袜业出口值仅占总产值的 15％以下，国际市场份额有所下滑。从目的地市场看，大唐袜业在发达国家市场所占比例依然较低，品牌认同度不高。

(二)生产方式有待升级

袜业准入门槛较低，大部分袜业企业仍使用传统技术方法和生产工艺，袜子编织、缝头、翻袜、套袜等工序仍分散作业，部分环节仍大量依靠手工或半自动化设备，企业技改投入不足，生产的自动化程度不高，导致劳动生产率、亩均税收过低，单位工业增加值能耗过高，产品质量不稳定，附加值较低，当前的生产方式难以支撑大唐袜业新一轮发展。

(三)品牌层次有待提升

尽管大唐袜业具有一定的品牌知名度，但龙头企业尤其是国际化标杆型企业少，自建国内外营销网络的企业依然不多，贴牌加工仍为大部分中小企业的主要经营方式，缺乏具有较高知名度的单体强势品牌。区域内相当部分企业品牌意识淡薄，创新动力不足，品质管理能力较低，导致大唐袜业距离"质造基地"尚有距离。

(四)产业组织有待优化

行业进入门槛低造成了大唐袜业"低、小、散"企业自由竞争的"草原型"经济形态。家庭作坊型企业数量过多，缺乏现代化管理制度及规范化经营方式，生产效率不高、创新能力不足；龙头骨干企业比重过低，行业整合作用不够明显；产业中坚力量缺乏，产业链大多数环节呈现企业多而不精的情况，产业发展存在一定的素质性和结构性问题,亟须形成更合理的产业组织梯队。

(五)人才梯队有待壮大

作为传统产业,大唐袜业对高端人才吸引力不足,经验丰富的管理人才、高层次技术人才普遍缺乏,尤其缺乏高水平设计师队伍和品牌经营人才。企业以家族型企业为主,缺乏职业化的管理理念,缺少现代化的经营管理团队。企业对人才储备的观念不强,绝大部分中小企业尚未从规划上将人才战略储备管理提升到战略高度,人才生态有待进一步完善。

(六)服务体系有待完善

诸暨服务业比重低于全省平均水平,难以支撑大唐袜业转型升级需求,具体表现在:区域物流服务企业竞争混乱,导致物流成本高、效率低和效益差;市内软件和信息服务业企业数量偏少,在两化融合、电子商务等方面支撑不足;金融服务专业化程度不够,受金融政策和互保联保影响,贷款门槛和资金使用成本偏高;法律服务体系缺位,知识产权保护存在认定难、保护难、惩处难的"三难"局面,严重影响企业的自主创新积极性。

三、产业集群发展演进对比

"第三意大利"是指20世纪70年代经济快速崛起的意大利东北和中部地区,拥有卡尔皮和普拉托的纺织服装业、卡西纳的家具制造业、维杰瓦诺的制鞋业等多个世界著名的产业集群。同为劳动密集型产业蓬勃发展的地区,"第三意大利"与诸暨大唐袜业乃至浙江省其他传统产业集群发展均具有高度的相似性:一是处在同一集群的企业从事的行业相近或相关,企业数目众多;二是以个体、私营性质的中小企业为主;三是集群中除了生产和销售企业外,还有中介组织和各类服务机构;四是集群内存在由生产商、贸易商、供应商等不同性质经济体在水平方向和垂直方向形成的不同程度的联系和社会网络关系。然而,"第三意大利"产业集群拥有更加悠久的历史和几经沉浮的经验,对大唐袜业的发展具有良好的借鉴意义。

(一)"第三意大利"与大唐袜业产业集群发展历程

综观"第三意大利"产业集群发展历程,其主要经历了五个阶段:20世纪50年代之前从农业过渡到家庭工业的萌芽阶段,20世纪五六十年代的调整集聚阶段,20世纪70年代的专业化分工阶段,20世纪80年代初至90年代中期从传统产业集群向创新型产业集群转型的发展转型阶段,以及20世纪90年代后期的创新升级阶段(详见图1)。

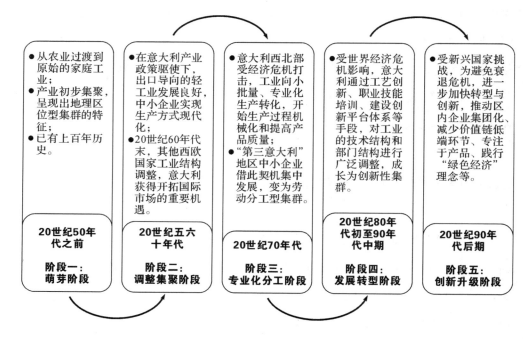

图1 "第三意大利"产业集群发展历程

而诸暨大唐袜业发展至今仅有约 40 年历史,已经历四个发展阶段,分别是: 20 世纪 80 年代初期之前从提篮小卖到大唐公路袜市再到家庭作坊的起源阶段,20 世纪 80 年代中后期到 90 年代初期的快速发展阶段,1995 年到 2005 年左右的集聚分工阶段,以及 2006 年后的转型升级阶段(详见图 2)。

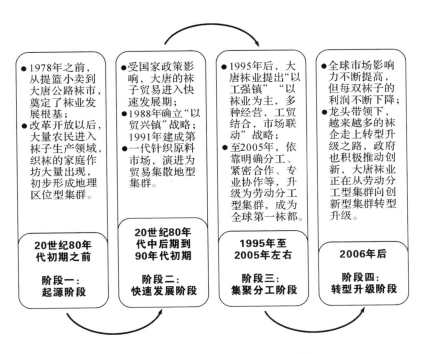

图 2 诸暨大唐袜业产业集群发展历程

(二)"第三意大利"与大唐袜业的对比

总的来说,大唐袜业经历 40 来年的发展,在流程、产品和产业链延伸三方面经历多次升级,但目前在产品层次、制造方式、业内影响力等方面与"第三意大利"集群仍有一定差距(见表 1)。对大唐袜业来说,从流程、产品、功能、部门四个方面入手,积极引进先进设备、引导企业之间的协作互助、发挥龙头企业的引领作用、激发内部创新的动力、大力培育生产性服务业、大力践行绿色经济,将是大唐袜业在未来一段时期内,推进企业间关系从纵横衔接的交易关系网络向学习驱动的区域创新网络演进,推动产业集群从劳动分工型集群向创新型集群演进,甚至向功能齐全的工业区跨越发展的关键。

表1 "第三意大利"与大唐袜业转型对比

转型阶段	"第三意大利"		大唐袜业	
	主要升级形式	主要升级动力	主要升级形式	主要升级动力
地理区位型向贸易集散地型转型	主要表现为流程升级:通过设备更新实现生产方式现代化	市场动力为主:获得了开拓国际市场的机遇。技术动力为辅:设备更新和技术改造	流程升级:袜机数量和质量的提升	主要为市场驱动:袜子贸易快速发展,以贸兴镇,建立第一代专业市场
贸易集散地型向劳动分工型转型	流程升级:生产过程机械化。产品升级:产品质量提高	技术驱动为主:尤其是制造工艺的改进。学习驱动为辅:在相对稳固的经济社会共同体中相互学习	流程升级:袜机数量和质量进一步提升。产品升级:产品种类更加丰富。产业链:专业化分工进一步细化	市场与技术共同驱动:工贸联动既促进了国际国内市场的扩张,更促进了产业的升级发展
劳动分工型向创新型转型	流程升级:高新技术在生产过程中的引入。产业链延伸:建立大量服务机构	技术动力:微电子、信息等新技术。创新和学习驱动:大量技术型机构引入。政府治理推动:建立中小企业服务中心等	产品升级:高中低档次袜品基本齐全,各类功能、专业袜品增多。产业链延伸:生产性服务业环节开始布局发展	市场驱动:全球知名度进一步提升。技术驱动:袜机、原材料、设计等的强化。政府治理推动:建立公共技术服务平台等

续表

转型阶段	"第三意大利"		大唐袜业	
	主要升级形式	主要升级动力	主要升级形式	主要升级动力
创新型集群向功能齐全功能区转型	流程升级:生产绿色化等。产品升级:质量、设计、品牌信誉等。产业链延伸和跃迁:从制造价值链延伸,甚至跃迁到服务价值链,发展生产性服务业、时尚、旅游业等	创新驱动:着重于设计和创新。全球化驱动:转移低端环节,专著高端环节。政府治理推动:加强环境规制,支持企业践行绿色经济理念等	—	—

四、大唐袜业转型升级的战略思路

(一)明确"天下袜道,时尚之郡"一个总定位

重新定义大唐袜业发展方向,发挥大唐袜业产业链、价值链、供应链的协同整合优势,以"重构与升级"为主线,以产业高端化、贸易国际化、产品时尚化、产城发展协同化为导向,力争在质量效益、集群结构、企业培育、制造方式、创新创牌、产城融合等六个方面取得新突破,全面打造品牌荟萃、智造发达、市场活跃、创意汇聚、引领时尚的"天下袜道,时尚之郡",使大唐袜业转型成为现代化的产业集群。

(二)突出科技创新和文化时尚"双引领"

1.突出科技创新引领

突出科技作为第一生产力的核心作用,着眼国际国内两个市场、两种资源,加

强关键共性技术研发,着力强化科技创新人才的培养和引进,推动形成"勇于创新、鼓励成功、宽容失败"的良好氛围,打造全球袜业创新设计中心。

2. 突出文化时尚引领

不断挖掘大唐袜业作为"世界袜都"的文化内涵,将"世界袜都"的文化内涵嵌入袜业的企业品牌和区域品牌中,不断推广袜业品牌文化,提升大唐袜业的整体影响力和竞争力,打造全球袜业时尚文化中心。

(三)推动品牌价值、产业链条、产城环境"三提升"

1. 推动品牌价值提升

鼓励打造一批拥有自主知识产权、核心技术以及国际影响力的企业单体品牌,提高产品附加值。加大区域品牌建设、推广和使用力度,全面提升大唐袜业区域品牌影响力,推动大唐袜业区域品牌形象升级,逐步开拓国际高端市场,成为全球袜业高端制造中心。

2. 推动产业链条提升

将产业转移与产业链提升相结合,逐步有序转移低端制造环节,促进本地加工制造环节向高附加值环节延伸,大力扶持生产性服务业,带动整个大唐袜业上规模、上层次。推动袜业集群从技术含量较低的袜品织造产业链向技术含量较高的袜机装备制造跃迁,通过拓展新业务、新领域带动整个袜业集群跨越式发展。

3. 推动产城环境提升

通过示范引领,积极推行清洁生产的模式,淘汰落后产能,倒逼发展方式转型,严格执行袜业企业的管理要求,推进镇容镇貌、交通环境综合整治,提高安全生产水平,营造袜业产业发展的良好环境,打造宜居、宜商、宜业、宜游的新型小城镇。

(四)聚焦袜业转型升级"四大关键领域"

1.袜品创新升级

促进新原料研发应用,加强与国际领先的原材料研发机构和供应企业的合作,加强新型天然纤维、化纤和混纺纤维、功能型纤维等的研发与应用开发。促进袜品创新设计开发,不断加强袜品时尚设计能力,开发专业户外运动袜、医疗保健类袜品、数字化智能袜品等功能性袜品,拓展开发防丢袜子、"喷雾"袜、定制化移圈袜等新概念袜品。促进编织工艺创新,鼓励应用新爆震波染色、纳米整理技术等新型技术,改善袜品的透气性、柔软性、舒适性、合脚度、袜口弹性等性能,提高产品品质。

2.制造模式变革

推动制造环节向高效化、精细化发展,积极应用数字化设计软件以及3D扫描、3D打印等新技术,依托"机器换人"提升袜品织造效率和柔性制造水平,加快信息系统在生产、仓储、销售等环节的集成应用,提升企业精细化管理水平。推动染整环节向绿色化、安全化方向发展,重点推进先进染整设备和后整理技术应用,并在精品整理园区统一配置蒸汽、天然气锅炉,建设污水处理站等,打造绿色安全的示范园区。

3.新兴领域拓展

发展高端袜机制造业,以多功能、全自动、智能化、一体化为方向,将袜机装备培育为大唐袜业新的重点产业。培育袜业时尚产业链,设立袜业工业设计基地,吸引国外先进设计研发中心、设计机构落户,打造"网上创意袜品城",以袜业特色小镇为载体打造时尚"袜城"。

4.服务体系完善

积极推动商贸服务、科技服务、物流服务、法律服务、金融服务等五大服务体系发展,合力保障诸暨大唐袜业转型升级。

五、大唐袜业转型升级的路径

(一)推动空间布局升级

优化产业发展空间布局,加强区域内外分工合作。确立区内"一镇一街＋五区多点"的产业发展空间布局,打造全球唯一以袜子为图腾的"时尚袜业风情小镇";在特色小镇建立一条"袜业风情街";根据大唐现有园区分布,建立"五个品牌园区",布点"多个专业园",实现差异化发展。跨区域打造浙江"袜业走廊",以诸暨为中心,沿 G60 高速公路和杭长高铁,促进与义乌、萧山、海宁等地的跨区域产业联动和协同创新,形成袜业产业带。

(二)推动产业主体升级

针对大唐袜业企业梯队过于扁平化的问题,分层次引导企业转型升级,打造合理健康的大中小微企业梯队。针对龙头企业,围绕"三名"企业培育,引导龙头企业向创新创造升级、向品牌经营升级、向服务制造升级。针对骨干企业,深入推进"机器换人"和精细化管理,完善企业质量保证体系建设,引导有条件的企业通过合理兼并重组成长为行业"小巨人"。针对小微企业,巩固六大专项整治成果,建立长效管理机制,对创新性、成长性好的小微企业加大帮扶力度,加快技术改进,提高科技含量。

(三)推动发展模式升级

针对袜业制造方式相对简单、落后的问题,大力推进新一代信息技术的渗透融合和深度应用,着力推行绿色制造,全面提升袜业智造水平。分类推进企业两化深度融合,以龙头骨干企业为重点推进"机联网""厂联网"示范建设,组织和引导中小企业开展"登高"计划。推进"互联网＋"协同制造,鼓励龙头企业、行业协会和专业市场搭建互联网平台,集聚共享市场需求、研发设计、供应商、用户、加工制造等资源,推广基于互联网的个性化定制、众包、云制造等新型制造模式。全面推进绿色安全制造,推进能源双控行动计划,推进燃煤锅炉整治,淘汰落后产能,促进大唐袜业绿色、低碳、循环发展。

(四)推动产业网络升级

围绕"块状经济"向现代产业集群升级所需的支撑调整,重点建设四类平台载体,完善区域创新体系。一是打造现代化集聚平台,鼓励利用低效用地和"零增地"技改新增土地,建设标准厂房和中小微企业园,推进企业集聚、土地集约和要素集中发展。二是建设协同化创新平台,积极组建公共科技创新平台,形成政产学研用紧密耦合的区域创新体系。三是提升多元化市场平台,进一步提升袜业专业市场影响力,拓宽国内外销售网络,推进电子商务快速发展,形成区内区外协同、线上线下联动的多元化市场平台。四是完善专业化服务平台,积极推进电商服务体系、物流配送体系、中介服务体系等建设。

(五)推动产业生态升级

全面优化产业升级发展的要素环境、制度环境和区域环境,为产业创新创业发展提供阳光、雨露和土壤。优化创新创业要素环境,强化产业链、创新链、资本链、服务链、跨区域合作网络等多维要素和网络支撑,构建"创业苗圃＋孵化器＋加速器"的全程孵化链条。优化转型升级制度环境,建立大唐袜业负面清单制度,建立完善集群内知识产权保护体系。改善产城融合发展硬环境,整治提升镇容镇貌,打造平安、兴业、宜居的新型城镇,形成生产、生活、生态"三生"和谐发展的格局。

原载《经信参阅(专刊)》2018 年 3 月 8 日

从五金制造基地到智造中心

　　永康作为中国"五金之都"，五金产业历史悠久。"十二五"期间，全市五金生产企业达3万家，产品达1万多种且行销世界，其中不锈钢保温杯、电动车产量和出口量居全球第一，是全国最大的防盗门、电动工具、电动剃须刀、小型拖拉机柴油机生产和出口基地。早在2005年，时任浙江省委书记习近平同志就提出了永康要"全力打造全国乃至世界先进制造业基地"的要求。但随着新一轮科技革命和产业变革的到来，全球经济生产方式变革和组织方式重构加快，对于"区域竞争有压力、产业发展有挑战、科技发展有机会"的永康五金产业，通过加快设计智能化、产品智能化、生产制造智能化，完善产业平台建设等途径，实现由传统五金制造基地向智造中心的转变，是充分发挥永康特色和优势，推动永康五金更快更好发展的希望所在。

一、五金产业发展的主要基础

　　五金产业作为永康国民经济的主体，经过21世纪20年来的调整提升，已形成

"强项在工业、特色在五金、优势在民营、后劲在科技、活力在市场"的发展格局,五金产业从制造基地向智造中心的转型有了良好基础。

(一)有底蕴,文化根植性好

永康素有工匠善工的优良传统,有"永康工匠走四方,府府县县不离康"的美誉。历经千年的"工匠精神"激励着永康人对品质的不断追求,永康也先后被授予了"中国五金名城""中国门都""中国炊具之都""中国五金之都""中国休闲运动车之都""中国口杯之都""中国电动工具之都""中国家居清洁工具之都"等"七都一城"的称号,拥有"全国质量强市示范城市""全国五金产业知名品牌示范区""中国五金商标品牌基地"等称号。良好的产业历史根植性,为永康打造五金智造中心提供了基础性的支持和内生力量。

(二)有底气,产品与数字化结合性强

永康现已形成车业、门业、杯业、电动工具、电器厨具、休闲器具、技术装备、金属材料等五金八大支柱行业,每个产业都实现了从原材料、配件、总装到物流等各环节的完整产业配套。与其他地方单一产业相比,永康五金产品种类多达1万多种,以杯业、门业等消费品为主的产品体系,使得永康五金产业在个性化定制、智能化设计方面的需求更多,嫁接智能化技术的可能性更高。以智能水杯为例,为最大程度方便使用者,杯子从内部结构到外观,再到实际体验,都可具备智能感。

(三)有示范,智能化改造效果好

"四换三名"("四换"为腾笼换鸟、机器换人、电商换市、空间换地,"三名"为名品、名企、名家,为浙江"十二五"期间结构调整的方式和路径)中的"四换"是从永康提出的。永康市发挥其在"两化"融合方面基础扎实、解决方案相对成熟等优势,既

解决劳动力短缺的问题,也保证了产品质量,大力推进以"机器换人"为重点的技术改造,在防盗门行业和金属制品行业积极推进,取得显著成效,先后被列为2016年、2017年浙江省"机器换人"行业试点,是全省唯一有两个行业入选省级试点的县市。2018年全市在防盗门等行业积极开展了"企业数字化制造、行业平台化服务"试点,实施智能化工厂(车间)项目14个、"机器换人"项目达165个。全市还设立了每年3000万元的"两化融合"专项资金,成功创建浙江省两化深度融合国家综合性示范区、省级信息经济发展示范区、省软件和信息服务产业创业基地。

(四)有支撑,产业发展有生态

一是以永康五金产业为中心,产业向外辐射实力强。经过近30年的发展,已形成了以永康为核心区域,向武义、缙云两地辐射的跨县域行政区五金产业集群,永康(含武义、缙云)五金产业集群被省政府列为跨行政区域的"块状经济"向现代产业集群转型升级示范区。二是以永康为中心,产业向内集聚效力增强,产业生态协作性趋好,被称为"地瓜经济"。永康成了这种"地瓜经济"的总部中心,由永康这个"地瓜根",向外伸向,形成四面八方的地瓜藤,"根"和"藤"之间形成生态链,外部的"藤、叶",不断地给留在永康的总部发展输送养料,在五金产业仍然处于成长期的这一阶段,进一步强化了"根部"的吸引力,目前永康五金总部经济产业群已开始吸引全省,乃至长三角区域的五金产业新企业和服务机构入驻。

二、转型升级的机遇与挑战

云计算、大数据、物联网、人工智能等新一代信息技术的发展以及区域竞争压力加大、劳动力成本上升、土地资源稀缺等要素的影响,直接倒逼永康五金产业转型升级,推动永康五金产业从制造基地向智造中心转型。

（一）区域竞争有压力

与余杭家纺、德清装饰建材、诸暨袜业等全省其他"块状经济"的典型区域相比，永康五金产业升级改造成效不太显著。与金华市内其他区域相比，永康 GDP 增速较慢，2018 年，永康 GDP 增速在金华市排名第 4 位；数字产业化、产业数字化水平较低，在 2017 年全省数字经济综合排名中，其数字产业化、产业数字化水平在全省排名分别为第 68、64 位，在金华市排名均为第 7 位。永康作为浙中地区的排头兵，亟须寻求一条路径来打破目前的困境。

（二）省级层面有要求

2015 年浙江省政府发布的《中国制造 2025 浙江行动纲要》明确提出以智能制造为主攻方向；2018 年 8 月发布的《关于推动工业企业智能化技术改造的意见》提出，为聚焦聚力高质量竞争力现代化，实施数字经济"一号工程"，各地、各有关部门应引导企业以智能制造为主攻方向。永康作为"中国制造 2025 浙江行动"试点示范县和省振兴实体经济（传统产业改造）财政专项激励资金扶持县，理应在智造方面走在前列。在永康《"中国制造 2025 浙江行动"试点示范县申报方案》中，也明确提出了要走"五金产品智能化、五金制造智能化"发展道路，将永康打造为全球现代五金消费品制造与创新中心、引领浙中西制造业崛起先进旗帜的目标。

（三）产业发展有挑战

"中国·永康五金指数"网公布的从 2018 年 5 月至 2019 年 4 月的交易、生产、外贸三大五金产品景气指数显示，仅 2019 年 1 月交易景气指数在 100 荣枯标准线以上，其他时间均在 100 以下，五金市场不景气。而这段时间内，五金产品外贸价格景气指数在 101 与 102 之间，价格基本未变。面对日益增长的劳动力、原材料成本,企业盈利空间变小、压力越来越大。土地要素方面,永康本身的地貌特征是"七山二水一分田",可用于开发建设的土地较为紧缺。近几年来,浙江省国土资源厅(现浙江省自然资源厅)每年下达给永康的可用建设用地指标仅 400 亩左右,远远不能满足企业用地需要。企业需要通过智能化手段,提高亩均产出,降低产品成本。

(四) 技术进步有支持

进入 21 世纪以来,纵观全球科技发展与创新轨迹,技术进步开始重新定义产业,特别是以互联网、大数据、人工智能与实体经济深度融合为路径,在五金产业上突出表现为产品设计的智能化、产品智能化、生产制造智能化,新一代信息技术的快速发展,为五金产业的转型创新提供了十分重要的技术支撑与保障。数字化赋能,尤其是产品的数字化,赋予了五金产业巨大的想象新空间。在 5G 时代,产品与用户之间的良好交互、应用场景的在线化支撑等,都为五金产业的创新提供了重要的新路径。以数字化为主导重心定义五金产业的新价值。

三、加快从五金制造基地向智造中心转型的主要路径

永康要打造五金智造中心,平台建设至关重要。要积极地通过设计、产品的智能化和制造智能化挖掘产业新增量,通过规范管理,实现存量改革,通过抓好"1234"工程。实践证明,此方法行之有效。

(一) 人才支撑工程:建立和完善五金产业人才队伍

作为县级市,永康没有高等院校、大院大所,人才队伍建设"先天不足"。在五金经济发展上,不仅五金科技的领军人才相对短缺,五金产业工人队伍也同样储备

不足。要建设五金智造中心,需加强人才培养与引进工作。一是积极引进领军人才。正所谓"群龙不可无首",产业领军式人才至关重要。面向全球,着力引进五金产业相关领军人才,聚焦在新材料、新工艺等重点方面,积极引进人才,并着力打造创新团队。二是注重产业工人队伍建设。积极打造产业工人队伍的培养新平台,选择条件相对较好的职业学校,借鉴德国"双师制"的做法,吸引更多的年轻人把职业发展建立在职业高技能上。从长远上看,永康要努力成为全球五金产业的人才培养高地。三是着力弘扬"工匠文化"。源远流长的工匠文化,是永康最独特的竞争优势。要加大工匠精神与工匠文化的推广,通过设立"工匠文化节"等方式,让工匠文化更加深入寻常百姓家。四是注重政策与制度相结合,政府通过制定五金人才的政策,在五金产业各个领域,把引进、培养、使用有机统一起来,把领军人才与职业技能人才有机统一起来,把企业引才、育才与政府的人才政策有机结合起来。

(二)产业平台保障支撑工程:提升产业发展的两个主平台

产业空间的优化整合,是建设现代化经济体系的重要路径。永康打造五金智造中心,着力点在重点产业平台上:一是加快推进省级五金产业创新服务综合体建设。产业创新服务综合体是浙江基于传统产业与"块状经济"的特点,可以最大限度整合创新资源、降低创新成本的一种制度创新,积极推进永康五金产业创新服务综合体建设,可以比较好地形成政产学研用协同创新体系、技术创新体系、创意设计体系、公共创新服务体系、科技成果交易市场体系、知识产权保护体系、创新创业孵化体系、科技金融服务体系和创业创新生态体系九大体系建设,努力推动创新要素互联互通,创新链、产业链、资金链三链融合,加快构建新型五金制造协同创新新体系,有力支撑五金智造中心建设。二是谋划建设中国五金大数据。理论实践都证明,用数据平台支撑产业平台,是传统产业改造提升的重要支撑条件。"大数据+""互联网+"是实现"智能+"最根本的前提。在设计端,导入数据支撑的 AI

设计平台;在生产端,鼓励五金制造企业将生产运行数据接入平台,提高生产效率,提升产品质量;在市场端,深挖现有五金电商平台数据,继续发挥好"中国·永康五金指数"的分析作用,引导市场有序发展。

产业创新综合体更多的是一个外部要素导入的硬平台。五金大数据平台更多的是一个内部资源整合的软平台。两者的有效对接可以较好地推进五金产业的效率变革、动力变革和质量变革,促进五金产业的高质量发展。

(三)智能化推进创新工程:着力推进三个智能化

推进五金产业的高质量发展,关键在于全产业链的智能化,优先突破在于设计与制造。着力点在于三个方面:一是大力推进五金产品设计智能化。借鉴人工智能设计技术,大力提升设计智能化水平。如鹿班利用大数据和 AI 视觉等驱动数字化设计,全面提高设计效率,推动设计智能化。逐步引入设计与制造集成、数字样机、虚拟仿真、产品生命周期管理等应用,加快工业创意设计中心建设。鼓励制造企业分离设立设计机构,不断提升中国五金产品工业设计大赛等活动影响力,把永康打造成为原创、时尚五金产品的发源地。二是五金产品智能化。加大力度研发指纹、人脸、虹膜等识别技术,线路复用技术,数据通信与预处理技术,智能分析等关键技术,重点开发感应锁、指纹锁、数码锁、音控锁等各类智能锁产品。运用物联网、智能控制等技术,开发具有自动感知、远程服务等功能的智能水杯、智能厨具、智能家电等产品。通过五年左右的时间,做到五金产品数字化改造的全部覆盖。三是五金生产的制造智能化。推进以智能制造为主攻方向的"机器人+"专项行动,着力分类指导和典型示范,大力推进金属制品行业制造工艺的大改造、大提升,通过试点,向行业内企业推广成熟的制造工艺改造提升工程,通过举办"机器换人"现场交流会和技术对接会等,加快先进制造工艺的应用和推广。鼓励企业购买自动化程度高的生产装配线、高档数控机床、工业机器人等智能装备。在重点企业开展一批全流程智能化改造项目,加快打造智能化无人工厂(车间)。

(四)小微园区平台支撑工程:亩均论英雄

一乡一平台、一镇一园区,作为五金之都,从家庭作坊起步的五金产业,面对20世纪80年代的短缺经济,从家家点火、户户冒烟的时代,在进入21世纪后,面对"低散乱危"企业遍地、"劣币驱除良币"的状况,党委、政府大力推进小微企业进园区,形成相对规模化的集聚和发展态势。在进入经济新常态后,浙江省以小微园区建设、大力推进"亩均论英雄"改革,着力提升小微园区的土地利用效率,提升环境友好性等。针对工业功能区、园区、开发区等,提高小微园区的集聚功能。针对突出问题,做好"拆、整、出、谋"四篇文章:一是"拆",把拆违治危作为五金产业转型升级的重要抓手,拆出一批低效用地,腾出一批新的空间。二是"整",按照"关停淘汰一批,合力转移一批,整合入园一批,转型提升一批"的总体思路,在税收、安环、产出、能耗等环节,引入第三方评价,整治一批五金产业"低散乱危"企业。三是"出",出清一批"僵尸企业"。永康五金企业不是太少,而是太多。对占用土地、没有税收、消耗资源的"僵尸企业",通过建立风险企业数据库,综合运用市场机制、经济手段、法制办法,完成处置,盘活工业用地。四是"谋",将存量建设用地挖掘与企业用地需求相结合,谋划一批新的五金产业小微园区,作为五金产业创新与跨越的新空间。

从低压电器块状经济到电气产业集群

　　21世纪初,浙江省委省政府提出了著名的"八八战略",其中第三大战略明确指出依托"块状经济","建设先进制造业基地"。乐清作为改革开放以来中国民营经济发展的先行区,拥有全国第一个电器产业产值超千亿元的制造中心,产品已覆盖电器产品的低、中、高压等各领域,其中主导产品低压电气占全国市场份额达60%以上;诞生了正泰、德力西、人民、天正等一批著名的品牌,培养了以南存辉、胡成中为代表的一批民营企业家,其中南存辉被授予"改革先锋"称号。

　　乐清的整个电器产业的高速发展阶段是1992年邓小平南方谈话以来,计划经济向市场经济的转型释放出巨大的生产力,加上21世纪初"农网""城网"的"两网"改造,为电器产业发展注入了强大的动力。乐清整个电器产业发展在近30年的发展历史上,始终保持着两位数字的发展速度,不但较好地满足了国内市场的发展需求,在国际市场中也赢得了较好的发展机会。乐清的民营电器制造业企业,以优秀的产品品质、较低的生产成本、良好的售后服务等,成为电器产业发展的制造中心。

　　但是必须看到,在数字化、网络化、智能化发展趋势越来越快的大背景下,产业竞争已经从区域竞争为主导向全球化竞争为主导、价格竞争为主导向品牌竞争为主导、相对单一产品竞争为主导向技术与服务为主导转变,本质上是由"市场规模优势"向"创新能力优势"转变。浙江省委在 2018 年经济工作会议上明确提出,实施数字经济"一号工程",大力推进"产业的数字化"和"数字的产业化",对于推进乐清"块状经济"转型升级具有重要的现实意义。如果把改革开放 40 年分为前二三十年和后一二十年两个阶段的话,毫无疑问乐清的第一个发展阶段是精彩的,但是最近的 10～20 年,乐清电气产业的发展无论在规模上还是在效益上,增速放缓等方面的问题是客观存在的。

党的十九大以来,按照供给侧结构性改革、高质量发展的要求,浙江省第十四次党代会提出"两个高水平"的发展要求。浙江拥有量大面广的"块状经济"、特色产业基地,如何加快构建现代产业集群是一个必须破解的时代命题,可以说没有"块状经济"现代化,很难有真正意义上的"高水平"。

一、乐清电器产业"块状经济"的发展现状

(一)电器产业规模稳步提高

乐清电器产业发源于 20 世纪 90 年代,由于短缺经济的巨大拉力,温州人敢想敢闯,一手找单子,一手找图纸(上海老师傅、星期日工程师),电器产业发展如雨后春笋,整个产业规模迅速发展壮大,到 2014 年,全行业工业总产值就已经超过 1000 亿元,成为温台地区首个突破千亿级规模的产业集群。为加快省委省政府"先进制造业基地建设"发展战略的实施,全省分两批,确定了 42 个"块状经济"向现代产业集群转型升级的重点区域,乐清是第一批进入名单的区域之一。乐清市相继出台了《乐清工业电气产业集群示范区转型升级实施方案》《乐清市工业电气产业集群提升发展方案》和《关于千亿级电气产业集群提升发展的决

定》等前瞻性文件,引导电器制造业向电气产业转型升级,从此逐步从"电器"时代向"电气"时代迈进。

进入 21 世纪以来,从市场发展格局看,电气产业以正泰集团、施耐德、德力西为代表,形成了"三分天下"的市场格局,在中高端市场中引领产业发展。整个乐清电器产业企业超过 2 万家,如果站在整个产业链角度来看,能进入高端产业、高端环节的乐清电器企业仍然是少数。量大面广的中小微电器制造业企业仍然处于整个电气产业链的中低端。

(二)电气产业集聚不断增强

经过 30 多年的发展,乐清在产业空间布局上逐渐形成了"一城两镇三基地"的产业集聚发展格局,在"十二五"期间被认定为国家新型工业化装备制造产业示范基地,为产业集群的培育和发展奠定了较好的基础。乐清,乃至温州经济,具有较为典型的"能人经济"的特征,市场竞争意识大于企业合作意识,在多数中小企业的产品技术含量和附加值较低的大背景下,大多数电器制造企业,特别是中小微企业,存在模仿式竞争行为,导致行业平均利润率维持在较低水平。电气企业间紧密有效的分工协作还没有建立起来,未能有效形成企业价格联盟、多层次错位竞争局面,难以形成发展合力。

分析整个电器产业的内生机制,可以较为明显地看到,电器企业的发展仍然是自发性集聚多,生态集群少,还没有真正形成产业生态的竞争。基于充分竞争的市场机制发挥得较好,基于技术协同的创新机制仍然处于初级阶段。

(三)企业梯队实力整体提升

乐清目前的市场主体总数超过 2 万家,是企业数与人口比最大的县级市,也是大众创业、万众创新的典型县级市。乐清在产业发展与市场竞争机制上,形成了电器产业的发展经济与文化生态。市场的大浪淘沙与政策的扶持推动,培育形成了一批综合实力较强的龙头骨干企业,如正泰、德力西、天正、人民、华仪等一大批电气行业龙头企业集团,同时也带动了一批协作配套型中小企业发展。截至 2018 年,乐清拥有省级"隐形冠军"企业 2 家,"隐形冠军"培育企业 14 家,省创新型示范中小企业 9 家。在现代产业竞争模式中,龙头企业带动、配套企业协作,从而形成产业竞争优势,是十分重要的发展方向。目前正泰本地配套外协工厂达到 800 多家,德力西有 300 多家,天正有 200 多家,初步形成了协作创新的发展格局,但还没有真正形成平台型协作创新模式。

(四)产业技术创新持续推进

产业技术进步与创新,是产业发展永恒的话题。为加快推动电气产业创新与发展,乐清积极发挥企业创新主体作用,同时更好地发挥政府的作用,提高产业创新的能力,着重在三个方面发力:一是突出技术改造,通过制定不同规模、不同行业的技术改造产业政策,即营业收入规模在 1000 万元以上不足 2000 万元的,政府技术改造贴息 10%,2000 万元以上不足 3000 万元的,政府技术改造贴息 15%,3000 万元以上的,政府技术改造贴息 20%,引导企业加大研发投入。二是突出"离岸创新",现代经济,人才是第一要素。"十三五"以来,全国各地都通过制定出台人才政策,引进各类人才。但是,在三、四线城市,要大量引进行业顶级人才是不太可能的,因此乐清市委市政府分别在浙江大学紫金港校区、上海南翔设立了"离岸创新"平台,变人才与创新的"散兵游泳"为"团队推进",为乐清广大中小微企业近距离获得创新资源提供了有效的公共服务,大大拓展了乐清本地的创新空间。三是创建加速器,突出智能技术产业化本地加速。在"十二五"期间,乐清围绕智能制造,引进了浙江大学傅建中团队,聚焦智能制造,推进"项目+团队+技术+资金"四位一体的平台创新,大大加快了乐清智能化改造技术的扩散。2018 年乐清全市新增省

级企业技术中心 6 家,总量达到 18 家(2005—2017 年累计仅 12 家);新增省内首台
(套)产品 3 个,国(省)内首台(套)产品累计达 8 个;新增省级新产品 367 个,超过
2016 年(172 个)和 2017 年(160 个)的总和。乐清产业技术进步十分明显。但是,
必须看到,电气产业技术的核心能力不足,还比较缺乏"撒手锏"技术,即使是行业
龙头企业,其主导技术与世界一流企业相比,仍然存在较大的差距。

(五)电气产品结构体系完整

围绕电器产业转型升级,丰富和完善产品是近 10 年来乐清市企业一直努力的
方向。到"十三五"期间,乐清的产品结构已由单一的低压电气元件生产扩展到覆
盖输电、变电、配电、工业控制电气和各种特殊用途电气装备等 200 多个系列、6000
多个种类、25000 多种型号的规格产品,形成了庞大且比较完整的产业链和近 20
个专业小行业,可以说乐清的电器产业是目前全球产品门类最丰富的。与此同时,
抓住国家"三去一降一补"的政策机会窗口,突出抓好"去产能"工作,重点去除电器
制造业中低质低价低端的过剩产能。需要指出的是,乐清的电器产业,门类是齐全
的,但是能够真正成为品牌的,尤其是全球著名品牌的电器产品仍然不多,品牌的
提升空间十分巨大。

二、乐清"块状经济"转型面临的突出问题与矛盾

从当前制约乐清"块状经济"转型升级的突出问题与矛盾分析,在实地调研的
基础上,通过运用 SWOT 模型分析,可以比较清晰地看出当前乐清整个电气产业
发展所面临的机会和挑战。

优势 S(Strengths):乐清电气产业已具备产业规模大、市场占有率高、产业链
延伸与协作等发展优势。在产业规模上,2016 年,乐清规上电气产业产值 837.86

亿元,占规上工业产值的 61.25％,规上利润、销售收入分别达 84.96 亿元、756.91 亿元;拥有电气产业从业人员 25 万多人,在外从事电气营销人员 20 万人左右;拥有电气规上企业 596 家,其中 3 家企业入围中国 500 强最具价值品牌,3 家企业进入 2016 中国企业 500 强。在市场份额上,乐清电气产业集群多年来一直占全国市场份额的 60％以上,铝铜铝类电力金具占全国 60％以上的市场,已经发展成为国内生产规模最大、市场占有率最高、产品种类最齐全的电工电气生产基地。在产业链协作机制上,电气制造企业为进一步提升生产效率与交易效率,将非核心环节进行外包,形成互相独立而又关联性强的企业协作模式。

劣势 W(Weaknesses):目前乐清电气产业面临着核心技术薄弱、技术迭代缓慢、资源要素短缺等发展劣势。从产品层次来看,乐清电气产品已经达到系列化的程度,覆盖低、中、高压各领域,但仍以低压为主,基本为第一代、第二代和改良第二代,这些产品约占总量的 60％～70％。从产品出口结构来看,出口量较大且比较集中的产品主要为断路器、继电器、开关、插头插座等产品,大多数出口产品还是劳动密集型、低附加值的产品,真正高端的出口产品比较少。从发展要素来看,乐清电气企业普遍面临着用地需求紧张、高端人才缺乏、融资困难、制造设备匮乏等资源要素制约。

机会 O(Opportunities):数字化、网络化、智能化带来均等竞争机会,支持发展实体经济、国内消费市场升级,为产业发展导入市场新成长机会。实施数字经济"一号工程"是省委省政府作出的一项重大决策,就乐清而言,工业企业量大面广,产业数字化需求和升级潜力巨大。近 5～10 年来,乐清在"两化融合""企业上云""机器换人"等方面均取得了一些进展,也具备了产业数字化改造的成熟条件。在数字经济蓬勃发展的新形势下,乐清电气产业的数字化改造、网络化协同、智能化升级是推动乐清经济高质量发展、制造业转型升级的必由之路。

威胁 T(Threats):电气产业的转型升级将受到人才与劳动力缺失、社会公共服务缺失、优质教育文化卫生均等化服务缺失方面的阻碍。一方面,随着产业规模的持续扩张和市场竞争的不断加剧,越来越多的电气企业面临着人才匮乏的瓶颈,特别是人才高流动率的困扰,导致电气产业持续发展的动力不足。另一方面,乐清市的公共服务面临着发展不均衡、区域差异明显、供给不足等方面的挑战,导致资源配置效率下降和区域协调发展受阻。

如果从关键(key)问题导向入手分析,乐清电器产业主要存在三个问题:

一是人才与劳动力制约。人是生产力最能动的因素,电器制造与电气产业是典型的技术密集型产业,在刘易斯拐点后,人口红利的递减对乐清电气产业的影响最为显著。无论是正泰、德力西等这样的大集团,还是一些小企业,都面临着人才与劳动力短缺的发展难题。在企业层面,乐清柳市、虹桥两个区域每年的劳动力缺口达到 5000 人以上,对高层次人才的需求则更为迫切。如何缓解招工难,尤其是缓解企业高层次人才的短缺,是乐清电器产业要破解的一个重要难点。

二是产业创新方向与核心能力制约。自 2014 年世界互联网大会以来,以"互联网＋"、数字化转型为主要推动力的新业态、新模式正在悄然兴起。互联网经济在乐清有了一定的发展,如正泰集团,已逐步向智能制造商、综合能源服务商转型,为工厂、社区、城市提供一体化能源解决方案。正泰集团的支付平台"太极付"也在积极探索推广之中。但是,乐清多数电气制造企业尚未确定产业创新转型的方向,包括一些比较大的企业,仍然处于"以不变应万变"的阶段,部分"隐形冠军"企业虽掌握了智能化发展趋势,但仍然缺乏数字化、网络化、智能化创新能力的储备。

三是公共环境与社会服务环境制约。当经济发展开始进入后工业化社会的发展阶段,满足广大群众对优质社会服务的强力需求已经成为党委、政府工作的重要目标。经过大幅度的"三改一拆""四边三化""五水共治"等一系列治理措施,乐清的公共环境有了巨大的改变和提升,已呈现出现代美好社会的雏形。然而通过实地调研发现,乐清市文化建设活动虽然开展得如火如荼,但其公共环境与公共服务问题依旧存在,素质教育、职业技术教育均存在较多的问题,尤其是教育平台的短缺,已经成为制约乐清电器制造业转型升级最大的短板。

三、乐清"块状经济"转型升级的战略构架

(一)战略思路:实现"五大战略突破"

分析研究 2008 年全球金融危机以来国内外工业发展的新趋势和新动向,把握产业突破和调整的重大战略机遇,全力推动产业集群发展思路的大转变,在产业结构调整、发展方式转变、产业发展空间、关键技术自主化和公共服务高端化上实现"五大战略突破"。

1.产业结构调整大突破

坚持"增量带动,存量调整",提高增量投入的水平层次,用高水平的增量来激活和带动存量优化调整,延伸电气产业主导产业链,调整产业内部结构和产品结构,积极拓展物联网、新能源装备等战略性新兴产业领域,优化调整传统低附加值领域,实现产业结构调整大突破。

(1)拓展新兴产业领域。坚持"有所为,有所不为",在电气主导产业链和相关产业领域形成"局部强势"和"整体优势"。拓展高压超高压、智能电气、工业自动化领域。按照先导性、倍增性、辐射性、可持续性等原则,把握技术和产业发展新趋势,培育壮大物联网、新能源装备等具有广阔的市场前景,在成熟后发展速度明显快于其他产业,利于技术和产业跨界融合,产业链条长、行业带动性强,能够有效促进相关产业提升和产业规模扩张的战略性新兴产业领域。

(2)优化调整传统优势产业。要大力推进低压电气、电线电缆、仪器仪表等传统产业领域高新化,利用先进适用技术改造提升传统产业,推动传统制造业企业努

力进入产业的高端环节。要在加工度上下功夫,努力提升产品的附加值。同时,要注重高新技术与生产性服务业耦合发展,培育和发展一批对先进制造业支撑能力强、与城市化进程结合紧密的高新技术服务业,提升传统产业在价值链上的控制力。

2. 发展方式转变大突破

劳动密集型产业转型发展技术与资金密集型产业,是电气产业高质量发展的必然选择。破除"块状经济"向产业集群转型发展路径上的依赖和产业低端化锁定困境,就是要推动模仿创新向集成创新、自主创新转变,实现发展方式大突破。

将提升电气自主创新能力作为转变发展方式和培育现代产业集群的重要环节和核心目标,通过加强技术创新、产品创新、品牌创新、管理创新、开放创新、人力资源开发创新、企业组织结构创新、节能减排方式创新、生产性服务业发展方式创新等途径,逐步摆脱"块状经济"转型发展上的低层次路径依赖,破解同质化竞争陷阱,引导产业集群从低端制造向高端制造转变,从生产制造向以科技为依托的自主创造转变,从产出驱动模式向创新驱动型模式转变。

3. 产业发展空间大突破

产业发展方式的转变与产业空间平台的优化,是乐清电气产业转型发展的重要课题。产业在变,空间的定位也在变。要积极打造产业发展大平台,实现产业发展空间大突破。

乐清发挥省级经济开发区和特色产业园区的基础优势,进一步提升其发展层次和集聚水平,积极探索大平台建设新机制,构建特色优势产业的升级区、战略性新兴产业的发展区、生产性服务业的集聚区,打造"产业发展大平台"。积极推进高端要素平台建设,形成高端人才和创新团队的培育和引进新机制,有效地利用全球高端资源,形成与产业大平台互补的"高端要素大平台"。

4.关键技术自主化大突破

以开放的视野推动机制创新,突破产业关键技术瓶颈,通过高端要素整合,实现关键技术自主化大突破。

坚持开放式发展的思路,形成高端人才和创新团队的培育和引进新机制,积极有效地利用全球高端资源。以高压和超高压电气、新能源装备、物联网装备制造业等战略性新兴产业领域关键技术自主化为目标,加快高压和超高压电气、物联网产业相关的智能化终端和装备、风电装备等核心技术的研发和产业化。

5.公共服务高端化大突破

打造产业公共服务高端平台,进一步推动高端要素集聚,实现公共服务高端化大突破。

加快本地公共科技、信息、会展、培训等生产性服务环节向现代化、专业化、高端化发展,引导和支撑主导产业链上企业经营效益和效率不断趋于优化。以破解低端锁定,适应国内外工业电气产业发展新趋势,以增强乐清对工业电气产业凝聚力为目的,适度超前谋划电气科研资源、专业信息服务、中高级电气人才、现代物流和营销网络等高端生产要素和关键制造、总部企业品牌的集聚,在增强与外部相关优势资源紧密交流的开放式发展模式下,着力形成立足乐清本地的电气产业链、供应链、价值链高端环节的集聚优势。

(二)重点领域:实施"四大能力提升计划"和建设"六大服务平台"

1.提升主导产业链的自主创新能力

加大对正泰、德力西、天正和人民等龙头骨干企业技术创新的扶持力度,重点支持企业立足现有研发机构,整合国内外相关领域的优势研发力量和科技资源,加快自主创新步伐。以企业为主体,加快落实一批重点技术创新和产业化项目,鼓励企业在部分关键技术领域与国内外优势技术力量联合研发或建立长期合作关系,着重对企业研发机构引进高级技术人才给予补贴和便利,对企业参与行业关键技术标准制定给予奖励,对企业自主技术研发成果在本地产业化给予便利和支持。在集群技术供给端,加快壮大乐清电气本地化研发力量和对外部优势技术资源的整合能力,带动集群电气产业链整体技术创新。

2. 提升企业市场开拓能力

着力提升集群品牌营销和销售网络的影响力。在进一步支持龙头企业主导的品牌专卖和代理等营销渠道建设的同时,探索加快乐清电气专业市场的转型发展,立足乐清,开展"乐清电气"品牌商标和原产地认证,以服务符合质量标准的大量中小企业为主,整合"中国工业电器"、"中国电气交易网"及行业协会信息资源,采取虚实结合模式,构建开放式第三方连锁销售网络。重点支持和鼓励正泰、德力西、天正、人民、华仪等有实力的品牌集团,在不断掌握关键产品技术和标准的同时,以直接投资、兼并、参股等各种方式,部分转型为终端市场工程建设的投资方和工程服务承包商,促进龙头企业由一流加工制造品牌向一流服务品牌转型。

3. 提升协同发展能力

为弥补产业链上中小企业技术创新能力不足的问题,应鼓励和引导产业链上龙头骨干企业或独立,或联合协会和有关政府部门,对其供应商设定产品质量、生产工艺和企业管理标准。同时,逐步增加对供应商技术、信息、知识等方面的授权和指导。政府部门对合格供应商在生产用地、融资等方面给予优惠,做好知识产权保护工作,带动一批供应商快速成长,逐步提升内部产业链分工企业的协同性。

4. 提升行业的关键制造集聚能力

关键制造环节的集聚是决定产业集群可持续发展的重要因素。乐清拥有一批发展势头强劲的品牌龙头企业,要在土地空间和政策等基础生产要素方面,针对龙头电气企业关键零部件生产和整机制造项目本地化给予重点倾斜,以电气关键零部件和整机生产的集聚,带动产业链标准部件和其他配套企业的集聚,不断提升乐清电气集聚效应及其在市场上的话语权。

5. 建设"六大服务平台"

新阶段应该突出电气产业发展要求,立足现阶段乐清电气产业集群的集聚规模和影响力,围绕抢占电气行业高端生产要素和优化区域服务效率的目标,以适当超前的生产性服务体系发展定位,加快完善公共科技、现代金融、现代物流、信息服务、现代会展、商务培训、人才服务等生产性服务环节,重点进行"六大服务平台"功能建设。加快构建符合电气产业集群转型升级要求的现代生产性服务体系。六大服务平台包括:"电气公共科技创新服务平台"、"现代物流服务平台"、"电气人才培训和集聚服务平台"、"电气产品现代营销服务平台"、"现代金融服务平台"和"电气行业信息服务平台"。

四、乐清"块状经济"向"产业集群"转型的路径

乐清电气产业已具备一定的集群竞争力,拥有"块状经济"向现代"产业集群"转型升级的产业基础与要素保障,按照高质量、竞争力、现代化的目标,聚焦浙江数字经济"一号工程",突出市场有效和政府有为,主要体现在国际化转型、市场化改革、数字化提升、平台化培育、差异化发展五个维度,并形成以下五条发展路径。

(一)加大开放合作,加快推进电气集群国际化转型

产业集群的开放合作是集群竞争力持续提升的必然选择,要从四个维度加快开放合作,提升乐清电气产业集群的竞争力。抢抓湾区建设新机遇,扩大开放合作新领域,打造世界级先进电气产业集群。积极融入全省大湾区建设,优化柳白新区、乐清经济开发区、乐成中心城区、乐清湾港区和雁荡山旅游区"一湾五区"空间

布局。大力开发开放合作新平台,加快建设正泰(乐清)电气物联网传感器产业园、智能电气互联网创新中心等项目,打造电气产业集群核心板块。大力引导电气企业抢抓长三角一体化、长江经济带、"一带一路"三大战略机遇,提升"走出去"的层次和规模,加快实现从"产品输出"到"服务输出"、从"单一竞争"到"合作共赢"的跨越式发展。

(二)改革先行,优化服务,推进集群市场化转型

根据浙江省委省政府"亩均效益"要求,推出"亩均论英雄"改革升级版,深化资源要素市场化配置改革,特别是小微园区的建设,取得了较好的成功经验,如"吕苏村"小微园区的改造,大大增强了村级集体经济的活力。乐清加快转变政府职能,不断优化营商环境,激发市场活力。以"最多跑一次"改革为抓手,优化"最多跑一次"项目清单及办事指南,提高审批服务效能,优化市场环境。做好"万名干部进万企"专项行动,开展"一对一"进企服务活动。如2018年围绕中小微企业融资难,为39家企业办理应急转贷195笔,合计14.995亿元,有效化解企业风险。

(三)对标标杆,精准施策,推进集群数字化转型

围绕省委数字经济"一号工程",面向集群龙头企业,对标国际先进,开展两化深度融合贯标。2018年,下达两化融合项目计划7个,验收项目6个,下达补助资金480万元。顺利通过省级两化深度融合国家综合性示范区验收工作并获省领导批示肯定。4家企业被列入省制造业和互联网融合试点示范,人民集团被列入省级工业互联网平台创建名单,德力西被列入温州市级上云标杆企业。面向集群内量大面广的中小微企业,建设电气行业云平台,构建工业互联网体系。面向客户的系统解决方案需求,发展工业软件,促进服务型制造数字化转型。

(四)内外联动,软硬结合,推进集群平台化转型

针对"引得来,留不下",建设"产业集群飞地",打造集群研发新平台。目前乐清"千人计划"产业园已经开园,取得明显的人才引进平台效应。同时,全力推进杭州紫金小镇浙大—乐清智能电气研究基地建设,立足乐清产业集群的公共技术需求,依托杭州科创资源优势,建立技术需求和供给双向沟通渠道,在域外设立离岸技术机构,实现人才、技术等高端要素有效集聚。目前,首批入驻的 10 家企业 21 个项目已陆续分批进驻研发,涉及集成电路设计、智能配电、半导体材料、传感器等项目,入驻并引进合作专家团队 12 人(其中"千人计划"2 人),博士、教授 23 人,合作研发投入 2400 多万元。解决要素保障,关键在于整个集群的平台化转型加速。

(五)分类培育,聚焦发力,推进企业差异化转型

培育优势企业,聚焦壮大集群主业。引导优势中小企业做精做专,重点培育和发展具有较强自主创新能力和发展潜力的成长型小企业。大力推进企业"上台阶",全年新增亿元级企业 41 家,5 亿元级 5 家,10 亿元级 3 家,30 亿元级 1 家。深化企业兼并重组,聚焦强化集群集聚力。产业集群的活力就在于差异化竞争优势,以推动上市企业、风险企业、"低小散"企业重组为工作重点,建立并完善联合重组企业数据库,注重企业兼并重组,加快企业差异化转型升级发展。

五、乐清"块状经济"转型升级模式的启示

推进"块状经济"转型升级的关键在于深化细化和组织实施。乐清模式重点围绕质量提升、资源配置、数字赋能、协同创新、结构重整等多角度推进"块状经济"向现代产业集群提升,实现乐清经济的高质量转型发展。

(一)全面推进产品品质提升

推进块状行业产品品质提升,组织开展技术对标行动。促进从制造到智造,利用新技术、新模式抢占未来产业发展制高点。支持龙头企业发展虚拟经营、虚拟生产,提升品牌、设计研发等核心竞争力,培育集"研发设计、运营管理、集成制造、营销服务"于一体的总部型企业。通过国际合作、跨国并购等方式加速本土企业国际化进程,培育一批产品质量达到国际先进水平的"制造精品"。目前正泰已经开始为西门子等国际品牌商品代工,而一些协作配套企业则为正泰等大企业代工,充分利用我省开展的"标准化+行动",通过代工的方式,大大提升了乐清电器制造业的产品品质。

(二)优化资源要素配置机制

深入推进资源要素市场化配置,不断优化发展环境。经济密度高、资源要素紧,让市场机制成为乐清配置资源的主渠道,同时针对重点环节,发挥政府的作用,既体现效率优先,也体现社会公平。如在融资问题上,乐清一方面大力推进银企对接,化解不良贷款超过40亿元,用市场为企业找资金、为银行找项目。另一方面,加大政策财政的贴息力度,创新"科技贷"等方式,大大缓解了融资难、融资贵等突出问题,不断优化中小微企业的发展环境。在产业政策上,充分利用块状行业产业优势,深化行业"亩均论英雄"改革,推进小微园建设,加大对"块状经济"的扶持力度和政策实践,营造了有利于产业项目落地的良好氛围。

(三)推进全产业链数字赋能

大力推进"块状经济"向数字化、网络化转型,搭建行业级工业互联网平台。依托"块状经济+龙头企业"产业优势,发展行业级、企业级工业互联网平台,按照"一区域一平台、一行业一朵云、一企业一平台"架构,鼓励产业联盟或龙头企业建设工业互联网平台。引导大企业将平台、资源向中小企业开发,中小企业将自身创新与制造能力对平台开发,促进产业链企业提质增效、融合发展、迭代创新。以"电气云平台""电器大数据"等项目为标志,其已经成为整个行业数字化转型最有效的路径。

(四)构筑产学研用创新生态

构建多方协作的创新平台,形成良好的产业创新体系。通过对"块状经济"中基础性科研、关键性技术与共性技术的政策支持、技术支援与财政扶持,提高"块状经济"中企业的创新能力。重点支持行业协会或大型龙头企业建设行业创新中心、重点企业研究院;推进科技公共服务平台和创新联盟建设,促进产学研各方资源整合、共赢发展。目前省级产业创新综合体已经成为打造创新生态的有效途径,要更加突出创新综合体的功能建设,紧扣电气产业特点,强化功能建设。

(五)打造新经济发展平台

伴随着汽车产业的全面发展,乐清的汽车零部件配套产业迅速成长起来。虹桥镇近几年利用原来产业基础好、协作配套性好等优势,在过去4～5年汽车产业快速发展的背景下,因地制宜布局引导发展汽车零部件产业,短短5年左右的时间,整个产业规模迅速发展壮大,2018年工业增加值超过100亿元。博威公司、合兴集团等企业已经成为汽车电子行业重要的龙头企业。加上近两年"浙商回归工程"引导"温商"回归发展,带动了汽车电子产业发展。到目前为止,虹桥已经成为长三角地区最大的汽车电子产业基地。类似春风电子这类企业,已经形成"深圳研发＋乐清生产""上海研发＋乐清生产""杭州研发＋乐清生产"的模式,形成了"外地研发＋本地生产"模式,为我省更多的"块状经济"转型提供了有益的借鉴。

(六)完善现代产业发展体系

优化"块状经济"产业链结构体系,创新企业价值链拓展模式。依托乐清 10 亿元以上的大企业,按照"补链、延链、强链"的要求,集聚一批数字化、绿色化、智能化的成长型优秀企业。鼓励行业龙头企业和优势企业以资金、技术、品牌、标准、专利和市场等优势开展兼并重组;引导中小企业向"专、精、特、新"方向发展,为正泰等大企业集团提供协作配套;鼓励支持优势企业强强联合,提高规模效益,实现优势互补。通过多方联动,按照产业链延伸、供应链重构、价值链提升等方式,重构"块状经济"的产业生态圈,努力通过 2~3 年的努力,形成千亿、百亿、十亿和数以万家的中小微企业配套的新产业生态。

第三篇

从『信息』到『数字』：『加』出发展新动能

在经历了工业时代、信息时代的全球化大开放、大发展后，新一轮的科技革命与产业变革正孕育兴起，不断涌现的新技术、新产业、新模式、新理念将浙江推向了全新的数字经济时代。

本篇介绍了浙江发展数字经济"一号工程"的重要时代意义，浙江率先探索由信息经济到数字经济动能跃升具备的重要实践意义与样本价值，以及浙江贯彻落实数字经济"一号工程"的主要经验做法等。

基于实施路径的梳理，提出了浙江确立数字经济"一号工程"的战略依据，分析了以数字化驱动经济转型发展的主要动因。从产业基础、服务体系、发展水平等角度分析了浙江发展数字经济的基础优势，从核心技术水平、资源配置效率、信息安全防护等角度分析了浙江发展数字经济面临的问题与阻碍，从管理体制、监管机制、服务模式等角度总结了浙江贯彻落实数字经济"一号工程"的思路与方法。在此基础上提出了有效提升数字经济治理水平与创新能力的破解路径：从协同发展角度，重点打造世界级"数字湾区"，从数字赋能角度，促进制造业与互联网深度融合，从创新主体角度，激发独角兽企业创新潜能。

基于对典型案例的剖析，分析了大数据产业在全球范围内的发展趋势、困难与挑战，梳理了世界各国推进大数据产业创新发展的经验与做法，提炼出建立数据标准、打造创新载体、构建创新网络、推进产业融合、加强安全防护方面的对策建议。此外，聚焦于浙江在数字经济时代的里程碑式探索，以世界互联网大会、云栖大会、天猫"双 11"为切入视角，展示了浙江与世界共享数字经济发展硕果、贡献中国智慧的坚定信念。

建设经济强省的时代机会

　　站在历史的新起点上,过去40年是全球大开放和大发展的工业时代、信息时代。浙江作为传统资源能源小省,依靠劳动力红利、改革红利等,通过技术、产业、投资的开放合作,从引进技术、引进投资到产品"走出去"、投资"走出去"融入全球,形成了独特的产业集群优势、民营经济优势、出口贸易优势,实现了从经济小省向经济大省的跨越。

　　未来的40年,技术进步将推进经济社会发展进入数字化、网络化、智能化的全球化新时代。科技革命带来的产业变革日新月异。浙江省作为数字经济先行省份,要进一步强化在数字经济领域的全球开放合作,加快从信息经济大省向数字经济强省转变,用数字经济强省优势,再造开放强省新优势。

　　2018年省委经济工作会议提出,把数字经济作为"一号工程"来抓,深化数字浙江建设,这为浙江打造"数据化"驱动信息经济的升级版、全面建设数字经济强省指明了方向。对浙江而言,在拥有良好的信息经济产业基础、服务体系和发展生态的前提下,大力发展数字经济正当其时。

　　产业基础雄厚——从数字浙江到国家信息经济示范区。从2008年到2018年的十年,是全球数字技术飞速发展的十年。浙江顺应以信息技术为主导的科技革命发展趋势,生动演绎了从信息技术导入到信息产业发展、再到以信息经济为第一经济形态的区域发展范式的实践。围绕加快信息经济发展,近年来浙江先后出台了《浙江省"互联网＋"行动计划》《浙江省促进大数据发展实施计划》等一系列文件,着力打造全国信息经济新高地。浙江省信息经济核心产业总产出已连续三年超万亿元,核心产业增加值占 GDP 的 8.8％,对 GDP 的增长贡献率达 17.6％,跨境电商、网约车、共享单车、互联网金融、互联网医疗、连接消费等新经济、新业态、新模式带动浙江新实体经济蓬勃发展。同时,信息技术通过深度融合渗透、不断推进传统产业转型升级,尤其是推动浙江省传统制造业向智能制造方向改造提升,推动浙江传统实体经济进一步振兴。

服务体系完备——从"宽带浙江"到"云上浙江"。浙江一直以前瞻性的视野,不断推进新兴基础设施建设,在高速宽带网络、无线宽带网络、互联网数据中心、大数据与云计算应用平台、内容分发网络等领域加快信息基础设施升级,并发布了《浙江省数据中心"十三五"发展规划》等一系列前瞻性文件,不断夯实信息经济与"互联网＋"的发展基石。在杭州,公有云、私有云、混合云、综合性数据平台建设齐头并进,在宁波,超过 4000 个"iNingbo"免费无线热点遍布城乡。"云上浙江""数据强省"正在成为浙江创新发展的重要新路径。2017 年前 10 个月,全省新增上云企业数达到 10 万家,提前 2 个月完成全年任务,并构建了较为完善的云产业服务体系。从"企业上网"到"企业上云",不仅仅是信息化路径的改变,更是生产方式、经营模式的改变。根据规划,"十三五"期间,围绕 5G、低空开放、海洋信息化发展等重点领域,浙江省还将打造以天、地、空、海一体化为标志的新一代基础设施,为信息化水平的提升、数字经济的发展,提供更加强大的基础设施支撑。

发展生态良好——从"效能革命"到"最多跑一次"。"最多跑一次"改革,是利用新一代信息技术与"互联网＋"模式,推动体制机制创新和社会管理方式变革的一场革命。从机关效能革命、建设政务服务,到"四张清单一张网",再到"最多跑一次"改革,浙江通过信息化手段、新兴网络工具和大数据平台整合政务资源、优化办理流程,打破政府各部门间的数据壁垒和信息孤岛,真正利用信息手段优化产权管理、提升社会治理效率,实现了"人在网上走,事在网格办",成为大数据时代重构政府管理模式的典范。此外,互联网法院、大数据资源管理局等的成立重构了互联网时代社会管理机构;互联网医院、"城市数据大脑"等的出现重新调配城市公共资源,推动解决了城市治理的棘手问题;eWTP 平台重塑了国际贸易环境,政府治理能力在信息经济的驱动下正在加速提升。

按照党的十九大精神,努力建设现代化的经济体系,浙江需要根据数字经济发展的规律与要求,科学制定全省数字经济发展规划,科学谋划布局数字经济发展,系统指导全省构建数字流动新基础、释放数据资源新价值、激发实体经济新动能、突破数字经济新技术、培育数字应用新业态、拓展经济发展新空间,加快打造数据强省,为浙江省经济发展注入新的动力,创造新的活力,增添新的魅力。

原载《今日浙江》2018 年第 1 期

浙江信息经济，从"蝶变"到"裂变"

一、信息经济发展的十年谋略

2005 年 4 月，习近平同志专题调研杭州软件、通信产业发展，对加大力度攻坚信息技术、推进信息产业发展作了重要论述，为浙江抢先布局发展信息经济指明了战略方向。浙江始终坚持一张蓝图绘到底，脚踏实地，勇于创新，努力将习近平同志的重要论述转化为经济发展的实践。在 2014 年 4 月中央网信工作领导小组工作会议上，习近平总书记明确指出"没有信息化就没有现代化"。从"十一五"到"十二五"，浙江努力发展信息产业，加快产业结构调整。2014 年 5 月浙江省率先提出发展以互联网为核心的信息经济，制定出台全国第一个信息经济发展指导意见，明确建设"七中心一示范区"，争创国家信息经济示范区。在第三届世界互联网大会召开前夕，国家正式批复浙江成为全国首个国家信息经济示范区，这是浙江顺应以信息技术为主导的科技革命发展趋势，从信息技术导入到信息产业发展，再到以信息经济为第一经济形态的区域发展范式的生动实践。经过十年的努力，浙江区域经济逐步形成了以信息经济为主导的转型发展新路径,十年磨一剑,破"茧"(技术形态)成"蝶"(经济形态)。

二、信息技术发展的"雁"形轨迹

习近平总书记指出,提高自主创新能力,推进科技进步和创新,既要靠自己,积极构建以企业为主体,"政、产、学、研、资"相结合的产业创新体系;又要靠引进,加快建立政府、教育、科研机构和企业间多层次的国际合作体系,在引进的同时不断消化吸收,紧跟国际先进技术进步和创新的步伐。大力推进科技进步和创新,并在各个领域广泛应用信息技术,改造传统产业和推动结构升级。

20 世纪 90 年代,电子技术对产业结构调整和区域经济发展所起的作用,突出表现为经济发展的"倍增器"、结构调整的"推进器"和发展方式转变的"转换器"。世界各国都高度重视电子技术(ET)发展。为了实现赶超发展,进入 21 世纪我国也先后提出了"两化融合""两化深度融合"的发展战略;信息技术(IT/ICT)的迅速发展和广泛应用,成为经济社会发展的"利器"。

2014 年,中国发起举办世界互联网大会的倡议,以"互通互联共享共治"为主题,大力发展信息经济,构建基于新一代信息技术的政府管理方式和治理模式创新。当前,新一轮信息技术创新应用风起云涌,以大数据、云计算、物联网、移动互联网、人工智能等为代表的新一代信息技术不断取得突破并实现应用创新。新一代信息技术已经成为首位度技术,成为适应新常态、促进经济形态从"蝶变"到"裂变"的重要"催化剂"。

在当代中国经济的版图上,浙江曾是一个学习者、追赶者。21 世纪初,浙江的软件产业、通信产业初具规模,基本上与其他省(区、市)处于同一起跑线上。但最近十多年来,从同处起跑线到逐步引领,浙江的信息技术发展有了质的飞越。信息技术的进步推动人类进入信息经济时代,浙江已经成为信息经济技术创新领域中的领跑者,杭州积极实施"经济的智慧化"和"智慧的经济化",推动滨江区成为东方的类"硅谷"。以阿里巴巴、海康威视、大华、安恒信息等为龙头的新一代信息技术企业在浙江生根并发展壮大,引领着全国乃至全球信息技术发展。全省在云计算、物联网、大数据等领域的新技术和新应用一浪高过一浪,不断展现出旺盛的活力。产业生态环境和商业模式不断创新,公有云、私有云、混合云、综合性数据平台建设齐头并进;以传感器技术、射频识别技术和嵌入式系统技术为核心的物联网技术正深刻影响着浙江省传统制造业的改造提升。尤其是,数字安防技术正在成为浙江省信息技术创新的一匹"黑马"。在"互联网+"新业态方面,以阿里巴巴为代表的电子商务异军突起,以计算机技术、网络技术和远程通信技术为核心的电子商务技术彻底改变了浙江省乃至全国的商业模式,打破了常规时间、地域空间和国际交流的瓶颈,实现了全商务模式的电子化、数字化和网络化。信息技术的"雁"型前行和迭代更新,成为浙江产业技术进步的重要解释因素和时代标志。

三、从产业形态到区域经济新形态

全球经济历史演变的本质是科技突破所带来的生产力与生产关系的变革,每一次生产力的升级和变革都会引起经济和社会发生质的飞跃。习近平总书记指出,把建设"数字浙江"作为一项战略性任务、基础性工作、主导性政策研究好、落实好,把信息产业特别是软件业、通信业作为浙江省结构调整和增长方式转变的一个重要突破口引导好、发展好,努力使信息产业发展和信息化建设继续走在前列。发展信息技术、信息产业,不仅仅局限于信息产业本身,更深刻的是信息化带动工业化、工业化促进信息化。这一重要论述,与他多次强调促进结构调整和增长方式转变的思想一脉相承,凸显了他的深刻见解。

从产业形态到经济形态,浙江省成为中国信息经济发展的先行区和示范区。围绕转型升级、创新发展,浙江做到了"三个最":2013 年"最早部署发展信息经济",2014 年"最早制定政策、出台规划",2016 年"最先获批国家信息经济示范区"。这"三个最"成为浙江信息经济发展的重要转折点和关键事件。溯源历史,从国家第一次提出"信息化带动工业化"到"两化融合""两化深度融合",在不断的融合发展中,浙江从全国唯一的"两化"深度融合国家示范区发展成为全国第一个信息经济示范区,开启了新时期区域经济转型升级创新发展的新范式。

信息经济发展做大了区域经济总量。信息经济呈现出总量与增速"双高"的良好发展态势。在新常态传统经济增长乏力之际,浙江省信息经济逆势增长,成绩斐然。根据《2016 年浙江省信息经济发展报告》,2015 年全省信息经济总量达 13776.85 亿元,占 GDP 比重达 32.12%,同比增长 18.6%,远远高于全省 GDP 6.75%的增速,成为新常态下区域经济增长的主要引擎。

信息经济成为区域经济发展新的增长点。近年来,浙江省信息技术产业以年均 23%的速度快速增长,尤其随着新一代信息技术在各个领域的广泛渗透和融合,电子商务、互联网金融、云计算与大数据等融合型经济快速崛起。据统计,2015 年全省信息经济核心产业规模达 3372.93 亿元,融合型信息经济规模达 10403.92 亿元,融合型信息经济规模是核心产业规模的 3 倍,成为区域经济增长的重要动力源泉。

信息经济发展优化了区域经济增量。快速崛起的"互联网+"新业态成为经济增长的主动力。网络消费和网络服务激发巨大消费需求,促进了服务业的社会化分工重组,跨境电子商务、网约车、互联网金融、互联网医疗等领域的兴起,拓宽了企业的发展平台,改变了人类的生活。

信息经济成为以"创业新四军"为代表的浙江双创主战场。近年来,以浙大系、阿里系、海归系和浙商系为代表的"创业新四军"活跃于信息经济领域的"众创空间"之中,成为浙江创业新生态的主力军。在浙江,创新创业已逐渐成为一种价值导向、生活方式和时代气息,互联网"众创空间"层见叠出、活力四射。信息行业巨头集聚浙江成为经济爆发式增长的主引擎。阿里巴巴的迅速成长使得杭州成为全国电子商务、互联网金融的集聚区,并形成了良好的辐射效应,推动互联网范式迅速渗透到各行各业,"阿里系"创新创业生态圈声名鹊起、活力四射。同时,阿里百川计划、腾讯创业基地、华为全球计算创新中心等纷纷落户浙江,成为浙江经济爆发式增长的主引擎。

四、信息经济不断崛起,信息浙江再谋新篇

未来,浙江将紧抓国家信息经济示范区建设契机,立足当前,以"五个第一"全面提升信息经济首位度,以"双向、双城、双轴、双镇"谋篇布局,围绕"四个量",打造世界"互联网＋"科技创新高地。

全面提升信息经济发展首位度。要将发展信息经济作为第一战略,探索适合信息经济创新发展的新体制、新机制和新模式;将信息经济作为第一经济,作为转型升级的主动能和主引擎,颠覆过去的增长模式,焕发新的生机;将信息产业作为第一产业,积极推进信息产业转型升级,加快发展新兴服务业态;将信息化转型作为第一动力,推动经济发展方式数字化转型,促进不同产业融合创新,催生新的商业模式,培育新的经济增长点;将信息技术作为第一技术,下大决心攻克信息经济领域关键技术,使其真正成为经济增长的"倍增器"、发展方式的"转换器"和产业升级的"助推器"。

发挥"双向力"、唱好"双城戏"、演好"双轴记"、用好"双镇计",勇攀信息经济新高度。"双向"是指积极推进《浙江省"互联网＋"行动计划》和《中国制造2025浙江行动纲要》,打造最具活力的"双创"热土,编织浙江制造强省之梦,再造浙江经济新

传奇。"双城"是指杭州（国家自主创新示范区）和宁波（全国首个"中国制造2025"试点示范城市），以双城联动的方式引领区域协同发展。"双轴"是指义甬舟开放大通道和杭州城西科创大走廊，打造具有国际影响力的重大平台和信息经济科创中心。"双镇"是指乌镇和云栖小镇，世界互联网大会与云栖大会交相辉映，向全球传递中国好声音。

围绕"总量崛起、增量优化、存量变革、流量加速"，打造世界"互联网＋"科技创新高地。加快发展信息经济核心产业，促进融合型信息经济再创新高，以做大经济总量；优先发展"互联网＋"新业态，推进信息经济"双创"平台和特色小镇建设，以优化经济增量；推动基于互联网的制造模式变革，促进传统产业与互联网的融合创新，以盘活经济存量；探索各领域分享经济创新发展，开拓基于互联网平台的服务分享新模式，释放居民信息消费需求，以增加经济流量。

"凡益之道，与时偕行。"盘点现在，信息经济已然成为浙江直面经济结构转型和动力转换的现实难题、消解供给抑制与约束、推进供给侧结构性改革的主动能。展望未来，信息经济将释放更多的经济发展潜力，展开一幅数字经济发展之"浙江现象"的壮丽画卷。

原载《浙江日报》2018年11月7日理论版

以信息经济升级版打造数字经济新样本

    党的十九大制定了新时代中国特色社会主义的行动纲领和发展蓝图,提出要建设网络强国、数字中国、智慧社会,发展数字经济、共享经济,培育新增长点,形成新动能。习近平主席在致第四届世界互联网大会的贺信中表示,"中国数字经济发展将进入快车道"。在 2017 年 12 月 8 日的中央政治局集体学习中,习近平总书记再次强调,"加快建设数字中国,更好服务我国经济社会发展和人民生活改善","构建以数据为关键要素的数字经济"。显然,数字经济已经成为新时代中国新经济发展的新动能,是网络强国战略、制造强国战略推进实施的重要路径。

    在数字经济发展方面,浙江位居全国前列,2003 年以来,以信息化(IT 化)驱动的数字浙江建设卓有成效;2014 年,浙江率先举起了发展信息经济的大旗,并成为浙江经济的最本质表达和最核心关键。新时代浙江经济要继续勇立潮头、领跑全国,就需要把推进经济数字化作为实现经济创新发展的主动能,打造"数据化"驱动信息经济的升级版,全面建设数字经济强省。

一、数字经济是面向未来的新经济发展形态

21 世纪以来的新一轮科技革命和产业变革使得群体性技术创新不断突破,颠覆性技术不断涌现,新一代信息技术向经济社会生活各领域广泛融合渗透,促进以物质生产、物质服务为主的经济发展模式向以信息生产、信息服务为主的经济发展模式转变,引领世界进入以信息产业为主导的新经济发展阶段。

(一)数字经济是经济增长的主要引擎

全球经济历史演变的本质是科技突破所带来的生产力与生产关系的变革。从农业生产力到工业生产力,再到信息生产力,每一次生产力的升级和变革都会引发经济和社会质的飞跃。随着新一代信息技术的飞速发展,互联网延伸到实体经济并与之融合形成信息生产力,驱动全球经济新一轮的大发展、大变革。从历史经验来看,任何重大基础发明都是经过较长时间的技术改革和扩散之后,才开始产生巨大经济效益的。而信息技术在经历了较为独立的技术发展轨迹后,在当前进入了与其他技术、产业深度融合从而成为推动经济发展主要力量的黄金时期,新产品、新业态和新模式的加速迸发正成为经济增长的主要贡献者。2016 年世界经济论坛的数字化转型倡议指出,2016—2025 年这十年内,各行业的数字化转型有望带来 100 万亿美元的社会与企业价值(主要是社会价值),其中汽车、消费品、电力、物流四大行业数字化转型的潜在累计价值将超过 20 万亿美元。

(二)数字经济是技术创新的决定性力量

科技创新是筑牢国家核心竞争力的基石,是提高全要素生产效率、推动形成收益递增型的新经济增长态势的内在源泉。随着数字经济的发展,信息技术爆发式

的增长速度已经跨越了线性约束,呈现出指数级的增长态势。一方面,技术能力提升很快,18个月左右计算性能提高一倍、存储价格下降一半、带宽价格下降一半等持续印证着摩尔定律的效果;另一方面,随着互联网用户和设备数量的急速攀升,网络价值显著增加(梅特卡夫定律),推动信息技术快速成长。随着高难度模式识别、复杂沟通等领域的难点一一取得突破,工业互联网、社会物理学实践等信息技术的应用层次不断深化,推动制造业的领域、技术、管理、制度和政策全面协同变革,引致工业组织结构、产业竞争范式和全球工业竞争格局的重大调整。与此同时,分享经济的规模日益扩大,重要性日益凸显,由消费者驱动的众创、众包、众扶、众筹等模式不断推动各领域的创新、变革、创业和融资,化解了长期困扰人类发展的资源、环境、公平、信任等诸多难题。

(三)数字经济是产业转型升级的重要支撑

数字经济的发展推动信息要素成为一种核心生产要素,推动人类进入大数据时代。随着移动终端的多样化、智能终端的普及以及云计算和大数据能力的具备,互联网开始向产业转移并变革、颠覆各个行业、政府乃至社会,开启了"产业互联网"的新时代。随着互联网的跨越式发展,工业化已经进入到新的发展阶段,从单纯有限数量的设备连接逐渐发展为基于操作系统的海量设备、海量用户、海量网络应用的连接。在与传统行业不断融合的过程中,数字经济的发展对传统行业、领域的影响越发体现为拉动的作用,推动传统产业转型升级并引领传统产业尤其是制造业走出一条劳动生产率持续提升的成功之路,不断将中国的制造业"优势"转化为成为未来世界制造业基础设施的"胜势",为中国工业企业、产业集群指明了定制化、柔性化、智能化的新发展方向。

（四）数字经济是社会转型升级的必然选择

纵观人类历史，从农耕时代到工业时代再到信息时代，技术力量不断推动人类的全球化进程，信息时代的全球化是一个被在网络中高速流动、四通八达且如同巨浪般涌来的信息所缠绕着的全球化，其深度、广度和速度是以往任何一个时期都无法比拟的。首先，随着数字经济的蓬勃发展，全球治理新秩序逐渐形成，主要呈现出两大特点：一是去中心、去等级化，二是创造一个可以分享的普遍性之天下。这两个特点与互联网"开放、平等、协作、分享"的精神特征不谋而合，共同构成了信息时代新的核心观念要素，推动未来的政府治理逐渐走向生态化、包容型治理。其次，数字经济的发展推动产业组织转型升级，使得平台经济主导的新商业生态成为信息时代最为突出和重要的产业组织形态。再次，数字经济的发展推动商业模式转型升级，使得以消费者为中心的 C2B 模式脱颖而出，为未来的商业形态描绘出了新蓝图。

二、数字经济是浙江经济创新发展的新动能

浙江是习近平新时代中国特色社会主义经济思想和网络强国战略的重要发源地，是全国最早以信息化带动工业化、推进现代化的省份之一，也是当前信息经济发展最有活力、最具实力的省份之一。

（一）数字浙江建设敢为人先

早在 2003 年 1 月，时任浙江省委书记习近平同志就提出"数字浙江是全面推进浙江省国民经济和社会信息化、以信息化带动工业化的基础性工程"。同年 7 月，"数字浙江"建设成为"八八战略"的重要内容。同年 9 月，浙江省政府正式发布

《数字浙江建设规划纲要(2003—2007年)》。随后的十余年,浙江坚持一张蓝图绘到底,把发展数字浙江作为深入实施"八八战略"与习近平总书记系列重要讲话精神的题中之义、抢占未来发展制高点的战略选择。从2013年成为全国唯一的"两化深度融合国家示范区",到2014年成为世界互联网大会永久落户地,浙江展现出了勇立潮头的时代担当。数字浙江建设为"数字中国"建设提供了更多的浙江实践、浙江素材和浙江经验。

(二)信息经济发展硕果累累

十年磨一剑,砺得梅花香。随着信息技术的加快创新及向其他领域的深度渗透,信息技术与经济社会的融合,从点状、线状的信息化建设向信息技术全面融入成为经济新动能的新时代过渡,浙江省再度敢为人先,紧紧抓住新一轮科技革命与产业变革的重大历史机遇,率先举起信息经济发展大旗,不忘初心、砥砺前行,近年来取得累累硕果。

数字与信息经济呈现高速增长态势。浙江省数字与信息经济核心产业总产出已连续三年超万亿,信息与数字经济核心产业增加值占GDP的8.8%,对GDP的现价增长贡献率达17.6%。"十二五"以来,浙江省以首个国家信息经济示范区建设为抓手,大力培育信息与数字经济新产业、新业态和新模式,着力推进互联网、大数据、人工智能和实体经济的深度融合,信息与数字经济发展水平更上新台阶。2017年数字与信息经济核心产业实现主营业务收入13958.5亿元,同比增长22.8%,产业规模接近1.4万亿元;实现利税2392.1亿元、利润总额1987.4亿元,分别增长17.5%和18.4%,尤其以信息服务业增势带动突出,规上信息服务业实现利润1421亿元,同比增长21.8%,对全行业利润增长贡献率达到82.4%,成为推动全省经济高质量发展的新动能。

市场机制和企业主体活跃。浙江是典型的市场经济大省,民营经济活力较强,政府与市场互动良性有效。浙江素以"小政府、大市场"著称,各级政府简政放权,充分发挥市场机制作用,为各市场主体创新创业发展提供温润的土壤环境。数字经济的发展离不开新经济、新市场的"新盟主",尤其是一批互联网巨头的支撑。浙江拥有阿里巴巴、海康威视、新华三、网易、华为杭州研究所、大华股份、恒生电子等一批行业领军企业,是浙江省数字与信息经济发展的强大引擎。在科技部公布的2016中国"独角兽"83家企业名单中,浙江有12家企业入围,占比达14.5%,远高于全省GDP在全国GDP中的占比。加快"独角兽"企业、潜在"独角兽"企业的培育,以"独角兽"企业强大的生态效应、辐射效应,形成数字经济新生态。全省致力于打造最优营商环境,"最多跑一次"改革成为"放管服"改革的最大亮点,进一步激发了市场主体的活力。

互联网新业态新经济发展迅猛。浙江已成为世界互联网领域创业创新的一片热土,跨境电商、网约车、共享单车、互联网金融、互联网医疗、连接消费等新经济、新业态、新模式带动浙江新实体经济呈现蓬勃发展态势,形成浙江省信息经济的特色优势。电子商务全球领先,全省网络零售额位居全国第二位;电子商务百强县和淘宝村(镇)数量居全国第一。智慧物流蓬勃发展,菜鸟中国智能骨干网在浙江布局节点密度居全国第一。互联网金融加快创新发展,浙江网商银行率先成立,成为全国第一家网络银行。

数字经济创业创新生态更优。浙江省始终坚持"创新驱动"发展战略,尤其重视以原始创新布局信息与数字经济领域前瞻技术和未来产业,通过之江实验室、达摩院、智能网联车基地等高定位、高水准的创新载体建设,推动数据智能、人机自然交互、无障碍感知等尖端领域的原发性创新迸发,并探索原始创新驱动模式。以浙大系、阿里系、海归系和浙商系为代表的"创业新四军"的活跃和众多"众创空间"的打造,为浙江"双创"构建起极具活力的新生态,创业创新已经逐渐成为一种价值导向、生活方式和时代气息。

三、打造数字经济发展新样本

党的十九大开启了全面建设社会主义现代化国家的新征程,浙江应牢牢把握数字经济变革的新时代机遇,以"八八战略"为总纲,大力弘扬"红船精神"和"浙江精神",以信息经济升级版建设续写创新发展新篇章,打造数字中国新样本。

(一)政府治理现代化的浙江样本:"一张网"之上"最多跑一次"

党的十九大报告明确提出,"全面深化改革总目标是完善和发展中国特色社会主义制度、推进国家治理体系和治理能力现代化"。实际上,在数字化转型提升政府治理能力方面,从"四张清单一张网""当好店小二"到"最多跑一次"改革,浙江省机关效能建设脚步未歇、创新不断。浙江政府通过大数据、"互联网＋"等信息技术手段,以群众和企业的获得感提升为目标,打通"放管服"改革"经脉",大力推进"有为政府""善为政府"建设。改革推进以来,群众办事满意度持续上升,浙江市场主体创设热情也得到了显著激发,通过深化企业投资项目审批改革、商事登记制度改革等措施,实现了单月新设企业 2 万家,新设个体户 3.8 万家,同比分别增长 53.6％、84.4％。"最多跑一次"改革撬动理论社会各领域的改革,为我们生成持续推进"放管服"改革的不竭动力,为我国开启政府治理体系和治理能力现代化新征程提供了实践意义和样本价值。

(二)城市管理的浙江样本:ET 城市大脑

党的十九大报告指出,"增进民生福祉是发展的根本目的。必须多谋民生之利、多解民生之忧,在发展中补齐民生短板、促进社会公平正义,在幼有所育、学有所教、劳有所得、病有所医……保证全体人民在共建共享发展中有更多获得感,不断促进人的全面发展、全体人民共同富裕"。信息技术的应用和智慧城市的建设已被证实是提高城市管理效力,均衡城市医疗、教育、交通等资源的重要手段。为了让城市管理变得更"聪明",浙江省率先将大数据与人工智能技术运用到了城市管理中,阿里云 ET 城市大脑作为首批国家人工智能开放创新平台,是目前全球最大规模的人工智能公共系统之一,可以对整个城市进行全局实时分析,自动调配公共资源,修正城市运行中的问题,成为未来城市的基础设施。ET 城市大脑在交通管理领域的应用已在浙江率先试点落地,城市大脑接管了杭州 128 个信号灯路口,试点区域通行时间减少 15.3%,高架道路出行时间节省 4.6 分钟。在杭州主城区,城市大脑日均报警 500 次以上,准确率达 92%;在萧山区,120 救护车到达现场时间缩短一半。

(三)对外开放的浙江样本:"21 世纪数字丝绸之路"

"一带一路"倡议展现了中国对全球治理新理念的深度思考,成为新时代中国向世界贡献的中国智慧与时代担当。习近平总书记明确指出,"在'一带一路'建设中,既要确立国家总体目标,也要发挥地方积极性,要以创新的理念和创新的思维,扎扎实实做好各项工作"。在丝绸之路经济带建设中,中捷合作是"一带一路"建设的重要战略支点;在中捷合作推进中,作为点对点合作伙伴,浙江与捷克是"一带一路"建设整体布局的重要选择和主要路径。在与数字经济相关的合作中,浙江充分释放自身的云计算、大数据优势,依托互联网企业,积极开展数据中心和跨境电子商务海外仓建设,加强与捷克新一代信息技术基础设施的互联互通建设,积极构建"21 世纪数字丝绸之路"。目前,阿里巴巴正在积极推进 eWTP(电子世界贸易平台)和 eRoad(数字丝绸之路)建设,以阿里巴巴为最大股东的递四方速递在捷克设立海外仓。

(四)制造业与互联网融合样本：工业互联网

党的十九大报告明确指出，"必须把发展经济的着力点放在实体经济上……加快建设制造强国，加快发展先进制造业，推动互联网、大数据、人工智能和实体经济深度融合"。在第四届世界互联网大会上，浙江省成为全国唯一的工业互联网国家示范区。工业互联网平台作为一种融合传统工业制造业知识产权和技术标准，建立在崭新的产业服务网络基础之上的新型制造业生态系统开始兴起，正对国际产业分工、国际贸易格局与全球化产生重大影响。作为工业互联网实施落地与生态构建的关键载体，工业互联网平台是推进制造强国和网络强国建设的重要支撑，是抢占全球制造业主导权的制高点。得益于良好的制造业和互联网发展基础，浙江工业互联网平台发展起步较早、势头良好。一方面，以阿里巴巴为代表的消费互联网平台开始逐步向工业领域探索，积极打造工业云服务平台；另一方面，以新华三、中控、万向为代表的大型自动化或制造企业也结合自身制造基础开展平台布局。工业互联网国家示范区的建设将为浙江省制造业转型升级提供良好的发展机遇和强大助力。

四、高起点建设数字经济强省的路径

(一)强化以数字经济为主要内容的信息经济升级版建设路径

进一步明确和建立完善发展数字经济的顶层设计，特别是要加强关键信息技术研发、IT 产业体系建设、信息化应用与网络安全之间的协调，加强数字经济、信息化发展与贯彻落实国家其他重大战略的总体协调，把信息经济升级明确为浙江产业发展的主导思路，明确以数字经济为主导、工业化为基础的数字经济驱动发展战略,实现数字经济发展、信息化建设与关键信息技术和产业之间的相互促进、共同发展。此外,还应出台地方性法规,明确大数据等信息资源的产权,积极推进政府信息公开,加强数据资源整合和开放共享,进一步推动数据资源要素的充分流动和市场交易。同时,为促进融合性新兴产业稳步发展,需要出台相关行业(例如网约车、共享单车等新业态新模式)的地方性政策法规,对原有的法律法规进行修订、完善。

(二)突破数字经济的核心技术,发展真正体现时代标志的数字经济

当前数字技术加速向各领域渗透,推动经济社会向更高级形态演进,为打破全球数字经济竞争格局提供了历史性机遇。浙江省大数据资源不断累积,在人工智能、量子信息、集成电路等领域具备技术引领优势,数字资源挖掘的技术和模式不断创新,为发展数字经济奠定了扎实基础。

要坚持数据驱动、创新引领、融合带动,高水准推动数字技术创新突破。一是推进高水平创新载体建设。全力推进之江实验室、阿里达摩院建设,打造国际一流的数字经济科创中心、数字经济领域制造业创新中心,加快推动共性技术突破和重大创新成果产业化。二是推动前沿基础数字技术突破。以未来网络计算、泛在人工智能、泛在信息安全、无障感知互联、机器视觉识别、量子计算等重大技术攻关为重点,全力支持建设智能云平台、大脑观察及脑机整合、量子计算研究等大科学装置,推进一批具有示范引领效应的"数字经济重大技术项目"。三是加快数字技术创新成果转化。建设国际一流的数字经济领域科技成果交易市场,强化数字经济领域知识产权保护,加快数字经济领域技术创新成果产业化,大力发展智能机器人、智能网联汽车、智能无人机及可穿戴产品、智能家电、智能家居等智能化生活产品与服务,开发和推广应用一批具有行业影响力的"数字经济重点新产品"。

(三)加快产业数字化转型,建设高质量的经济体系

推动产业数字化转型,释放数字对经济发展的放大、叠加、倍增作用,是推进经济高质量发展、满足人民日益增长的美好生活需要的重要抓手。2017 年,全省数字经济规模达 1.96 万亿元,数字经济融合部分规模达 1.5 万亿元,集聚了阿里巴巴、海康威视、新华三、阿里云等全球领军企业,8 家企业入围中国互联网百强,15 家企业入围中国电子信息百强。

以"数字产业化、产业数字化"为主线,抓好"两个世界级",建设以数字经济为核心、新经济为引领的现代化经济体系。一是培育 3 个世界级数字经济产业集群。以"一区两廊"[杭州高新区(滨江)、城西科创大走廊、城东智能制造大走廊]为"大湾区"数字经济发展的核心区,培育千亿级数字经济产业集群,打造"世界一流产业集群"。二是培育 5 家世界级数字经济龙头企业。以千亿级企业为主体,培育新时期国家数字经济标杆,打造"世界一流企业"。基于大数据、物联网、云计算、人工智能等新一代信息技术发展所带来的产业机会,培育机器人、人机交互、生命健康等领域的"独角兽企业"。三是创新数字经济投融资渠道。鼓励天使投资、风险投资、创业投资、私募基金等投资机构支持数字经济企业发展。发挥浙江股权交易中心作用,深入实施"凤凰计划",支持数字经济领域创新型、成长型企业上市融资。

(四)强化精准化招才引智,以"人才第一资源"有力支撑高质量的创新跨越

浙江已经成为全国乃至全球数字经济创业创新的热土,省会杭州连续两年人才净流入率全国第一。要根据新时期国家企业家队伍建设、现代产业工人队伍建设的文件精神,以及省委人才政策,进一步实施重大引智工程,推进数字经济人才示范省建设。

要充分发挥阿里系、浙大系、海归系、浙商系优势,高密度集聚数字经济高端要

素,加快数字人才汇聚。一是深入实施数字经济领域"浙商名家"战略,培养造就一批具有"头雁效应"的"数字名家"。二是培育数字经济领域青年"双创"英才,全力引进数字经济领域战略科学家、两院院士、"万人计划""千人计划"科技领军人才。三是培育一批实用型"数字工匠",完善多层次教育培训体系,加强从业人员数字技能培训。四是实施全民信息化素质提升工程,全面提升全民信息化素养。五是借力高层次领军人才汇聚,引进一批"带资金、带技术、带项目、带团队"的科技型项目。

(五)打造具有内生活力和自我发育功能的双创生态系统

数字经济的发展离不开充满活力的创新创业氛围,而创新创业属于高风险事业,因此,要积极倡导鼓励创新、包容失败、肯定创业创新失败者的舆论氛围,形成开放包容、有中国特色的创新创业文化。在要素集聚方面,除了不断输送最新研发成果和顶尖创新人才,还要更多地融入一些非技术元素,特别是所谓的"第三方元素",包括成熟的风险投资机制、不断涌入的天使投资人、高水平的法律服务等。这些机构的参与,将大大降低创新创业的信息成本和整体风险,大大提高创业成功率,促使创新集群升级为具有内生激励模式、可持续优选机制以及自我修复能力的创新创业生态系统。在以"大众创业"为唤醒国民创新精神方面,软环境建设显得尤为重要,比如科技创新及其成果转化机制和产业化模式。在双创社区建设方面,不仅是工作场所,更要成为吸引天使投资人的平台,缩短创新成果和创业团队的育化周期,从而使社区逐步发育为充满内生活力的创新创业生态系统,形成可持续的高端要素凝聚能力、房价等消费成本攀升的自我消化能力。

(六)促进产城一体化融合,实现高质量可持续发展

做好全省数字经济生产力布局,加快多层次产业平台建设,统筹区域功能定

位、产业分工,支持各地发挥优势、互补错位发展。

高要求推动区域协同发展,以数字经济引领高质量平台建设。一是强化数字经济发展对大湾区、大花园、大通道、大都市区的经济发展支撑作用,重点将大湾区打造成为全球数字经济创新高地,着力打造世界级"数字湾区"。二是充分发挥杭州、宁波和温州国家自主创新示范区作用,全力支持嘉兴建设国家创新型城市。三是建好梦想小镇、云栖小镇及乌镇互联网创新发展试验区等国际知名数字经济特色小镇,优化数字经济双创生态,打造一批特色鲜明的众创空间、双创基地。四是充分利用世界互联网大会的平台,拓展大会的服务功能和服务空间,把世界互联网大会办成全球数字经济发展最具影响力的全球精准合作平台,辐射长三角、珠三角等地区。

原载《经信参阅》2019 年增刊第 10 期

浙江如何推进数字经济"一号工程"？

　　高质量发展数字经济已经成为浙江再创开放发展新优势的重大战略抉择。深化供给侧结构性改革，加快构建以数字经济为核心、新经济为引领的现代化经济体系，以工业互联网、分享经济撬动经济数字化转型，以"互联网＋"公共服务、基层四个平台撬动社会数字化转型，以打破信息孤岛、实现数据共享撬动政府数字化转型，已经成为实施"一号工程"的重要路径。《浙江省国家数字经济示范省建设方案》（以下简称《建设方案》）旨在准确把握全球数字经济发展态势，充分发挥浙江数字经济先发优势，聚焦聚力高质量、竞争力、现代化，积极再造经济新优势。浙江未来发展数字经济，核心在于加快建设"三区三中心"，突破八大重点领域，形成浙江省国家数字经济示范省的建设体系。"三区三中心"即全国数字产业化发展引领区、产业数字化转型示范区、数字经济体制机制创新先导区和具有全球影响力的数字科技创新中心、新型贸易中心、新兴金融中心。

　　一是加快突破核心技术。习近平总书记指出，核心技术是国之重器。要下定决心、保持恒心、找准重心，加速推动信息领域核心技术突破。的确，我们应该清醒地认识到，在信息领域我国的核心技术能力还有待提高，浙江作为创新发展高地，必须有所作为。《建设方案》提出,浙江要以数字基础研究、关键核心技术突破和产业化为重点,加快突破基础关键核心技术,推进之江实验室等重大创新载体建设,集聚数字经济高端科技人才,建设全球领先的数字科技创新中心。这正是浙江推进信息领域核心技术自主创新的决心和底气。

二是推动数字产业化。新一轮科技革命和产业变革的孕育兴起带来了数字产业的高速发展,使之成为数字经济发展的主战场。《建设方案》提出,浙江要做强云计算、大数据、物联网、人工智能等新兴产业,壮大集成电路、高端软件、通信与网络、网络安全等基础产业,布局区块链、量子信息、柔性电子等前沿产业,提升数字经济核心产业的规模和能级,使之成为引领浙江经济发展的支柱。同时,《建设方案》还指出,浙江要强化数字经济市场主体培育,加快形成多层次、递进式的企业梯队,努力打造世界级数字产业集群。我们认为,浙江在新一代信息技术方面一直具有先发优势,下一步必须发挥好创新驱动能力,真正发展好数字经济新产业。

三是推进产业数字化。发展数字经济,更要利用新一代信息技术对传统产业进行"换血"和"重塑",要释放数字对经济发展的放大、叠加、释放作用。在《建设方案》中,浙江提出要推进互联网、大数据、人工智能和实体经济深度融合。一是要推进智能制造,大力发展工业互联网和企业上云,"互联网+制造"新模式,齐力推动制造业数字化转型;二是要发展数字文化创意服务、智慧化民生服务、数字化生产性服务,全面推动服务业数字化转型;三是要建设数字乡村,深入推动农业数字化转型。同时,《建设方案》还指出,浙江要大力培育数字化融合新动能,加快培育共享经济、发展融合型智能化新产品。

四是建设新型贸易中心和新兴金融中心。浙江数字经济的特色优势就是"活",中国"新四大发明"中有两个都来自浙江,我们的电子商务、移动支付发展水平一直走在全国的前列。因此,《建设方案》提出,浙江要发挥数字经济比较优势,打造以数字贸易为标志的新型贸易中心和具有国际影响力的新兴金融中心,创新引领新经济发展,打造浙江经济"新名片"。我们认为,对于这两大中心的打造,浙江有底气,也有经验。这两大中心势必又会成为一张响亮的地区发展新名片。

五是夯实数字经济基础设施。近年来,浙江的信息基础设施发展取得了显著成就,不仅实现了网络走进千家万户,网络服务水平也实现了质的飞跃。《建设方案》认为,下一步,浙江要加快建成高速宽带、无缝覆盖、智能适配的新一代信息网络和面向未来、先进适用、高效灵敏、坚实可靠的网络安全保障体系,使网络能力和保障水平全国领先。

六是加强数据驱动。当前,数据、信息、知识已经成为驱动经济发展的关键生产要素,集聚了强大的数字经济能量。《建设方案》认为,浙江要深入实施大数据发展战略,数据资源汇聚、开放共享、创新应用水平不断提升,大数据综合开发能力国内领先,形成数据驱动发展新模式。我们认为,数据在浙江经济社会发展中的基础性、战略性、先导性地位已经越来越突出,未来更应抓住机遇,推动数据价值更大规模地得到释放。

七是推动开放协同发展。数字经济代表的就是新时代下的开放协同,2016年二十国集团领导人杭州峰会发布了《二十国集团数字经济发展与合作倡议》,倡议将数字经济作为驱动全球经济共享发展的创新经济。《建设方案》提出,浙江要优化全省数字经济生产力布局,强化区域协调发展,围绕"四大"建设,建成"数字湾区"、数字化"大通道"、数字化"大花园"、数字化"大都市区";深化开放合作发展,强化世界互联网大会影响力,形成数字经济开放协同发展新格局。我们认为,这与国家战略是不谋而合的,浙江数字经济发展必将为国家"一带一路"建设等贡献智慧。

八是推动体制机制创新。创新是引领数字经济发展的第一动力,突破体制机制束缚是关键。近年来,浙江始终以体制机制创新为源头活水,数字经济发展不断取得新进展、实现新突破。因此,《建设方案》进一步提出,浙江要围绕提升制度供给竞争力,深化"最多跑一次"改革,推进数字政府建设,推动地方立法,构建包容审慎的监管机制和多元治理体系,完善标准体系,形成适应数字经济发展的一流营商环境。

原载《浙江经济》2018 年第 20 期

数字经济发展的新思考

　　世界互联网大会永久落户乌镇、G20 峰会花落杭州、阿里巴巴有望成为"世界第五大经济体"、海康威视成为近三年最具投资价值公司之一……在中国经济版图中,浙江之所以能够走在前列、勇立潮头,靠的就是大力发展数字经济。作为传统资源小省,浙江紧紧抓住了数字经济的发展机遇,较好地实现了新旧动能的转换,为经济发展注入了强大的动力。21 世纪以来,浙江的信息化步伐、数字经济的创新,是科学技术进步推动产业创新的生动实践和典型案例。从 2003 年启动"数字浙江"建设,到 2014 年举起信息经济发展大旗,2016 年成为全国唯一的国家信息经济示范区,2017 年全国工业互联网试点再度花落浙江,如果说在新一轮科技革命面前,浙江没有辜负这个时代,那么在现代化经济体系建设、高质量发展时代,数字经济仍然是浙江再创新优势的必然选择。加快数字经济发展,是浙江贯彻党的十九大精神,建设数字强省、构建现代化经济体系的重要内容,也是浙江实现"两个高水平"、推动浙江经济高质量发展的重要战略路径。

一、数字经济发展仍需披荆斩棘

新一代信息技术的突飞猛进,带来数字经济时代的瞬息万变,发展机遇稍纵即逝。浙江有着得天独厚的数字经济发展基础,但相当一部分产业的核心技术仍然处于"跟跑"阶段,真正能够起到"领跑"作用的产业和企业,仍然是少数。因此新时期发展数字经济,实施"一号工程",要充分认识自身的瓶颈和不足,认真分析数字经济发展的短板,结合发展过程中存在的主要问题,找准突破口,扬长避短,在现有数字经济发展优势的基础上实现新的突破和再次腾飞。

从发展现状来看,目前浙江省数字经济发展存在的问题和不足是:一是数字经济产业核心技术自主创新能力不足,由于缺少百亿、千亿级重特大项目,发展后劲明显不足;二是全省各地区数字经济发展"不平衡、不充分",浙江省数字经济发展的核心区域为杭州、宁波等发达地区,丽水、衢州等欠发达地区发展相对缓慢;三是数据与信息资源的开放共享程度有待进一步提升,不仅存在较为严重的制度壁垒,也存在接口标准不同、数据交换困难等问题,数据资源市场化交易体系尚未真正建立;四是标准制度建设滞后,有关信息基础设施、信息安全、个人信息保护、知识产权保护等方面的法律法规体系建设还不够完善,信息资源的责任主体和监管主体仍不够明确;五是新生的网络安全隐患和风险日益严峻,由于在关键芯片、核心软件和部件上严重依赖进口,网络与信息安全核心技术的软硬件可控能力较弱。

数字经济是一种新的经济形态,在未来新时代的发展背景下,要摒弃传统经济的发展路径,不断寻求数字经济发展的新思路、新模式和新路径。一是要顺应协同发展趋势,注重用互联网思维改造提升传统产业,通过推进数字技术、信息技术在传统产业中跨界渗透,有效激发传统产业的发展活力,实施"大数据＋工程",推动数字经济进一步服务于实体经济振兴和发展;二是顺应融合发展趋势,充分抓住数字技术、信息技术融合应用基础和优势条件,以智能制造为主攻方向推动信息技术在制造业领域的融合应用创新,重点抓好"互联网＋"新业态的发展,积极探索以新应用和新模式重塑经济发展新活力;三是顺应经济生态营造要求,不仅抓好重大创新平台和龙头骨干企业发展,更要注重挖掘草根创业创新潜力,通过营造更优的政务环境和双创氛围,为全省数字经济发展培植更多的新生力量,再创浙江创新创业新优势。

聚焦短板,提升能力,带动发展,特别针对核心产业,重点解决"缺芯"(集群电路产业)、"少魂"(软件和信息服务业)、"无脑"(人工智能产业)等不平衡、不充分发展的问题。

二、发展数字经济需要转换思路

数字经济作为一种新的经济形态,在未来新时代的发展背景下,要摒弃传统经济的发展路径,不断寻求数字经济发展的新思路、新模式和新路径。数字经济不仅仅体现在数字产业本身上,更体现在对经济转型升级的总量的倍增效益、动力的转化作用、结构调整的促进作用上。一方面,要发展数字产业,提高数字经济核心产业的作用,做大数字产业;另一方面,要把数字经济发展与传统产业改造提升密切结合起来,让数字经济成为传统产业改造提升最大的"利器"。

发展数字经济要转换发展思路。作为新经济形态,一是要顺应协同发展趋势,注重用互联网思维改造提升传统产业,通过推进信息技术在传统产业中跨界渗透,有效激发传统产业的发展活力,推动数字经济进一步服务于实体经济振兴和发展;二是顺应融合发展趋势,充分抓住信息技术融合应用基础和优势条件,以智能制造为主攻方向推动信息技术在制造业领域的融合应用创新,重点抓好"互联网＋"新业态的发展,积极探索以新应用和新模式重塑经济发展新活力;三是顺应经济生态营造要求,不仅抓好重大创新平台和龙头骨干企业发展,更要注重挖掘草根创业创新潜力,通过营造更优的政务环境和双创氛围,为全省数字经济发展培植更多的新生力量,再创浙江创新创业新优势。

构建以数据为关键要素的数字经济,已经成为新时代高质量发展的主要特征。数字经济正成为经济发展的新动能和主导力量,是推进现代化经济体系建设的中坚力量。加快发展数字经济,坚持以数据为第一资源、创新为第一动力、网络为第一载体,加速推进经济社会各领域的数字化、网络化、智能化转型。

三、数字经济强省建设新征程正扬帆

随着高端芯片、量子科技、人工智能、工业互联网、区块链等颠覆性技术的迅猛发展,浙江应紧紧把握历史机遇,顺势而为,以数字经济强省建设引领数字经济的发展未来,打造数字中国的区域样本,向世界共享数字经济治理的中国方案。

过去 20 年,数字经济彻底改变了零售、批发、社交、搜索、交通、广告、金融、物流、餐饮等众多行业和领域,并且正快速向制造业融合渗透。这一进程带来了经济的繁荣、社会的进步、生活的便捷,同时也带来了新的法治和治理难题,成为国家治理体系和治理能力现代化建设过程中需要重点探索和努力突破的基本问题。一方面,数字经济冲破了原有的规章制度、法律框架;另一方面,数字经济中一些新的现象、新的内容还缺乏有效的法律规范。浙江在数字经济强省的建设过程中,有必要针对这些突出问题解放思想、开拓创新,积极探索有效破解途径。

制定数字经济发展的招商引资战略。作为"一号工程",如何真正落地?总结数字经济发展轨迹,过去 20 年主要以"点式"为主,未来 20 年更多是"群状",最大限度集聚创新资源、形成产业生态,是数字经济发展的重要路径。浙江省可以借鉴"凤凰计划"等做法,提出"之江计划""江海计划"等,面向全球整合资源,让数字经济的现代要素跨"海"、沿"江"而来,在浙江省形成新的竞争优势。

做好数字经济发展想的新政策和制度创新。以改革的精神发展数字经济是浙江省实施"一号工程"的重要指导思想。从产业形态上看,数字经济很大程度上以新经济为主导,对互联网社交、电子商务、网约车、共享单车、移动支付等新模式新业态,各种协调共享经济形态,要多说"Yes",少说"No",努力创造数字经济发展最好的政策与制度环境。在考虑企业、消费者、用户、平台等各方利益关系的基础上,充分发挥政府、平台、企业、消费者在治理体系中的作用,系统、全面、深入地考虑市场准入、市场竞争、知识产权、信用体系、税收等重大问题,引导数字经济有序、健康、持续发展。

大力推进数字经济与传统产业的深度结合。过去数字经济的发展主要表现为创新性、颠覆性异常突出,未来,随着数字经济在各行各业的融合应用和颠覆创新,新业态、新模式将会百花齐放、层出不穷,这不仅仅是数字经济本身的发展,更是传统产业改造的阳光大道。要通过数字经济的发展,实现对传统制造业价值链的重构,大力提高数字化价值的定价能力。生产过程中的智能制造、产品开发过程中的智能产品,这些智能生产、智能产品是数字经济对传统产业、"块状经济"提升的重要路径和最大看点。

汇聚高端要素推进数字经济强省建设。数字经济的发展需要集聚人才、资金等高端要素。以"数字领袖""数字工匠"等为代表的"人",是浙江省数字经济发展最重要的推动和依靠力量。同时,浙江省要以"最多跑一次"改革为契机打造最优创新创业环境,以数字经济产业政策为手段推进世界级产业集群打造和世界级数字经济龙头企业培育,围绕着数字经济发展的重点领域、重大平台和重大项目,紧扣研发攻关、人才供给等环节实施精准投入,汇聚全球数字经济顶尖高端要素,共同打造数字经济发展新高地。

以世界互联网大会为窗口连接中国与世界。每年一届的世界互联网大会已经成为全球数字经济"华山论剑"的顶级盛宴。浙江应充分利用世界互联网大会平台,将其打造成全球数字经济领域最具影响力的精准合作平台,以大会为窗口连接中国与世界,不仅服务于浙江的产业发展,更要辐射到其他省市,与全球数字经济优势企业、创新团队、顶尖人才,开展人才洽谈、项目对接、技术引进、产品展示等各种活动,为数字中国建设提供强有力的支撑。

原载《经信参阅》2018 年第 7 期

抢抓数字经济发展中的双"0"红利

相比于传统创业创新,数字经济可以最大程度实现创业"0"门槛。浙江在"四张清单一张网"改革的基础上,转化中央"放管服"改革的要求,提出了通过"最多跑一次"的改革新理念,以体制机制服务创业创新释放数字经济发展红利,让创业"0"门槛。"十三五"以来,浙江率先探索适合数字经济创业创新发展的政策体系和制度环境,以"最多跑一次"改革,打破信息孤岛,推进数据共享,让数据"多跑腿",进一步简政放权,放宽市场准入,最大限度减少政府对微观事务的干预,激发创业创新活力。用经济制度的洼地,努力打造区域经济发展的新高地。全省 2017 年新设注册资本在 500 万元以下的小微企业 30.7 万家,比上年增长 24.4%;全省在册小微企业数量达到 168.3 万家,比上年净增 25.4 万家,小微企业发展迈上新台阶。

站在全国的视角看,目前中国数字经济规模已居全球第二,占 GDP 比重超三成,网民数量居全球第一。可以说从 2008 年全球金融危机以来,中国经济之所以能够实现稳中有进,最大的解释因子就是数字经济。如近两年来,以分享经济为代表的数字经济,从网约车到民宿经济,从旧物交换到家政服务,从设备共用到办公空间共享等,各类新型服务领域的分享平台,进一步激发基于数字技术的消费需求,促进创业创新,彰显数字经济的"0"创业边际成本效应。

创新"0"边际。与石油、煤炭等传统有形资源相比,数字经济资源蕴含着巨大的增长潜力和较好的边际成本效应。传统产业改造升级路在何方? 贯彻落实《中国制造 2025 浙江行动纲要》,推进"数字化+"、"互联网+"、"智能化+"、"标准化+"、智能制造和"十万企业上云"行动,积极培育网络化协同、个性化定制、在线增值服务、分享制造等"新制造"模式,加快传统产业数字化、智能化,推动实体经济和数字经济融合发展,全面振兴实体经济,这正是基于数字经济创新的最大时代实践。

"一切资源数字化、一切业务流量化。"在传统资源观下,浙江是资源小省,但在数字经济资源观下,浙江就是数据资源的大省。阿里巴巴的发展靠的就是数据资源,这彰显了数字经济时代的企业价值。一方面,阿里巴巴通过"新零售",有效整合供应链上下游资源和渠道,优化传统的商业资源配置方式,成为以利用数据这一工具升级传统产业的典范;另一方面,阿里巴巴深入推进"新制造"战略,以数字技术为武器,让数据直接渗透到生产领域,推动制造业的深度变革。

让创业"0"门槛,创新"0"边际。让数字化、网络化、智能化成为浙江省现代化产业体系建设的核心内容,使数字经济成为浙江省产业结构调整、质量和效益统一的主渠道,是浙江省实实在在进入高质量发展时代必须抓紧抓好的一项重要战略性任务,必须要以"钉钉子精神"抓实做好。

原载《浙江经济》2018 年第 4 期

打造世界级"数字湾区"

一、建设"数字湾区"的时代背景

世界级大湾区是依托众多海港和城市群所形成的人口密集、现代化水平高的沿海区域，是全球高端要素竞争和催生新工业革命的主战场，是全球经济增长和技术产业创新的主引擎。进入 21 世纪以来，以数字化、网络化、智能化为代表的科技革命，催生了世界级大湾区的产业变革，以数字经济为代表的产业转型步伐加快，伴随着新产业的迅速发展壮大，数字湾区开始成为湾区经济发展的重要特征。

(一)建设"数字湾区"是浙江省落实网络强国、数字中国战略的具体行动

当前，全球信息化浪潮汹涌而至，世界各国都把推进经济社会数字化作为实现创新发展的重要动能。以习近平同志为核心的党中央准确把握时代大势，把建设网络强国、加快建设"数字中国"作为国家重大战略。浙江省大湾区是长三角世界级城市群建设布局的主导区域，是撬动长三角深化改革和开放的一个杠杆，更是加

快经济转型升级、实现浙江跨越式发展的重要引擎。加快建设"数字湾区",打通信息"大动脉",以数字经济、智慧社会的创新发展,培育湾区经济发展新动能,势在必行。

(二)加快建设"数字湾区"是浙江推动湾区经济高质量发展的路径选择

党的十九大之后,党中央明确提出,经济高质量发展是当前和今后一个时期确定发展思路、制定经济政策、实施宏观调控的根本要求。深化供给侧结构性改革,提高供给质量、改变供给动力、提升供给效率,落实到推进"大湾区"建设上,就是要通过新经济、新动能、新发展,来体现高质量、竞争力、现代化,而不是走传统工业化的老路,大拆、大建、大开发。从世界经济发展的规律及中国经济增长的实践来看,大力发展以信息化驱动的数字经济,通过数字经济赋能产业转型升级和社会创新发展,是推进经济高质量发展的必然选择和基本路径。加快建设"数字湾区",对于推进国家数字经济示范省建设来说,是核心内容和根本要求,志在必得。

(三)加快建设"数字湾区"是实现湾区一体化发展的重要支撑

纵观全球,沿海湾区已经成为带动全球经济发展的重要增长极和引领技术变革的领头羊,也是发展条件最好、竞争力最强的城市群。浙江省大湾区建设是浙江省委省政府把握时代大局,站在战略高度和长远角度作出的科学判断和战略选择。根据世界湾区经济发展经验,加强基础设施互联互通、构建开放型的创新体系、深入推进服务贸易自由化、培育利益共享的产业价值链、共建金融核心圈和优质生活圈,是湾区经济发展的重要基础。抢抓 5G 发展机遇,加快建设"数字湾区",优化数字基础设施资源配置,促进产业、民生和政务服务等各领域数据化、网络化、智能化转型,是推进湾区一体化发展的重要保障。

二、谋划建设"数字湾区"

浙江省大湾区以杭州湾为核心,联动台州湾、三门湾、象山湾、乐清湾等湾区,包括杭州、宁波、温州、湖州、嘉兴、绍兴、台州、舟山八市,区位优势突出,人才要素集聚,产业和空间资源厚实,数字经济全国领先,完全具备成为以数字经济为代表的世界第四大湾区的潜质,已经成为我国在数字经济时代引领世界经济发展的桥头堡。

(一)新兴产业崛起,新旧动能转换加快

在新兴产业发展以及传统产业改造提升的双轮驱动下,浙江省大湾区经济质量效益不断提升。以大湾区为核心发展区域的物联网、云计算及大数据产业增速位居前二,高达 28.8% 和 31.6%,已在人工智能、虚拟现实、云计算、大数据等重点领域形成先发优势。在"旧力渐弱,新力将强"的交替期,大湾区各项质量效益指标不断提升,2017 年实现工业增加值 12925 亿元,全员劳动生产率 22.2 万元/人,主营业务收入利润率 7.1%,分别同比增长 8.7%、6.2%、3%,持续呈现向好态势。

(二)数字经济引领,数字化转型不断深化

大湾区作为全省发展数字经济的主阵地,拥有阿里巴巴、海康威视、蚂蚁金服、网易等知名世界级数字经济企业,高科技企业云集;制造业的智能化、商务贸易的网络化、金融业的流量化、社会服务的移动化、生活消费的共享化等风起云涌。杭州成为全球最大的移动支付城市和最便捷的"无现金城市",超过 95% 的超市便利店、超过 98% 的出租车、5000 余辆公交车都支持移动支付,被誉为"世界电商之都"和"移动支付之城"。杭州骨干直联点建成开通,CNNIC 国家域名服务平

台浙江节点正式上线,固定宽带家庭普及率和移动宽带普及率在全国率先实现100％双突破。

(三)高端人才集聚,创业创新活力迸发

大湾区创新能力不断提升,吸引了大批高层次人才和企业家。从创新投入看,2017年大湾区研发经费(R&D)支出占GDP的比重从2010年的1.1％上升到2.4％,明显高于全国2.1％的比重;从创新产出看,2017年大湾区专利申请总量为328476件,专利授权总量为185803件,其中,发明专利授权量26513件,每万人发明专利拥有量22件,为全国平均水平9.8件的2倍多;从创新主体看,2017年杭州人才净流入率达11.78％,居全国第一位,"创业创新来浙江"已成共识。

(四)体制机制创新,民营经济再焕活力

经济新常态下,曾经依靠体制机制改革在民营经济和市场经济发展中占得先发优势的浙江,又一次站在全面深化改革的风口,以"最多跑一次"为代表,把国家的"放管服"落实到了地方各级政府的服务流程优化和业务重构上,积极打造"掌上办事之省、掌上办公之省"成为重要的阶段性目标。以"最多跑一次"改革撬动各领域改革的深化,再创体制机制新优势,在系列改革的推动下,大湾区已经成为全国"管制最少、门槛最低、服务最好"的地区之一,民营经济再焕活力,平均10个人中就有1户市场主体,每千人拥有企业34.7户,比全国多出12.8户,大湾区企业在"2017中国民营企业500强"中占据五分之一席位。

(五)海港优势明显,港口智慧转型加速

空港、海港、陆港、网港"四港"协同,形成了浙江省湾区经济区别其他湾区发展的独特优势和条件。目前全省海洋港口初步形成以宽带网络、视频专网、数据中

心、主机服务等为核心的港口信息基础设施,充分满足了港口生产的全天候运营需要。全省海洋港口信息化在生产作业管理、多式联运、口岸一体化、信息互联互通等关键领域得到了广泛应用,实现全省海洋港口的管理创新、技术创新和服务创新。舟山积极推进集"船、港、货"物流信息于一体的江海联运公共信息平台建设,促进江海联运物流信息有效衔接和共享。宁波打造行业领先的"智慧航运"综合服务平台,发布海上丝路贸易指数,成为"一带一路"国际合作的重要"风向标",标志着浙江省在国际航运及港口生态圈领域的话语权与影响力不断显现。

三、顺势而为推进"数字湾区"建设

(一)构筑湾区融合创新的数字经济体系

牢牢抓住新一代信息技术创新突破的重大历史机遇,围绕物联网、云计算、大数据、网络安全、人工智能、量子通信、存储芯片等数字经济领域的前沿技术组织重大科技攻关与产业培育,将大湾区打造成为全球领先的未来信息技术创新中心。依托之江实验室、达摩院、西湖高等研究院等重大创新平台,在大湾区建设一批具有原始创新能力的技术策源地和具有全球影响力的现代产业集群。大力发展工业互联网,进一步落实"1+N"工业互联网建设计划,通过分地区、分行业的工业互联网平台建设,加快推进制造业转型优化升级。加快推动分享经济、跨境电子商务、互联网金融等"互联网+"新业态、新模式在"大湾区"的持续创新和大规模拓展。深化大湾区滨海经济、港口经济、都市经济的协同创新和分享经济模式,努力建设湾区数字经济创新大走廊。

(二)推进湾区区域治理和服务数字化

围绕大湾区城市群区域治理的协同化,完善一体化智慧公共服务体系,构建形成普惠、智能、统一的区域治理体系。全面深化"最多跑一次"改革,依托基层治理"四个平台"和浙江政务服务网,大力推进"互联网＋政务服务",在"大湾区"率先推进社保、医疗、养老、纳税、信用等领域的"一号"管理和资源共享,实现"一号一窗一网"。创新"互联网＋"民生服务,通过共享经济等模式解决停车难、垃圾分类、厕所革命、个人信息安全等民生实事,着力提升百姓生活品质。推进"大湾区"公众健康服务平台建设,创新互联网医疗服务,探索以人为中心的医疗健康服务模式,提供精准化、个性化医疗健康服务,打造"健康中国"湾区样本。

(三)加速湾区交通体系智能化升级

整合各领域交通系统信息资源,建设集交通管理、公众服务等功能于一体的"大湾区"交通综合信息服务平台,实现对公路、铁路、水运、航空等各领域动态实时监控与应急指挥,并为社会公众提供跨区域、全过程的一站式交通出行信息服务。推广"互联网＋"交通,加快电子乘车码应用普及,支持各类社会主体基于互联网开展综合交通出行服务产品的创新应用。推动交通一卡通在城市公交、轨道交通、出租车等交通领域的广泛应用,逐步实现"大湾区"跨市域交通一卡通互联互通。深化"城市大脑"在智慧交通领域应用示范,积极推进基于宽带移动互联网和北斗导航系统的智能网联汽车应用示范,将大湾区建设成为全球领先的"智慧出行"示范区。

(四)提升湾区生态环境治理智慧化水平

推进湾区生态环境和资源管理智能化,积极推广以水资源监测、污染源监测、能耗监测和环境监管等为重点的智慧生态管理模式,促进湾区城市群低碳化、绿色化发展。加快推进大数据、物联网等新一代信息技术在生态环境管理中的广泛应用,通过湾区生态环境大数据平台建设,建立陆海统筹、天地一体、上下协同、信息共享的动态监测和防控治理体系,提升生态环境监测立体化、自动化、智能化水平。加大对重点污染源和重点用能单位的在线监测力度,提升大气、水、土壤、生态领域环境污染治理和处置能力,以智慧治理推进生态环境质量持续改善,为治水、治气、治土和"美丽湾区"建设提供有力保障。

(五)加快构建湾区数字贸易创新发展

深化杭州、宁波等跨境电子商务综合试验区建设,推动与"一带一路"沿线节点城市、全球电子商务发达城市构建电子世界贸易平台(eWTP)。鼓励电子商务企业在"一带一路"沿线国家输出商品、技术和服务,培育一批具有国际竞争力的电商平台,努力打造国际电子商务中心。推广移动支付,加快"移动支付湾区"建设,积极向海外输出技术和商业模式,引领湾区数字贸易创新发展。大力发展新零售等商业模式,培育一批新零售标杆城市和示范企业,逐步将大湾区建设成为国内新零售发展的重要策源地。

(六)打造以数字人才为标志的现代湾区

积极实施数字人才强湾战略,依托"千人计划""万人计划""海鸥计划"等人才支持计划,加大数字经济重点领域的高端人才和创新团队引进力度。加快建设吸引世界高端人才机制,引进大院名校,增加湾区人才储备。实施湾区数字人才培育计划,充分利用好浙江现有的大学,加强高等学校、科研院所学科专业建设和实用型人才培养,鼓励校企联合培养数字经济复合型人才、紧缺技能人才。进一步加强对以阿里系、浙大系、浙商系、海归系为代表的浙江创业创新"新四军"的人才培育和创新支持,全面支撑"数字湾区"建设。积极推进大湾区数字经济人才国际化进程,推动数字经济领域人才的国际化交流与合作。

(七)抢先布局湾区新型信息基础设施

优化提升宽带基础设施,推进 IPv6 规模部署,加快宽带网络升级改造。进一步优化提升杭州互联网国际专用通道和宁波互联网国际专用通道,全面支撑国际互联网访问需求,助推大湾区国际化水平提升。加大物联网、无线通信技术在大湾区城乡基础设施领域的应用力度,广泛部署传感器等各类智能感知终端,构筑遍布泛在感知的基础设施物联网络。统筹兼顾各类发展要素,合理布局一批高等级绿色云计算与大数据中心。积极推进湾区 5G、量子通信、无人机配送、动态无线充电等重大新技术新装备测试验证工作,在大湾区率先形成适度超前的数字基础设施发展格局。

(八)强化湾区网络安全保障

在大湾区网络空间关键节点、重要信息系统、关键信息基础设施等方面加快部署网络安全监测设备,构建大湾区一体化网络安全态势感知平台,建立线上线下、主动被动融合的立体化网络安全防御体系。加强能源、交通、金融、供水、供电、供气等重点行业领域信息系统和安全防护措施的同步规划、建设和使用,强化技术防范,切实提高防攻击、防篡改、防病毒、防瘫痪、防窃密能力。加紧对物联网、云计算、量子通信等前沿尖端领域的安全技术和产品进行自主开发和应用,提升网络安全技术水平和产业实力。

原载《浙江日报》2018 年 8 月 24 日

工业互联网:互联网经济的下半场

  进入 21 世纪以来,人类社会中最大程度改变经济社会进程的科学技术无疑是互联网技术。诺贝尔经济学奖获得者斯蒂格利茨曾说,"在 21 世纪初期,影响世界最大的两件事,一是新技术革命,二是中国的城市化"。新技术的主要标志之一就是互联网技术。互联网技术的迅速发展和网络经济的异军突起,极大地改变了国内外区域经济和产业发展的格局。国际上谷歌、亚马逊、脸谱等公司的骄人业绩,让传统制造企业逐步开始走向舞台边缘;国内 BAT 公司"风景这边独好"。可以这样说,正是互联网经济的快速发展,为中国经济和世界经济的发展注入了强大的新动能!

  回顾中国改革开放 40 年的发展历程,如果说把 40 年分为两个阶段的话,前 20 年,中国经济的发展主要得益于制度的变革,允许试、允许闯,大大地激发了人民群众的主观性和创造性,是潜能大释放的结果;进入 21 世纪的近 20 年主要得益于互联网技术和各行各业的广泛结合与深刻渗透,产生了叠加、倍增、转换效应。互联网技术与流通经济领域深度融合,形成了众多的商业解决方案与商业模式,诞生了大批以互联网为标志的新公司,这些公司成为现代市场经济的新主体。从最早的电子邮件、BBS、门户网站等,到如今的电子商务、网络零售、社交媒体、移动支付、导航应用、远程读片等,这些应用的出现生动展现了互联网技术的演进、迭代和产业与经济形态的变化。可以说,21世纪以来,以互联网技术为标志的数字技术不断拓展产业与经济边界,驱动着全球经济发生翻天覆地的变化,彻底打破了传统经济学意义上企业、产业和各种商业活动的边界。在这场互联网经济的变革中,放眼中国经济版图,在"浙"里看中国经济的风景,世界互联网大会永久落户千年古镇乌镇,更是中国,乃至世界互联网经济发展史上的最大看点。一句话,在互联网经济的上半场,在消费互联网领域,我们走在前列、引领时代潮流!

科学技术的演进、迭代永远不会停止,而且会越来越快。从技术的特征上看,数字化、网络化、智能化的技术演进路径,开始逐步进入智能化的时代,以人工智能为标志的发展方向,将掀开互联网经济下半场的帷幕。要在未来10年、20年继续保持互联网经济的优势,就必须未雨绸缪。深化供给侧结构性改革,将迎来一个崭新的时代——工业互联网时代。工业互联网将从根本上改变中国经济的发展路径。推动"Made in China"向"Made in the World"转变,并最终向"Made in Internet"转化。

工业互联网的演进,如同消费互联网,至少要经过模块应用、机联网(M2M)、厂联网等关键环节和阶段的转变与跨越。从以信息化带动工业化、以工业化促进信息化,两化融合,到两化深度融合发展,是产业与经济转型升级的一条主线。两化融合指数的不断提升,就是转型升级步伐不断加快的过程。互联网技术的不断深入使机联网成为可能。依托网络技术,生产设备的互联互通,设备的利用效率和良品率不断提升。厂联网规模的不断扩大、稳定性的不断提升,直接推动了制造业的大变革。企业上云就是网络化技术在工业领域的典型运用之一。

围绕工业互联网的创新与突破,工信部与浙江省人民政府签署了战略合作协议,重点围绕"1+N"工业互联网平台的打造,努力培育可以逐步实现的百万级工业 App,这也是浙江省工业互联网发展的重中之重。由阿里巴巴、传化集团和中控科技三家企业合作承担的浙江省"1+N"工业互联网平台建设工程,是浙江省工业互联网产业发展的"一号工程",要围绕重点产业,布局"1+N",努力实现工业互联网经济的快速发展。

需要指出的是,扎扎实实推进工业互联网的发展,还要紧密结合互联网基础设施的发展趋势。在传统信息基础设施上,浙江省并不占有竞争优势,但是在 Ipv6 领域、5G 以及智能网联车等领域,浙江省已经具备相对竞争优势,要抓住历史机遇,迎头赶上,超前布局。要围绕继续深化数字经济"一号工程",努力在与互联网技术的应用上,取得更大的突破。产业政策的导向,要更加聚焦工业互联网的发展,把消费互联网与工业互联网有机地结合起来,把网络协同制造作为推进制造业高质量发展的重要抓手加以推进和落实。在经济面临下行压力的大背景下,一方面要抓传统产业的数字化、网络化、智能化转型;另一方面要着力培育互联网领域的新市场主体,推动互联网核心技术的突破与产业化应用,为全省数字经济的发展贡献更大的智慧和力量,努力在互联网经济的下半场继续引领时代的发展。

原载《经信参阅》2018 年第 9 期

揭秘"独角兽"唯一的基因密码

　　杭州凭什么成为中国经济版图中令人瞩目的一个城市？浙江为什么在过去20年中取得如此精彩的成就？在中国经济发展中，浙江的经济模式是否最适合独角兽企业的成长？

　　独行当然是美的，成长当然是好的，但是我们需要的不仅仅是一只独角兽，而是一片丛林。我们希望浙江能成为中国"独角兽"最优的生存空间，我们希望"独角兽"能够成为拉动经济转型升级的巨大力量，我们希望准独角兽企业能创造更多成熟的商业模式，形成更多的优势生态圈，引领和带动浙江实体经济振兴与发展，成为浙江经济的一道亮眼风景。

一、独角兽：数字经济发展的新基因

　　独角兽企业唯一的基因和密码就是数字经济，浙江经济之所以稳居中国经济版图第一方阵，最大的贡献者就是数字经济。在二三十年前，万向叫杭州，青春宝叫杭州，丝绸叫杭州，茶叶叫杭州，西湖叫杭州。今天，阿里巴巴叫杭州，海康威视叫杭州,新华三叫杭州。技术在改变,时代在进步,我们的产业一定会发生变化。

浙江的 GDP 排名全国第四,然而浙江的两化融合指数全国第二。"云化"是近 3~5 年浙江最大的工程,大量企业从原来的企业"信息化"走向了"云化",目前浙江上云企业数量有 18 万家,达到全国第一。在工业机器人应用方面,浙江也是全国第一。浙江的网络零售规模达 1.3 万亿元,居全国第二。我们看企业、产业、经济有四大数据——电商数据、安防数据、医疗数据、大宗商品交易数据,在这些方面浙江都代表了中国最高的水平。

二、浙江准独角兽企业的行业分布

从行业分布来说,金融、企业服务、信息技术(区块链)等行业都有数量较多的准独角兽企业。随着数字化进程的加快,在此过程中培育出来的准独角兽企业都是最代表中国数字化转型成效的公司和企业。

第一个板块是企业服务领域,代表企业有亿方云、数梦工厂等。当前,企业的服务方式和成长方式都发生了很大的变化,不单今天的中国是这样,全球来看也是如此。全球服务领域已经培育了一大批快速成长、充满活力、改变区域竞争格局的企业。2017 年独角兽企业最多的国家是美国,它在企业服务领域的独角兽企业数量非常多。中国的 ToB 人群规模是美国的 5~8 倍,而企业服务领域独角兽的数量还停留在个位数,因此在这个领域中国还有巨大的拓展空间。从投资价值来说,企业服务领域是一个很好的机会。

第二个板块是电商领域,对浙江的学者、官员、企业家来说,这个领域都不陌生,可以说在这方面浙江"风景独好",围绕跨境出口电商、电商服务、内容电商等细分领域形成了闪电购等一批企业,是浙江高成长公司的集中营。我们现在慢慢进入了高质量增长的阶段,但是这个领域的发展速度依然是令人敬佩的。尤其在政策的推动下,跨境电商迎来了良好的国际环境。

第三个板块是交通出行领域,虽然准独角兽企业数量不多,但是均表现出色,也许你一不小心就会发现一个准独角兽企业已经成为你生活中不可或缺的组成部分,比如曹操专车、大搜车在某种意义上已经接近了准独角兽企业。在交通出行领域,浙江的准独角兽企业数量已经引领全国,行业排名也达到了第三。其也表现出了巨大的发展前景,随着这个行业的快速成长,未来仍将吸引资本的关注。

第四个板块是金融领域,杭州有没有可能、浙江有没有可能打造钱塘江金融港湾,成为真正的新兴金融中心呢?长三角地区的传统金融中心是上海,但是,在科技金融领域,类似蚂蚁金服这样的企业,包括铜板街这样的公司,以互联网金融这样的服务方式,为杭州成为新兴金融中心提供了历史机遇。数字经济"一号工程"明确提出,要通过 5～10 年的时间,将杭州建成新型贸易中心和新兴金融中心。

第五个板块是物流领域,李克强总理在 2018 年的政府工作报告中指出,从全球看,中国的物流成本高、企业负担重,必须采取有力措施,解决物流成本居高不下的问题。对于如何破解这个难题,传化智联提供了一个很好的案例。物流的背后是信息流,信息流的背后是资金流。组织物流、信息流、资金流而带来人流的改变,这条路径会清晰地展现在你的面前,所以我们从交通、金融再到物流,接着再到企业的服务。

早在 2002 年我们国家提出的"十二金"工程就是国家层面的信息化顶层设计。浙江省以企业信息化为重点,大力推进信息化,在企业服务过程中导入了金蝶 K3 系统、用友 U8 系统等软件服务,开启了一场财务管理革命。用友、金蝶都做得非常不错,但是与独角兽企业的差距依然很大。换句话说,即使你在新领域、新行业,同样属于高新技术企业,如果没有按照独角兽企业的规模要求去把握机会的话,差距依然是大的。这些案例对投资商、企业高管来说,都是值得深思的,发展不足的地方均可以是我们实现跨越的一个个机会。在这个时代,对所有的企业来说,需要重新想象,重新出发。机会是均等的,世界是平的,这是我们可以预见的。

三、浙江准独角兽企业区域分布

毫无疑问杭州是浙江准独角兽企业成长发展最好的平台,因而把浙江放到全国、全球来看依然是一道风景。

2018 年,杭州专门聚焦独角兽,出台了《杭州市独角兽企业培育工程实施意见(2018—2020)》,在副省级城市中这个政策是最早的,扶持力度是较大的。在这个政策中,一方面提出要精准扶持现有的独角兽企业做大做强,另一方面提出要建设独角兽重点培育企业库,注重独角兽企业的孵化。

杭州的目标很明确,即力争到 2020 年,全市累计培育独角兽企业 20 家以上,准独角兽企业(估值 1 亿美元以上)150 家,纳入独角兽培育库企业(估值 3 亿元人民币)不少于 300 家,这对投资者来说是一个巨大的机会。

根据浙商发展研究院(浙商智库)对已有的独角兽企业所做的一个梳理。到 2018 年,如果按照估值 10 亿美元的标准来看的话,浙江已经有 20 多家独角兽企业,而估值超过 1 亿美元的准独角兽企业已有 120 多家。根据已经披露的数据,浙江准独角兽企业的估值都达到上亿元级别。

四、浙江准独角兽企业主要特征与成长环境

准独角兽企业要想真正成为业界、投资界认同的企业,基本要符合以下标准:

一是成长快，仍然有指数级的成长，加法效应被乘数效应代替；二是技术含量高，拥有自己的门槛；三是能够创造大量的就业机会。这样的独角兽企业是我们社会更加期待的。

如果从宏观的角度来说，准独角兽企业的成长环境，是独角兽经济需要认真研究的问题。从东部各省份的情况看，围绕数字经济，各地方均积极出台各项政策，引导和培育发展数字经济。如山东省进行新旧动能的转换，广东省建设现代信息化体系等，浙江省的数字经济"一号工程"也十分重视发展独角兽企业。积极营造环境，为准独角兽、独角兽企业成长提供好的土壤。

五、浙江准独角兽企业未来展望

展望未来，我们有什么期待呢？我们希望浙江成为中国独角兽最优生存空间。独角兽是一种组织型经济，而不是自己独行，我们应该因势利导，从人才、资金、政策、平台等方面为独角兽企业创造更好的生态环境。

从自然人文的角度看，对独角兽企业而言，这一片土地、这一片丛林是最适合独角兽成长的空间，乃至于今天全球的独角兽企业都愿意在这里体现它的市场价值。

今天的投入就是明天的产出。在未来的发展过程中，身处于浙江这一片创业创新的热土，加上政策的储备、人才的优势，浙江的准独角兽企业发展潜力是巨大的，我们期待未来它们在数量和体量上都会有飞跃性的增长。按照党的十九大的精神，按照省委"一号工程"的部署，浙江的高质量发展一定要高度关注独角兽企业的孵化。

在"十一五"期间，浙江就曾提出打造民间财富投资中心和民间财富管理中心。浙江的背后是浙商的资本，天使投资、创业投资、私募股权投资等各类投资基金的存在,都是独角兽企业诞生最肥沃的土壤,我们希望独角兽企业为投资家、社会资本创造更大的价值。

站在这里,拥抱这个时代,我们希望内外兼收,希望浙江的独角兽企业,基因是最强大的,肌体是最有力的,发展是最健康的,发展过程中的风景也是最优美的。

根据兰建平在《浙商》杂志"成长的密码——对话独角兽"论坛上的演讲整理

国内外大数据产业创新发展经验与借鉴

掌握和运用大数据的能力已成为国家竞争力的重要体现。自党的十八届五中全会提出"实施国家大数据战略"以来,我国积极推进实施大数据战略,开展了 8 个国家大数据综合试验区的建设,基本形成京津冀、长三角、珠三角、中西部和东北五大集聚区的产业布局。2017 年,中国大数据产业规模达到 4700 亿元,其中大数据核心产业规模达 236 亿元,增速达 40.5%[①]。大数据产业的飞速发展,正在印证"数据"作为基础性战略资源的价值,不断带动生产方式的变革、生产关系的再造、经济结构的重组、生活方式的巨变,在重构经济管理理论与产业政策体系的同时,也正在丰富中国特色社会主义的理论实践。

然而,大数据产业在迎来重要发展机遇的同时,也面临着技术、标准、安全、法律与制度等方面的诸多挑战,需要相对完善的产业创新体系提供强有力的支持,更加全面、深刻地推动产业创新。本研究将基于我国大数据创新发展的现状与挑战,借鉴国外推动大数据产业创新发展的战略举措,提出对策建议。

---

① 数据来源:中国信息通信研究院《大数据白皮书(2018)》。

一、国内推动大数据产业创新发展的趋势

(一)数据技术进步驱动产业发展

数据技术及云计算、物联网、人工智能等技术的进步,成为大数据产业创新发展的强劲驱动力。据不完全统计,中国大数据领域的专利公开量约占全球的40%,位居世界第二①,国内骨干互联网公司已具备自主开发建设和运维超大规模大数据平台的能力。依托技术进步涌现的商业模式创新,催生了金融、政务、医疗、教育等领域大批大数据典型应用。以阿里云为例,从云计算核心技术到全球首个一站式大数据平台"数加",基础技术的突破支撑起爆发式的业务增长。国家对于大数据关键技术研发支持力度不断升级,国家重点研发计划已连续多年支持"高性能计算"重点专项,并从2017年开始支持"云计算和大数据"重点专项,该专项2018年经费总概算达6.25亿元。

(二)大数据有效赋能传统产业转型

我国大数据应用市场的蓬勃兴起,使得大数据相关领域的新技术、新模式、新业态快速渗透到国民经济生活的各个领域,数据驱动创新成为商贸、食品、养殖、金属加工、装备制造等传统产业转型升级的有效路径,涵盖各个实体经济领域。在利用商业大数据变革传统服务领域方面,基于大数据的支付系统让中国移动支付领先全球,数据驱动的精准营销、精准服务被广泛应用。在利用大数据改造提升传统

---

① 数据来源:中国工业和信息化部总经济师王新哲22日在国务院新闻办发布会,中新社北京3月22日。

制造业方面,我国积累了大量经验,涌现出中策、恒逸、红领、传化等大量典型案例,并正在通过加快工业互联网、工业大数据、工业云的协同发展,探索数据驱动互联网与制造业融合的新机制与新模式。

(三)大数据产业带来区域平衡发展机遇

数字经济面前的机会均等让区域发展站在了同一起跑线上。一方面,大数据打破了战略性资源布局的格局,让传统资源不占优势的地区也能获得广阔的发展空间。以浙江省为例,依托大数据领域的创新与话语权,"资源小省"有望成为"数据资源大省",进而推动建设"数字经济强省"。另一方面,推动大数据产业的创新发展成为解决区域间不平衡不充分发展矛盾的关键手段,帮助传统经济基础相对薄弱的区域实现"弯道超车"。以贵州省为例,从 2015 年贵阳首个大数据产业发展试点示范区开始,贵州在全国乃至全球大数据基础设施、大数据交易中心建设方面异军突起。2017 年,全国各省(区、市)大数据发展指数排名中,贵州位列第 11 位,远高于其 GDP 排名的第 25 位;在十大最具影响力的地方大数据政府机构中[①],贵州省就占据 5 席。大数据已经成为贵州走向世界的一张新名片。

(四)大数据重新定义创新创业

近年来,大数据成为创新创业领域研发团队、市场主体和投资者关注的焦点,"双创"领域已经离不开大数据的关键支撑。个性化定制、网络协同制造、服务型制造、分享经济、O2O、AR、VR、区块链等双创领域最热门的主体,均与大数据应用紧密相关。2017 年独角兽企业名录的 164 家企业中,提供大数据服务或利用大数据开展业务的企业占绝大多数,蚂蚁金服、滴滴出行、陆金所等排名靠前的企业更是

---

① 数据来源:国家信息中心 2017 年发布。

数据驱动创新的佼佼者。大数据服务与大数据中心也成为互联网双创平台和各类众创空间的标准配置。大数据不仅为变革式的商业模式提供了实现手段，更推动不同业态、不同领域的融合，正在催生大量的互联网创业新军。

二、国内大数据产业创新发展的问题与挑战

(一)数据应用创新价值有待评估定义

大数据创新目的是让数据实现应用价值和增值，但数据不同于传统商品有成本和品牌溢出等，容易实现价值定义。大数据拥有异构、多源、实时的特性，数据的类型、周期、粒度均会影响硬件及人工成本，同一大数据集针对不同场景、不同用户、不同算法的应用价值也存在巨大差异，造成了应用前景和成效难以评估。从商业化创新来看，大数据的需求决定价值，亟待构建以需求为中心，大数据采集、处理、分析、应用创新相结合的数据价值评估体系，进而打造安全可控、相对开放、氛围活跃的大数据产业创新体系。

(二)数据权属和创新知识产权有待进一步明晰

当前，大数据的开放、流通限制是实现大数据创新和探索研究的关键瓶颈，特别是数据权属配置、基础数据的用户与加工处理数据的企业之间的利益界定、数据跨境传输的信息安全风险和监管、个人信息保护等问题。然而，我国与大数据采集、处理、挖掘分析和应用呈现等环节相关的行业标准、管理机制和法律法规尚未成熟，加快明晰大数据的所有权和创新知识产权，实现数据的有效利用和增值，同时又有效保护每位消费者、用户的隐私，是实现大数据产业跨越发展的关键节点。

(三)大数据融合创新应用知识有待沉淀

数据价值的充分挖掘是大数据产业突破升级的关键,在激活大数据价值驱动能力的过程中,各行业应用的知识模型和软交化表达至关重要。我国在电子商务、互联网等新兴领域的大数据应用水平全球领先。然而在大数据应用需求强烈的传统产业领域,体系化的知识和技术相对缺失,造成了大数据在融合领域的创新效率受到影响。例如,在制造业领域,我国仍然处于大而不强的状态,产业门类齐全但技术体系零散,工业知识和机理模型积累时间较短,工业软件领域还没有打破国外垄断。

(四)大数据基础研究载体有待进一步强化

对标欧美,我国大数据产业仍处于起步发展阶段,高校和科研机构在大数据基础研究领域存在沉淀不深、创新载体缺乏、应用脱节等问题;在大数据相关的核心芯片、数据库及数据挖掘、分析算法等技术领域,处于支配地位的领军企业均为国外企业,特别是在非结构化和半结构化数据处理、复杂性特征描述的刻画方法及大数据的系统建模、大数据知识发现与管理决策等方面。在"大数据热"的环境下,大量大数据企业、创新载体和平台等不断涌现,也存在一批企业借大数据概念热潮投机炒作,总体注重商业模式创新、关键核心技术缺失等问题严重,行业发展环境良莠不齐,亟须规范。

(五)万物互联带来的数据安全有待进一步加固

万物互联的 DT 时代到来,数据及其应用皆呈指数级增长态势,与各领域的融合加快深化,大数据中"大"的标准正在快速刷新。这使得数据安全面临巨大的挑战,特别是近年来物联网设备协议简单,易于攻击,造成风险点增多、安全事件频发的局面。当企业用数据挖掘和数据分析获取商业价值时,黑客可利用大数据分析向企业发起攻击;社交网站、自媒体的隐私数据也极易被不法商家利用。大数据安全的"盾"和"矛"博弈持续升级。

三、国外推动大数据产业创新发展的主要经验

自"大数据"概念在 2009 年兴起之后,世界各国制定了一系列推动大数据产业创新发展的政策,加快全球大数据产业从概念到落地,驶入发展的快车道。例如,美国在 2011 年就成立了"大数据高级指导小组",并于次年推出《大数据研究和发展倡议》,秉承政府规范、市场主导的原则,推动大数据领域创新;英国在 2012 年发布新的政府数字化战略,成立数据战略委员会,2013 年出台了《把握数据带来的机遇:英国数据能力战略》,注重对于大数据科学的底层基础建设和人才培育;欧盟大力推动"数据价值链战略计划",资助"大数据"和"开放数据"领域的研究和创新活动。这些国家推动大数据产业创新发展的举措可以概括为以下几个方面。

(一)制度法律先行,清除开放障碍

法律与制度先行已经成为大数据产业健康发展的先决条件。美国发展大数据产业的优势就来自于其完善的法律法规体系,自 20 世纪以来,美国就先后出台了针对数据收集、发布、使用和管理等诸多环节的系列法规,经过多年的不断补充与完善,已形成了完整严密的市场游戏规则。英国则早在 2000 年就制定了《信息公开法》,推动开放数据战略,2010 年英国首相又指定各部公开数据,要求每个政府部门均要制定开放数据战略,激发民间商业模式创新。欧盟数字议程为了推动 2011 年提出的开放数据战略,修订适应信息再利用的法律框架,并动用金融工具,支持建立"欧洲经济数据门户网站"。日本在持续推动数据开放的同时,于 2017 年

明确提出运用《独占禁止法》对"数据垄断"行为进行规制的主要原则和判断标准。大数据标准、数据开放、数据权属、数据安全等产业发展的关键议题均有赖于法律与制度保障,只有完整、成熟,并且形成统一逻辑的制度体系才能保证创新活动顺利、高效地开展。

(二)推动公私合作,加强协同创新

推动大数据创新,需要政府、学术界、企业界及产业生态中各利益相关方形成合力。美国在《大数据研究和发展倡议》中提出对联邦政府、行业、科研院校和非营利机构的全体动员,并在公共大数据领域率先实现多元化合作:美国国家卫生研究院的国际千人基因组项目,由亚马逊云服务提供支持;Opower使用大数据提高消费用电的能效,可每年为美国节省5亿美元。欧盟则在2015年正式启动大数据公私合作伙伴关系计划(cPPP),该计划囊括欧洲所有的数据相关大型企业及科研机构,并在2016年至2020年间投资25亿欧元推动大数据创新,其中欧盟委员会利用"地平线2020"科研规划提供5亿欧元投资,私营合作伙伴则将投资超20亿欧元。欧盟还建立了跨组织、跨部门、跨学科的"创新空间",作为大数据研发创新的枢纽和基础平台,集成技术、工具、应用和商业模式孵化,并确保私有和开放数据源的可用性、完整性和保密性,构建起高效的协同创新环境。区域协同、政企协同、产用协同将是大数据国际竞争的必然选择。

(三)健全产业链条,集聚创新主体

欧美地区在推动大数据产业创新过程中,强调产业链的完整性,围绕产业链构筑创新网络。欧盟在2014年发布的《数据驱动经济战略》中提出了"数据价值链战略计划",推动数据全生命周期的每一个阶段产生价值,以创新产品和服务形式实现利用与再利用,进而以数据为核心构建连贯性欧盟生态体系。美国大数据产业的发展也得益于活跃的创新主体和完整的产业链条。首先,在拥有谷歌、微软、EMC、亚马逊、Splunk 等互联网巨头的同时,高度重视对大数据创新的投入,资助大数据相关竞赛,为高等院校提供研究资金,投资建立实验室,收购大数据企业实现技术整合;其次,以硅谷等集聚区为代表,不断涌现的初创企业成为驱动产业创新的重要动力,并且得到资本市场青睐,形成良性循环的创新链条;最后,制造企业重视大数据应用研究,福特汽车就在硅谷创立实验室,处理 400 万辆汽车的数据。以集聚不同类型、不同环节的主体健全产业链,以完整的产业链吸引更多主体集聚,成为产业发展壮大和保持创新活力的关键。

(四)重视项目承载,聚焦先进技术

国外的大数据发展往往以先进技术研发为基础,以创新型项目为推动的载体与抓手,通过技术变革驱动产业发展。欧盟在构建大数据创新空间时,采取以基础技术支持为主题的"科技项目"和以大规模数据驱动示范的"灯塔项目"相结合的方式,对大数据创新研发进行资助,并计划以 30 亿欧元经费推动公共资助项目研究数据的开放。欧盟还确定了优先发展的五项技术领域,分别是深度分析、优化架构、隐私和匿名机制、可视化和用户体验、数据管理工程。美国政府自发布大数据战略以来,也专注于投资科技研发,将产业应用发展交由市场自主进行。美国通过科教、国防、卫生、能源、地质部门的政府项目拓展大数据研发领域,2012 年首批投入 2 亿美元,专注于科学发现、环境与生物医疗研究、教育和国家安全能力等领域。可见,欧美在关注技术研发的同时,政府投资的领域也相对聚焦,弥补了企业和市场层面对于基础研究、尖端研究、公共安全研究的相对不足。

(五)完善基础设施,优化数据平台

大数据产业创新体系的发展有赖于强有力的信息基础设施保障和数据平台支

撑。美国自 20 世纪 90 年代起实施"信息高速公路"计划,当前已拥有完善的网络基础设施,并将其作为战略资产进行保护;美国注重在各领域建设数据中心,早在 2007 年沃尔玛就建成了存储能力在 4PB 以上的超大数据中心。英国在医疗、环境、农业、艺术、生命科学等方面具有有悠久的规范研究历史,部分领域的详尽统计数据可追溯到百年前,为英国大数据创新提供了规范和完备的数据基础。欧盟通过欧盟竞争与创新计划(CIP)、连接欧洲设施(CEF)、"地平线 2020"等加强科研数据基础设施、推动全欧洲数据开放,并在 2012 年建立欧洲开放数据门户网站,使公共数据易用可用,在 2013 年建立泛欧洲的数据门户网站,允许访问整个欧盟的机构数据。此外,欧盟高度重视相关高性能基础平台的建设,通过"释放欧洲云计算服务潜力"战略加强云服务资源的提升,通过"高性能计算战略"支持可扩展的高性能计算系统,如 micro-server/form-factor 数据中心的建设,为大数据产业创新发展提供了完整的基础服务支撑体系。

四、推动大数据产业创新发展的思考

(一)加快大数据立法和标准化

当前,我国正在制定出台一些大数据相关的行业标准和规章制度,应当深化网络强国战略,通过法律手段,推动数据的开放与开发利用,以《网络安全法》《电子签名法》等为基础,加强大数据领域顶层设计,进一步建立以一部大数据法律为统领、多种法规和标准相辅相成的体系,涵盖数据采集、传输、加工处理、应用呈现和解决方案等关键环节,明确数据权属、数据流通和交易、数据应用与转化、个人信息保护等关键问题,并在局部地区和行业开展先行先试,探索"数据物权法"等数据资产领域的法律规章,推动社会公众、企业机构等各方主体切实在自身权利义务范围内进行行为决策,加强承担责任的意识,促进产业持续健康发展。

(二)加快打造一批全球领先的大数据基础创新载体

从全球大数据产业的发展来看,大数据的核心关键技术大部分掌握在 Google、Amazon、Cloudera、Splunk 等国外龙头企业手中。我国在大数据基础技术领域的研发机构和企业存在"质"和"量"均不足的情况,亟须成立专项基金,支持以国内龙头企业为主体,与高校、科研机构等联合建设一批高水平创新载体,打造全球顶尖的大数据实验室、大数据计算和应用模拟装置等,加强基础技术研究。同时,鼓励大数据领先企业围绕自身生态,打造技术开源社区,通过开源项目的方式推动技术创新,并要求获得政府资助的项目将创新成果通过开源方式向全社会辐射,逐渐形成一套高效运转的大数据研发和产业化路径。

(三)构建各方参与的应用创新网络

围绕大数据应用创新的价值链环节,加强政企之间、企业之间的合作与分工,共建活跃的创新创业大数据产业生态。政府方面,重点建立跨部门协同工作机制,在人才培养、基础设施建设、资金扶持、项目规划、合作环境搭建等方面发挥基础保障作用。企业方面,应以服务为导向、技术为工具,强化技术创新能力、应用服务能力、协同共享能力、安全可控能力,实现"平台即服务、技术即服务、数据即服务",推动大数据技术产品、应用模式、商业模式融合、创新和发展。

(四)加强新技术应用,促进产业创新融合发展

大数据更多的时候是工具和资源,是数字经济的基础,是经济新动能的桩基。推动大数据与人工智能、云计算等技术融合,根据不同行业、不同应用场景,挖掘分析数据,开展智能运维、智能决策等服务,实现数据增值。加快区块链技术的应用,

解决大数据在开放、流通和交易等环节的信用体系问题。同时，在应用于金融、电商、电信、政务等领域的基础上，重点强化工业、教育、医疗等领域深度应用。鼓励大数据技术企业不断提升大数据平台和应用的可用性和操作便捷程度，优先支持面向传统企业的产品、服务和解决方案的开发，简化大数据底层烦琐复杂的技术，便捷大数据应用的部署。

(五)加强数据治理和数据安全保护

大数据的开放创新与安全隐私保护一直是大数据产业发展过程中的两面，需要在不断的平衡中，寻求创新突破发展。政府要加大对大数据安全保护的宣传力度，普及大数据安全风险，提高民众的安全意识，同时要加强数据监管和治理，确保企业无法泄露用户隐私，加快互联网法院等的建设完善，推动相关事件快速有效处理。企业和平台要加强对大数据安全技术的应用，以技术为依托，确保大数据信息在存储、传输、处理过程中的安全性，保护用户的财产和隐私安全。

根据中国网络空间研究院"我国大数据产业创新体系研究"

课题阶段性报告修订

世界互联网大会五岁了

时光流转，初心不变。在互联网快速发展迭代的潮流中，世界互联网大会已经走进第五个年头，今年迎来了五岁生日。在这五年时间里，世界互联网大会经历了规模不断壮大、规格不断提升、成果越发丰硕、影响日渐深入的成长过程，可以说今天的乌镇已经成为全球互联网世界的一艘"红船"。

一、时光流转，我们一直在突破

2014年，基于互联网产业蓬勃发展和互联网治理刻不容缓的双重背景，中国政府首倡世界互联网大会的提议被通过。这既是时代的必要性也是时代的必然性，世界互联网大会从此落户这个江南小镇。每一届大会都在成长、进步、发展，也都体现了乌镇鲜明的特点。

回顾前四届大会，每一届都成为全球互联网事业发展的历史记忆和重要推动力量。第一届大会呈现出了四个"第一次"：第一次由中国举办世界互联网盛会，第一次汇集全球网络界领军人物共商发展大计，第一次全景展示中国互联网发展理念和成果,以及第一次以千年古镇命名世界网络峰会。第二届大会展现出了四个"更加"：更加大的规模、更加广泛的代表、更加丰富的内容以及更加"智慧"的会议。第三届大会以"创新驱动造福人类——携手共建网络空间命运共同体"为主题,充分体现了在互联网领域中国已经从理念和思想上成为"全球担当"。第四届大会主题突出,内容丰富、话题新颖,成果丰硕,贡献了中国智慧和中国方案。可以发现,每一届峰会都在不断创新,不断突破。

二、规格不断拔高,吸引全球目光

首届世界互联网大会得到了全球上百个国家和地区的上千名政经领袖与学者的积极响应,国家主席习近平致贺词,国务院总理李克强出席会议并作主旨发言；第二届大会层次更高、规模更大,国家主席习近平亲自出席并作重要讲话,有 2000 多名中外嘉宾与会,其中有 8 位外国领导人、近 50 位外国部长级官员前来参会；第三届、第四届大会更加成熟,习近平主席通过视频致贺词,共有来自五大洲 110 多个国家和地区的总计 1500 余名代表参加峰会。可以说乌镇已经成为互联网领域的"联合国"。

从"世界互联网大会"这一关键词的百度搜索大数据看,2014 年 11 月 16 日有相关词条 17598 条,而 2015 年 12 月 16 日多达 22399 条,2016 年 11 月 16 日则有 16662 条,2017 年 12 月 4 日达 25297 条。由此可见,世界互联网大会的反响日趋热烈,除了国内外主流媒体的普遍关注,普通民众也对世界互联网大会有了一定的了解和认知。

三、内容日益丰富,形式日渐灵活

首届大会就围绕多个议题开设了多个专题论坛,分别涉及网络安全与网络治理、网络文化传播、互联网创新发展、数字经济合作、互联网技术标准等前沿热点问题;第二届大会新增了"互联网之光"博览会,充分展示了中外互联网前沿科技和最新技术成果;第三届世界互联网大会更是增加了全球互联网领先科技成果的评选与发布环节,评选互联网科技发展领先成果;第四届世界互联网大会在第三届的基础上不断完善、不断深入,引入智慧化服务项目。

在第一、第二届大会的基础上,集全球互联网经济领域的众家之长,结合国家互联网事业的"十三五"规划研究成果,第三届大会发布了成果性文件《2016年世界互联网发展乌镇报告》,该报告作为会议总结,对未来互联网发展与治理进行展望,引起各方高度关注与热烈讨论。第四届大会发布蓝皮书《世界互联网发展报告2017》和《中国互联网发展报告2017》,客观全面展现世界各国互联网的发展实力和发展特点,以及中国互联网的发展现状和未来的态势,为全球互联网治理贡献中国智慧。

四、坚守信念,不变初心

在首届世界互联网大会上,国家主席习近平在贺词中指出,"互联网真正让世界变成了地球村,让国际社会越来越成为你中有我、我中有你的命运共同体,同时,互联网发展对国家主权、安全、发展利益提出了新的挑战,迫切需要国际社会认真应对、谋求共治、实现共赢"。这句话道出了世界互联网大会的举办宗旨,即搭建中国与世界互联互通的国际平台和国际互联网共享共治的中国平台,其愿景是希望通过对话和沟通,谋求共同构建和平、安全、开放、合作的网络空间,探索建立多边、民主、透明的国际互联网治理体系。

每一届大会的主题都一脉相承,旨在搭建全球性的共享共治的"网络空间"。每一届大会的主题均在结合时代特征的基础上不断丰富"网络空间命运共同体"的内涵。我国在首倡世界互联网大会以及举办过程中,从未改变初衷,一直坚持搭建共享共治的互联网国际平台。

世界互联网大会已经五岁了,每一次时针拨向"乌镇时间",都代表着一轮新的创新和突破。在聚众聚力、励志前行的路上,世界互联网大会一直坚守"互联互通、共享共治"的初心,致力于构建全球化"网络空间命运共同体",一直倡导"四项原则""五点主张"。

我们坚信,世界互联网大会的未来一定更加光明!

原载《浙江经济》2018 年第 20 期

云栖大会成长的逻辑

9月的杭州云栖小镇，迎来了2018年的云栖大会。全球一大批数字经济领域的大咖云集云栖小镇，参会国家和地区达到64个，与会代表超过6万人，充分体现了云栖的人气指数，用"爆棚"两个字都难以准确形容。浙江省省长袁家军亲临大会并发表了《勇当数字中国的先行者》主旨演讲，描绘了浙江数字经济发展将加快建成数字产业化发展引领区、产业数字化转型示范区、数字经济体制机制创新先导区和具有全球影响力的数字科技创新中心、新型贸易中心、新兴金融中心的"三区三中心"的蓝图，把大会的气氛推到了新的高度。

从2009年首届站长大会的200人，到2018年云栖大会的6万人，仅仅从会议规模上看，增长幅度达到300倍，这是云栖大会区别于其他会议的另一道风景。到底是什么力量在推动这个大会如此快速地成长成为与会人员在参加云栖大会、分享黑技术以外的另一个热点话题。一个肯定的回答就是"市场机制"。充分运用市场机制，实现从"要我参会"到"我要参会"，成为云栖大会能够快速成长最大的基因。这种会议的机制和很多会议有着本质的区别，这也是会议外的话题同样引人注目的重要原因。一个很值得关注的现象是，参加云栖大会的所有成员，必须网络注册、网络买票，其中会议中心即场地 CBD 的网络票价高达 5000 元，但仍然被"秒杀"。系统地分析云栖大会的成长逻辑，至少有以下四个因素。

一是会议充满了时代的气息。正如阿里 CEO 张勇在会议发言时所言，阿里巴巴永远看的是如何把握时代最前沿的技术，阿里也永远是一家技术公司。近几年每年的云栖大会，都是技术大咖展示"拿手好戏、看家本领"最好的场景。在每一个展台、每一个会场，所有参加会议的人员，都能够体会到各种黑科技带给人们工作、生活的一场场"革命"。如果说从 2010 年杰里米·里夫金教授的《第三次工业革命》到克劳斯·施瓦布的《第四次工业革命》，是在理论上清楚地描述新一代信息技术进步的轨迹，那么现实场景中的这种"工业革命"，在云栖大会是一种实实在在的工作、学习和生活体验。

二是会议充满了青春的活力。无论是十年前的首届站长大会，还是现在的云栖大会，甚至是同样有云栖影子的 2050 大会，在这里参加会议的主体都是同一个群体——年轻人。都说"少年强则国强"，这个时代最具有创造力的主体毫无疑问是年轻人。在会议上，每一张青春的面孔，都可能是下一个马云、下一个王坚。最大限度地让年轻人成为会议的主人，是云栖大会十分靓丽的风景。

三是会议充满了思想的味道。从本质上看，所有的展会都在做同一件事情——"买卖"，古今中外均如此。但是在云栖大会，与会者"谈想法"的似乎更多，"聊生意"的反而更少。一起交流技术、共同畅想市场、寻找合作团队，这样的模式在大会的每一个角落司空见惯。如果用一句话来概括，那就是"云栖，一场思想的盛宴"。从找技术、找产品，到找创新团队、找合作机会，这是云栖大会和其他技术展示大会最大的不同。当"平头哥"隆重登场的时候，当"新制造"刷屏的时候，与其说云栖大会在做新技术、新模式的展示，不如说是对新一代信息技术与数字经济发展的一种思考。云栖大会也许将来就是一场"思想的盛宴"。

四是会议充满了国际化的基因。走遍国内的每一个会场，听到的都是熟悉的普通话,看到的都是中国人。但是,每年的云栖大会,人们都会看到不一样的人群,听到不一样声音。在云栖大会上,你能看到讲着地道的英式英语、美式英语的外国人,中文讲得最好的外国人,外文讲得最好的中国人,当然还有讲中文的中国人。如果你正在研究各国语言文化,在云栖大会上也许会有意想不到的收获,这也是云栖大会别样的风景。

时代的气息、青春的活力、思想的盛宴、国际化的基因,云栖大会总是让人有多种多样的收获,而这些正是云栖大会的核心竞争力。

期待云栖大会能够开成百年老会!

原载《浙江经济》2018 年第 18 期

"双 11"十年记

2018 年天猫"双 11"全球购物狂欢节精彩落幕,全天成交额突破 2000 亿元大关,再创历史新高。与此同时,全天物流订单量达到 10.42 亿笔,迈入 1 天 10 个包裹的时代。从 2009 年到 2018 年,"双 11"已经成为这个时代社会生活的重要组成部分,它不仅是"买买买"的代名词,更是技术改变社会、科技重心定义经济的最好案例。

一、回首:"双 11"依然精彩

亮点纷呈,续写商业新高度。2018 年天猫"双 11"全天成交额 2135 亿元,再创新高,与 2017 年"双 11"的交易额 1682 亿元相比,增长了 26.93％。物流订单量达到 10.42 亿笔,首次超过单日 10 亿大关,迈入 1 天 10 亿个包裹的时代。此次"双 11"共有 18 万家品牌参与,国际品牌占比超过 40％,237 个品牌成交额过亿,吸引了 222 个国家和地区的消费者参与。60.3％的交易通过指纹、刷脸支付完成,标志着生物支付时代的到来。全天实时计算处理峰值达到每秒 17.18 亿条。

全线互通,形成线上线下联动。阿里巴巴数字经济体业务全面集结,淘宝、天猫、闲鱼、飞猪、优酷土豆、虾米音乐、UC 等应用,盒马、口碑和饿了么商家等线下门店资源,以及银泰商场、居然之家、大润发等商场全面参与,形成覆盖线上线下的立体网络。有关数据显示,共有遍布全国的 100 个核心商圈、20 万家新零售门店、62 家银泰百货、41 家居然之家、近 100 家盒马鲜生、470 余家新零售商超、100 万家饿了么和口碑商家参与了 2018 年线下的活动,形成了新零售发展的新格局。

全景布局,构筑多元化商业场景。2018 年 10 月份,阿里巴巴宣布"饿了么"和"口碑"合并组建本地生活服务公司,这意味着在新零售取得丰硕成果后,本地生活服务已成为未来阿里巴巴生态战略的新高地。2018 年的"双 11"是阿里巴巴本地生活服务业务的第一次参与,突破以往单纯的购物场景,加速向餐饮、娱乐、出行、健康等本地生活消费场景渗透,传统零售的边界不再清晰,吃喝玩乐购一站式打通,形成从衣食住行到吃喝玩乐、覆盖日常生活消费的全方位场景。

二、洞察:"双 11"十年看中国

"双 11"的发展可概括为三个阶段:第一个阶段是从 2009 年到 2012 年的四年,这是属于电商时代的四年,也是电商粗放式增长的四年,这四年成交额呈现每年倍增的态势;第二个阶段是从 2013 年到 2016 年,这四年是"双 11"转型时期,努力追求内涵发展、生态构筑、消费升级等;第三个阶段是从 2017 年至今,在"五新"战略驱动下,"双 11"开启新零售时代,呈现线上线下融合、全景布局发展格局。十年"双 11",见证着中国新商业的颠覆式变革。

纵观十年,"双 11"见证了中国商业变革和消费变迁的澎湃动力。"双 11"销售额从 0.52 亿元发展到 2135 亿元,增长超 4000 倍,呈现几何数字增长,发展成为如今商界的奥林匹克以及全球购物狂欢节,折射出我国商业发展的巨大活力。这十年,"双11"从最初的"一元秒杀""全场五折"等促销活动开始向线上线下互动、消费场景互联等品质消费升级,参与品牌从27家到18万家,国际品牌成交占比超四成,折射出中国消费变迁之路。这十年,O2O、移动支付、菜鸟物流、新零售、生物支付这些新业态新模式不断涌现,线上与线下从对抗走向融合,线上巨头开始整合线下门店资源,线下门店开始利用线上打造全渠道。这十年,中国的物流、支付、云计算等新商业基础设施不断完善。2013年,送达1亿个包裹需要9天;而到2018年,仅用2.6天,天猫"双11"包裹签收量破亿件。

这十年,见证了中国互联网和数字经济发展的巨大活力。这十年,是新一代信息技术快速迭代、数字化浪潮汹涌的十年,我国积极拥抱互联网、拥抱数字经济,日益发展成为互联网和数字经济新兴大国。目前,我国数字经济规模达27.2万亿元,位居世界第二位,数字经济对GDP增长贡献率达55%;固定宽带接入用户总数达3.78亿户,4G用户数达11.1亿户。这十年,我国数字化、网络化、智能化加速向各行各业全面渗透、跨界融合,传统行业不断加快数字化转型,阿里巴巴、腾讯、百度等互联网企业也通过不断整合生态圈上下游业务,构筑开放融合普惠的经济体。

三、展望:数字经济时代的电商下半场

新零售点亮商业未来。新零售以全渠道和多场景为核心,利用大数据等技术来推动"人货场"重构。随着云计算、大数据、人工智能、虚拟现实等技术应用创新,新零售引领未来商业发展,线上巨头整合线下实体步伐不断加快,线下实体数字化改造也将全面提速,线上与线下将进一步打通。消费场景向沉浸式、智能化发展,线上巨头将整合生态圈资源,加速向餐饮、娱乐、出行、健康等本地生活消费场景渗透,形成集吃喝玩乐购于一体的大零售格局。

数字赋能加快经济数字化转型。数字化、网络化、智能化浪潮将深入推进,数字技术将呈现多领域、群体性突破创新,并加快向各行各业全方位、全角度、全链条式渗透与改造,产生放大、叠加、倍增的作用,产业组织形态和实体经济形态不断重塑。此外,随着线上巨头对生态圈内部资源的全面整合及对外开放和输出,互联网平台将全面赋能品牌、商家和企业完成数字化转型,且将加快向产业上游渗透,助推产业数字化,构建更加开放融合、普惠共赢的经济体。

因为相信,所以看见。十年前因偶然而起,十年后已然成为全球的商业神话。这十年发生很多改变,如果站在历史的角度,精彩才刚刚开始。

原载《浙江经济》2018 年第 22 期

第四篇

从『转型』到『跨越』：翻开高质量新篇章

党的十九大报告指出,"我国经济已由高速增长阶段转向高质量发展阶段"。回顾改革开放以来浙江走过的历史轨迹,在"三步走"战略的第一个30年,浙江经济很好地实现了从"小"到"大"的跨越,在中国经济百年崛起的第二个30年,浙江经济的目标是实现由"大"到"强"的跨越,这是浙江经济在全新时代背景下的必然选择。本篇以构建现代化经济体系为切入点,明确了现代化经济体系建设对浙江经济实现跨越式发展的重要现实意义,列举了代表性区域在新经济时代下提升创新能力的探索实践,提出了浙江加速高质量发展的一系列重点方略。

围绕资源配置效率,聚焦于杭州全要素生产率的分析,提出供给侧结构性改革是推动浙江经济实现高质量发展的内在需求。围绕区域创新水平,对比了浙沪苏皖的创新能力水平,通过借鉴沪苏皖创新驱动发展的典型做法,有针对性地提出适合浙江的区域创新发展战略。围绕创新发展路径,提出关注源头技术创新、建设创新服务综合体与创新孵化平台对提升我省创新能力与水平的重要意义,在此基础上,提出技术创新与模式创新的基本特性以及对于我省建设现代化经济体系的重要价值。围绕践行国家战略,对浙江坚定实施军民融合发展战略、"一带一路"倡议、长江经济带建设战略的发展轨迹进行了回顾。提出了浙江深度推进军民融合产业发展的对策建议;总结了浙江全面参与"一带一路"建设的新方略、新行动、新跨越、新发展;回顾了浙江民营企业高质量参与长江经济带建设取得的丰硕成果。

迎接经济新时代

2017 年金秋十月,有两件事可以说是全国关注、全球瞩目的。第一件事是 10 月 18 日党的十九大在北京隆重举行,第二件事是阿里巴巴成立 18 周年,5 万多"阿里人"云集西子湖畔庆生。如果把两件事放到历史的维度加以考察,并且用一个字来表达的话,那就是"新"。中国的经济社会真正开启一个崭新的时代——中国经济新时代!

回顾中国经济的历史轨迹,在近几年的主流媒体上,以经济新常态为主要说法,成为观察中国经济最大的亮点;回顾改革开放几十年的历程,在经历了"三步走"战略的第一个 30 年中,中国经济以两位数字以上的增速"高速"发展。但是,在 2008 年金融危机后,中国经济开始呈现出"中高速"的明显趋势。国家把对经济发展更多地追求"中高端"发展目标作为经济结构调整的重要导向。特别是 2014 年第一届世界互联网大会以来,国家顺应科技革命和产业变革的趋势,抓住大数据、云计算、物联网、移动互联网等为主要标志的新一代信息技术的产业发展机会,深入实施两化融合,加快推进"互联网+",大力发展数字经济,促进经济发展从速度型向质量型转型,成为创新驱动发展的重要标志。

回想起 1999 年 3 月在西子湖畔成立的阿里巴巴,还是一个只有"十八罗汉"、50 万元投资的小型创业公司,到 2014 年在美国成功上市,再到如今成为市值一度突破 4700 亿美元、拥有 5 万多名员工的超级大公司,其发展速度之快、效益之好,超过任何一家世界 500 强企业。阿里巴巴已经成为中国梦的重要标志性公司和这个时代的标杆企业。在阿里巴巴十八周年庆典上,人们印象最深的一句话就是"感谢这个伟大的时代",这是全体阿里人共同的心声,赢得了阿里巴巴全体高管和员工的一致点赞! 时代的机会告诉人们,即使马云不创办阿里巴巴这样的公司,也会有王云、张云创办"芝麻开花"这样的超级公司。阿里巴巴的成功是马云所带领团队的巨大成功,更是这个时代中国改革开放所取得的巨大成功。改革开放以来,中国的世界 500 强企业已经超过 100 家,这就是最好的证明。

继往开来,站在历史的节点上,回顾总结中国经济发展的轨迹,中国经济发展已经开始进入一个新的历史阶段。党的十九大报告明确指出,"中国特色社会主义进入新时代,我国社会主要矛盾已经转化为人民日益增长的美好生活需要和不平衡不充分的发展之间的矛盾"。

迎接中国经济的"新时代",在浙江的实践,就是产业的新内容、空间的新布局、市场上的新主体、政府引导上的新举措、理论研究上的新总结。作为中国改革开放的模范生,浙江经济在改革开放的第一个 30 年,很好地实现了从"小"到"大"的跨越。在中国经济百年崛起的第二个 30 年,浙江经济的目标是要实现由"大"到"强"的跨越,这是浙江经济迎接新时代的必然选择。

新时代的浙江经济,必须要大力推进传统产业的改造,充分发挥浙江省传统块状经济发达、特色优势产业明显的长板,从腾笼换鸟、机器换人、电商换市、空间换地的"换"中,推进产业发展进入"中高端、中高档"。大力推进"机器人＋""互联网＋""大数据＋""标准化＋",在"＋"中,体现出浙江经济创新驱动的乘数效应。只有把传统产业改造这篇文章做好了,浙江经济才能进入新阶段。可以这样说,没有传统产业的现代化,浙江就很难有真正意义上的两个"高水平"。

如果说传统产业的改造提升是浙江省经济优势"存量"的优化,那么新产业的培育,就是"增量"的发展。顺应中国经济新时代,在高度重视浙江省传统产业改造的同时,要在更大程度、更大范围培育发展新兴产业,把推进新经济的快速发展作为产业结构调整优化、新旧动能转换的重要切入口加以落实。身处中国数字经济的第一方阵,浙江省要把数字经济放到更加突出的位置,努力把杭州国家自主创新示范区、宁波中国制造2025示范城市等建设和大湾区、大通道、大花园的建设密切结合起来,把世界互联网大会、G20杭州峰会以及2022年亚运会所带来的新机会效用发挥到最大,为浙江经济迎接新时代、引领新时代注入更多、更大的新动力!

不断导入现代元素　力争在现代化经济体系建设中走在前列

党的十九大报告明确指出："我国经济已由高速增长阶段转向高质量发展阶段，正处在转变发展方式、优化经济结构、转换增长动力的攻关期，建设现代化经济体系是跨越关口的迫切要求和我国发展的战略目标。"学习贯彻党的十九大精神，必须深刻领会现代化经济体系建设目标提出的深刻历史背景、建设内涵、主要路径，全面把握我国现代化经济体系建设的主要任务，加快建设和完善现代化经济体系，用经济体系的现代化支撑国家的现代化和民族的复兴大业。

对浙江来说，必须牢牢抓住现代化经济体系这个核心，不断导入各种"现代"元素，激活创新元素、转化创新成果，用产业和经济的现代化，支撑"两个高水平"。

一、现代化经济体系建设的历史方位

100 多年前，梁启超先生说中国的发展要经历三个阶段：中国的中国、亚洲的中国、世界的中国。从全球看，所谓经济体系，是世界各国、各地区通过密切的经济交往和国际经济协调,在经济上相互联系和依存、相互渗透和相互竞争制约,形成世界经济从资源配置、生产到流通和消费的多层次、多形式的交织与融合,构成全球经济的有机整体。近代以来,中国由于经济的"贫、穷、弱、小",在全球经济体系中,只能是"亚洲的边缘、世界的角落"。

中国经济命运的彻底改变,从改革开放开始。党的十一届三中全会决定把党和国家的工作重心转移到经济建设上来,开启了中国现代化经济体系建设的伟大征程。在党的十三大上,党中央提出了实施"三步走"的发展战略。在中国经济百年崛起经过了"三步走"战略的第一个 30 多年后,到 2010 年我国经济总量超过日本,成为全球第二大经济体。21 世纪以来,中国对全球经济增长的贡献率超过30%,制造业的规模占全球的四分之一。我国是全世界唯一拥有联合国产业分类中全部工业门类的国家,有 220 种工业产品产量居世界第一。在伟大的改革开放进程中,我国开始从第二次工业革命向第三次工业革命迈进和跨越,中国开始逐步走近世界舞台的中央。

中国经济发展所取得的成就,不仅仅体现在"中国制造"的产业创新上,更体现在金融创新和制度创新上。在世界地区性的经济体系中,由中国主导的亚投行成为继欧洲复兴开发银行、亚洲开发银行之后重要的主导全球经济体系的新动力。中国倡导的"一带一路"建设、基于互联网经济发展、打造人类命运共同体等,已经成为自 2008 年国际金融危机以来全球经济体系重构的重要支撑力量。2016 年,中国人均 GDP 达到 8866 美元,曾经的"世界工厂"现在已经成为全球最大的市场。

随着中国经济对全球贡献的不断增大,分量不断提升,中国不断贡献中国方案、中国经验,在全球治理体系、治理结构中的中国元素越来越多。可以预见,未来将会有越来越多的中国元素成为全球经济体系的重要组成部分。中华民族的千秋伟业,将来会从"中国的中国、亚洲的中国、世界的中国",逐步走向"中国的世界"!这是理解党的十九大建设现代化经济体系重要的历史新方位。

二、现代化经济体系建设的基本维度

在深刻领会现代化经济体系建设历史新方位的基础上，要准确把握现代化经济体系建设的科学内涵。党的十九大报告把"质量第一、效益优先"作为现代化经济体系建设的逻辑起点，这为深化供给侧结构性改革、加快产业结构调整指出了十分明确的方向。理解这一论断，至少要从四个维度加以把握。

第一，建设现代化经济体系，关键在于产业的创新和发展。世界民族之林的生存法则，不仅仅看各国 GDP 总量的大小，更为重要的是看 GDP 的构成。坚定不移地做大做优做强以先进制造业为主的实体经济，是一个国家建设现代化经济体系的重要基础，是产业创新和发展的重要标志。没有高质量的中国制造，就不会有高品位的中国经济内涵。供给侧结构性改革与现代产业体系建设，关键是要切实提高实体经济供给的质量和水平。制造业作为实体经济的重要构成，产品质量和体系的全面提升，就是中国经济由高速增长阶段转向高质量发展阶段的基本标志，是增强中国经济国际竞争优势的核心目标。当前以《中国制造 2025》为主要目标导向，大力实施"智能制造"和"工业强基"工程，是现代化经济体系建设的核心任务；大力发展数字经济，是现代化经济体系建设的重大任务。

第二，建设现代化经济体系的核心体现在质量和效益的高度统一上。未来中国制造，要把质量放在更加突出的位置，从速度型经济向品质型经济转型。用质量去体现效益、用效益去改进品质，努力推动中国制造进入品牌化时代。我们要继续坚定不移地实施好"三品"（增加品种、提升品质、创造品牌）战略。要借鉴国际制造业转型升级的历史经验，让品质制造能力高低成为衡量现代产业体系建设是否取得成功的主要识别因素。坚持推进质量和效益统一，是现代化经济体系建设需要长期坚持的战略目标。

第三，建设现代化经济体系，必须体现真正依靠创新驱动的时代特征。没有淘汰的产业，只有落后的技术。建设现代化经济体系，关键在于顺应科技革命和产业变革的特征，拥抱时代技术，紧紧抓住云计算、大数据、物联网、人工智能等技术。一方面，要大力发展以数字经济为主要内容的新兴产业。另一方面，要加大传统产业的现代化，让更多的传统产业体现时代元素，让更多的民生产品体现智慧、绿色的时代特征。要让产业智慧化、智慧产业化，经济生态化、生态经济化成为产业创新发展的常态。

第四，建设现代化经济体系要有符合现代化经济体系的制度安排。要坚持以习近平新时代中国特色社会主义思想为指导，加快完善社会主义市场经济体制，不断深化政府行政体制改革，使政府的"良制"和"善治"成为现代化经济体系建设的改革重点。经济体制改革的重点任务，是完善产权制度和优化要素市场化配置效率。要深化国有资产管理体制改革、全面实施市场准入负面清单制度、深化商事制度改革、创新和完善宏观调控、完善促进消费的体制机制、深化投融资体制改革、加快建立现代财政制度和预算制度、深化金融体制改革等。

三、扎实推进浙江省现代化经济体系建设

浙江是习近平新时代中国特色社会主义思想的重要萌发地。我们要认真学习贯彻党的十九大精神，建设现代化经济体系，继续走在前列，在新征程中努力引领区域经济发展。通过进一步完善现代化经济体系，推动浙江省区域经济发展的理念变革、动力变革、产业变革、空间布局变革和政府服务变革。

打造创新平台。经济发展质量变革、效率变革、动力变革的关键点在于创新。浙江是全国创业创新的典型省份，科技革命日新月异，产业创新也永无止境。围绕大湾区大通道大花园大都市区的新布局，着力打造创新平台。以平台吸引社会各

界英才,进一步增强原始创新能力,提高科技的持续创新能力。

改造传统产业。传统产业改造提升是振兴实体经济、实施创新驱动发展战略的重要内容。浙江的传统制造业"家底"深厚,改造提升就是要打造浙江制造的产业、产品新优势,以"互联网+""标准化+""大数据+""机器人+"加快创新,形成一批超千亿级的传统产业集群、百亿级的龙头企业、细分市场的"隐形冠军"和国际驰名品牌。同时,优化企业治理结构,加快股改上市,提升管理水平,拓展全球市场。要继续深化"亩均论英雄"改革,让市场机制对资源配置真正起到决定性作用,发挥各种要素的边际效益。在 2017 年"10+1"的基础上,继续提出新一轮改造提升计划,使传统产业成为浙江经济的中坚力量,努力争创全国传统产业改造提升的示范省。

谋划高端产业集群。"块状经济"是浙江产业组织的明显特征,到"十二五"末期,浙江拥有 1000 亿元以上的"块状经济"40 多个。经过 30 多年的发展,浙江块状经济正在向产业集群转型升级。浙江制造业的这种组织方式是浙江产业生态的重要特征,也是优势所在。但是,也必须看到,浙江块状经济"大而不强"的问题比较突出。要实现高质量发展,做到质量和效益的统一,提升产业结构的层次,要继续推动"互联网+"、"大数据+"、"标准化+"、人工智能和实体经济深度融合,提升先进制造业水平,培育世界级先进制造业产业集群。要依托隐形冠军企业,加快技术和商业模式革新。

植根开放优势。经过改革开放 40 年的发展,中国经济改革开放迎来崭新的格局。浙江积极响应"一带一路"倡议,大力推进国际产业合作,同时继续发挥"义新欧""甬新欧"丝路专线对中西部的辐射作用,使之成为亚欧大陆互联互通的重要桥梁。宁波舟山港已成为全球第四大港口,是国际贸易货源的重要中转站;义乌小商品让中国制造进一步走向全球;杭州、宁波跨境电商综合试验区,形成了跨境电商发展的"浙江模式",引领了"一带一路"沿线国家贸易发展的新路径。

用好"有形之手"。政府对于现代经济的管理和驾驭能力,是现代经济体系建设的重要内容。新常态下,政府要顺应新趋势、找准新模式、掌握新方式,坚持创新发展,不断吐故纳新,成为市场"好管家"、企业"好帮手"、人民"好领导",实现政府治理体系和治理能力的现代化。从中央提出"放管服",到浙江提出并大力贯彻"最多跑一次"改革,浙江在政府治理与服务方面进行了有力探索,彰显了政府从"有为"向"善为"转变的现代服务理念。激发和保护企业家精神,要完善产权制度,保护企业家的财产权、经营权和创新成果,让"有恒产者有恒心"。进一步营造企业家健康成长环境,弘扬企业家创新、坚守等优秀精神品质,更好发挥企业家作用。"浙商"是浙江经济发展最大的优势,从老"四千"精神到"坚韧不拔、敢为人先、兴业报国、开放大气、诚信守法、追求卓越"的新时代浙江企业家精神,浙商精神已成为浙江经济创新驱动最大的动力。要弘扬新时代浙商精神,为浙江"两个高水平"发展提供源源不断的动力支撑。

根据原载《浙江日报》2017 年 11 月 7 日文章修订

杭州市提高全要素生产率推动
经济高质量发展

　　党的十九大报告指出："我国经济已经从高速增长阶段迈向高质量发展阶段，必须坚持质量第一、效益优先，以供给侧结构性改革为主线，推动经济发展质量变革、效率变革、动力变革，提高全要素生产率。"全要素生产率（TFP）反映的是要素使用效率，是指经济增长扣除全部要素投入（包括劳动和资本等）增长之后的部分。通过比较要素投入增长和全要素生产率增长对经济增长贡献的相对大小，可以评估经济增长属于数量扩张型（主要依靠要素投入）还是集约效益型（主要依靠技术进步和效率改善），国际上通常用全要素生产率来衡量国家或地区的经济发展质量。从世界经济发展经验以及中国乃至杭州的发展实际来看，提高全要素生产率是实现高质量发展的内在要求、必然选择和关键举措。

一、21 世纪以来杭州全要素生产率回顾

本研究运用索洛余值法①对 21 世纪以来杭州全要素生产率的增长和贡献度进行测度（见表 1）。索洛余值法具有估计过程简单、可操作性强、符合经济原理等优点，是测度全要素生产率的主流方法。

表 1　杭州 GDP、要素投入与全要素生产率的增长率及贡献度　　　单位：%

年份	GDP 增长率	劳动投入增长率	资本存量增长率	全要素生产率增长率	资本产出弹性＝0.38，劳动产出弹性＝0.62		
					资本存量贡献度	劳动力投入贡献度	全要素生产率贡献度
2001	12.20	1.20	9.39	7.89	29.25	6.10	64.65
2002	13.20	6.80	11.36	4.67	32.70	31.94	35.37
2003	15.20	2.10	19.35	6.55	48.37	8.57	43.07
2004	15.00	1.10	20.59	6.49	52.17	4.55	43.28
2005	13.00	5.60	17.43	2.91	50.94	26.71	22.35
2006	14.30	6.50	14.77	4.66	39.26	28.18	32.56
2007	14.60	4.10	13.86	6.79	36.06	17.41	46.52
2008	11.00	6.80	12.80	1.92	44.22	38.33	17.45
2009	10.00	5.00	14.35	1.45	54.53	31.00	14.47
2010	12.00	4.80	14.57	3.49	46.13	24.80	29.07

---

①　索洛余值法的测算精度对初期资本存量、劳动和资本产出弹性的依存度较高，变量的不同取值可能会导致计量结果存在一定差距。本研究采用学术界广泛采用的方法，以张军等人估算的 2000 年各省资本存量作为基准，根据杭州在全省 GDP 中所占的比重估算出 2000 年杭州的初始资本存量为 2431 亿元。本研究参考兰建平、罗延发《浙江省工业化发展阶段分析及对策研究》（经济管理出版社 2014 年版），以及郑小勇《浙江省经济增长要素贡献率的实证分析》（《经济与管理》2004 年第 18 卷第 7 期，第 66-68 页）的研究，通过校准方法确定杭州的资本产出弹性和劳动产出弹性分别为 0.38 和 0.62。

年份	GDP增长率	劳动投入增长率	资本存量增长率	全要素生产率增长率	资本产出弹性＝0.38，劳动产出弹性＝0.62		
					资本存量贡献度	劳动力投入贡献度	全要素生产率贡献度
2011	10.10	1.80	13.34	3.91	50.20	11.05	38.75
2012	9.00	1.00	14.89	2.72	62.89	6.89	30.22
2013	8.00	0.90	14.83	1.81	70.42	6.97	22.61
2014	8.20	0.70	14.97	2.08	69.35	5.29	25.35
2015	10.20	1.20	15.00	3.75	55.90	7.29	36.81
2016	9.50	2.10	13.02	3.25	52.07	13.71	34.22
2017	8.00	0.60	9.36	4.07	44.47	4.65	50.88
2002—2017均值	11.33	3.19	14.66	3.78	50.61	16.71	32.69

注：GDP 数据、资本存量数据均根据对应的价格指数加以处理。

(一)总体来看,杭州全要素生产率波动上升,但贡献度不高,离集约型发展要求还有一定差距

从全要素生产率增长率来看,2002—2017 年(因 2001 年数值受基期资本存量估值影响较大,可能为异常值,故予以剔除,下同),整体呈波动上升趋势,平均增速为 3.78％,比全国 2.72％的平均水平高出 1 个百分点左右,说明 21 世纪以来杭州要素配置效率不断改善,经济发展质量效益水平逐步提升。

从全要素生产率贡献度来看,2002—2017 年,平均贡献度为 32.69％,整体水平相对偏低,距离集约型发展要求尚有一定差距。同时期,杭州经济年均增速达到11.33％,资本存量和劳动力投入年均增速分别为 14.66％和 3.19％,对资本存量

和劳动力投入的贡献度分别为 50.61％和 16.71％,反映出 21 世纪以来杭州经济增长投资拉动型特征较为明显,全要素生产率对经济增长贡献仍有较大提升空间。

(二)分阶段来看,杭州全要素生产率贡献度波动较为明显,呈现出一定的阶段性特征

2002—2007 年,杭州经济处于高速发展期,GDP 平均增长率为 14.22％,增长动力特征为要素投入和技术进步双轮驱动型,该阶段全要素生产率高位波动态势较为显著,平均贡献度为 37.19％。这一时期,我国加入 WTO,大量外资产生流入效应、先进制造技术和现代管理理念推广普及、杭州城市化和工业化进程快速推进是全要素生产率保持较高水平的原因。其中,2006—2007 年,在“五大战略”和“名城强市”建设指引下,杭州工业和服务业齐头并进,经济快速增长的同时呈现出结构优化态势,2007 年杭州全要素生产率贡献度达到 46.52％的较高水平。

2008—2014 年,杭州经济进入调整期,GDP 平均增长率为 9.76％,增长动力主要来自投资,要素投入平均贡献度达到 74.58％,其中资本投入平均贡献度达到 56.82％,全要素生产率平均贡献度仅为 25.42％,水平偏低。尤其是 2008—2009 年,杭州全要素生产率贡献度快速下降、处于历史低位(分别为 17.45％和 14.47％),主要是国际金融危机后杭州实施了大规模经济刺激政策,资本和劳动力投入对经济增长贡献度大幅提升。而政府主导下的过度投资往往集中在垄断性行业和基础设施领域,对城市的技术进步和效率提升的带动作用相对较弱,同时过度的要素投入可能会造成要素利用效率下降,呈现出资本边际报酬递减。2010—2014 年,由于前期刺激政策的逐步消化以及资本投入边际效率在一定程度上得到修复,再加上“服务业优先”战略对经济发展的提振作用,杭州全要素生产率贡献度逐渐回升,总体在 30％上下波动。

2015 年以来,杭州经济进入动能转换期,要素投入贡献度逐步回落,技术进步

贡献度较快提升,全要素生产率平均贡献度达到 40.64％。主要是因为杭州大力推进供给侧结构性改革、实施信息经济(数字经济)"一号工程"、积极承办 G20 杭州峰会、深入推进"最多跑一次"改革,产业结构加快调整、发展环境不断优化、资源配置效率有效提升,推动了全要素生产率贡献度的提高。2017 年,杭州的全要素生产率贡献度首次超过 50％,在经济新常态背景下较好地实现了新旧动能的转换,全要素生产率提升作为杭州经济增长重要"源泉"的作用开始凸显。

二、杭州全要素生产率主要影响因素

抓全要素生产率提升,不应仅仅关注指标本身,而更应深入剖析自主创新能力、对外开放水平与技术引进、市场体制机制建设、政府行政效能等内生性影响因素。

首先,从自主创新能力来看,商业模式创新走在全国前列,但基础研发能力相对薄弱。杭州是国内著名的创新之城,在商业模式创新方面处于全国领先地位,但在基础研发及创新成果产业化方面仍存在以下不足:一是相较于深圳、武汉、南京、合肥等副省级城市,杭州科技资源存量相对不足,高层次科研院所和高等院校数量、世界五百强中国总部或研发中心落户数等关键指标相对落后。二是杭州创新多以快速响应市场的渐进式创新较多,面向前沿领域的基础核心关键技术创新和颠覆式创新较少。三是创新成果产业化水平仍有待提升,在杭高校及科研院所的创新资源利用仍不够充分,与杭州本土产业的关联度偏低,创新成果本土转化率不高。

其次,从对外开放与技术"引进来"看,开放型经济体系建设稳步推进,但受国际经贸环境变化影响存在一定弱化风险。21 世纪以来,杭州对外开放水平大幅提升,尤其是 G20 杭州峰会召开后,杭州的国际知名度和影响力得到进一步提升。

但对标"独特韵味别样精彩世界名城"这一目标以及北京、上海、深圳等一线城市，杭州对外开放程度仍有较大提升空间。同时，近期以中美贸易摩擦为代表的逆全球化思潮抬头，给关键技术和零部件引进、外商投资与合作、企业"走出去"等带来诸多不确定因素。

再次，从市场体制机制建设来看，要素市场建设相对滞后，民营企业微观效率有待提升。一方面，杭州现代化市场体系建设已经取得了长足进步，但要素市场建设相对滞后，成为劳动力、土地、资金、技术、信息等要素自由流动的主要障碍之一。另一方面，民营企业微观效率有待提升，部分纺织、服装、化纤、造纸、汽配等传统产业领域民营企业近年来生产经营困难，融资难融资贵问题依然突出，少数企业已处于停产或半停产状态，亟须科学的出清机制来帮助困难企业有序退出。

最后，从政府行政效能来看，总体进步明显，但在效率发展意识与市场环境营造方面仍有提升空间。近年来，杭州大力推进"最多跑一次"改革，并利用互联网发展优势，大力建设"移动办事之城"，大大提升了政府办事效率和市场运行效率，但仍然存在一些不足：一是走在全国前列的重大改革措施不多，大多数改革为政府日常工作改进。二是部分地区和政府部门在制定经济发展目标时过于关注 GDP 增速和投资扩大，仍停留在以 GDP 和财政收入为中心的阶段，离党中央要求的公平共享、包容发展有一定差距。

三、杭州提高全要素生产率推动经济高质量发展的几点建议

推动经济高质量发展，关键是提高全要素生产率，重点是抓影响全要素生产率提升的内在影响因素。下一阶段，杭州要重点从理念、动能、结构、效率、环境等方面入手，切实提高全要素生产率，助推经济高质量发展。

(一)以超常规思维和强有力手段,争创国家综合性科学中心

创新是区域和产业竞争力的主要来源,综合性国家科学中心则是国家原始创新和重大产业关键技术突破的源头,是具有重要国际影响力的创新基础平台。杭州要在新一轮的城市竞争中保持优势,就必须提高基础创新能力,而创建综合性国家科学中心无疑是最好的方式之一。

1. 加快启动国家综合性科学中心布局选址工作

从已批复的三大国家综合性科学中心建设情况来看,其均在空间上形成了一定程度的集聚。从杭州的实际情况来看,目前最适合承接科学中心落户的空间平台是城西科创大走廊。城西科创大走廊是全省高端创新资源最集中的区块,并且向东拓展可在余杭与城东智造大走廊形成交汇,与城东高端制造板块形成产业创新联动,具备打造产业闭环的良好条件;向北延伸可与G60科创走廊形成连接,有效对接上海的优质创新资源溢出,打造形成全长约200公里的中国版"101公路"跨省域科技创新带。

2. 争取更多重大科技基础设施布局

全力支持由浙江大学牵头的超重力离心模拟与实验装置国家重大科技基础设施(CHIEF)建设,将其打造成为应用范围最广的超重力多学科综合实验平台。以浙江建设国家数字经济示范省为切入点,争取国家在新一轮的大科学装置和重点实验室布局当中,将杭州纳入优先考虑范围。力争在云计算、大数据、5G、"城市大脑"、智能网联汽车、网络安全攻防靶场、量子计算等优势领域布局一批重大科技基础设施,加快突破一批核心关键技术,形成一批重大原始创新成果,为未来大科学装置谋划布局打好基础。

3. 加快在创新人才招引和培育方面先试先行、赢得主动

要继续深入实施杭州全球引才"521"计划等各类引才引智计划,充分发挥院士

创新基地等高层次人才创新平台作用,面向全球遴选和发掘前沿领域的战略科学家、科技领军人才和创新企业家,尤其是要突出诺贝尔奖获得者这一顶尖科学家群体的招引工作。积极引导浙江大学、浙江工业大学和下沙高校群中的高校等在杭高校加快建立以市场需求为导向的人才培养机制,做大做强人才基本盘。

(二)发挥数字经济领先优势,打造全国数字经济第一城

未来杭州要提升全要素生产率,关键就是要进一步发挥数字经济的"头雁"效应,做好"数字产业化、产业数字化"这篇大文章,当好数字经济领跑者,打造名副其实的"全国数字经济第一城"。

1.加快数字经济领域优势产业发展

抓住部省市合作共建国际级软件名城的机遇,推动电子商务、云计算、大数据、物联网等优势领域提升发展。积极推动传统电商模式升级,打造具有国际影响力的电子商务产业中心。支持阿里云建设世界领先的云计算、大数据服务平台,打造具有国际影响力的云计算、大数据产业中心。推动各类基于物联网的集成创新和应用服务,力争成为全国工业互联网产业第一地。

2.积极布局数字经济未来产业

要密切跟踪世界科技前沿变化,加快培育扶持一批领域广泛、技术领先、动能强劲的高新技术企业群体。一是要重点突破人工智能关键核心软硬件技术,支持各类人工智能开放平台建设和应用,打造具有全球影响力的人工智能产业中心。二是以打造"全国区块链之都"为目标,加快杭州区块链产业园建设,推进区块链在商贸金融、民生服务、智能制造等领域的深度应用。三是推动量子通信、量子计算等核心技术研发和试验验证,加快量子通信沪杭甬干线在金融、政务、商务等领域的试点应用。

3. 深入推进"城市大脑"建设,进一步完善数字经济基础设施建设

以"城市大脑"建设统筹各行业各领域数字化建设应用计划,将"城市大脑"打造成为深度链接和支撑数字经济、数字社会、数字政府协同联动发展的城市数字化治理综合基础设施。瞄准 5G 未来产业发展契机,加快 5G 技术研发试验和网络部署,打造"5G 第一城"。实施"千兆智联""NB-IoT 推广应用""IPv6 规模化部署"等专项行动,提升用户普及率和网络接入覆盖率;加快"铁路空水网"等传统基础设施数字化升级,构建市政设施管理感知网络系统。

(三)推动制造业高质量发展,打造若干个世界级先进制造业集群

杭州要实现高质量发展,尤其要重视制造业的核心作用,绝不能走"去制造化"道路。

1. 培育扶持若干个世界级先进制造业集群

世界级先进制造业集群是一个地区制造业高质量发展的重要标志。从杭州来看,数字安防、汽车制造、生物医药是目前支撑杭州全要素生产率提升的关键产业,也是杭州最有可能打造成为世界级先进制造业集群的产业。一是以杭州高新区(滨江)为主平台,依托海康威视、宇视科技等企业,积极打造以数字安防为核心的世界级数字技术产业集群。二是以大江东为主平台,扶持吉利汽车跃居为世界一流知名企业,大力提升整车和零部件的协同能力,打造国际知名的汽车制造业集群。三是以杭州医药港为依托,着力完善新药创新生态链,打造国内领先的创新药物研发及产业化基地。

2. 加快传统产业改造提升

在纺织服装、化纤化工、农副食品加工、造纸等传统制造业领域,不断完善倒逼传统产业转型升级的制度设计,鼓励企业加快技术改造,优化产业结构、延伸拓展产业链。组织实施一批智能化技术改造示范项目,运用行业现场会、技术对接会等推广机制,加大分行业智能化改造典型经验的推广力度,加快扶持一批有市场竞争力的工程服务公司。

3. 以建设国家级工业互联网平台为核心,加快推进制造业与互联网深度融合

抓住浙江省与工信部签署共同推进工业互联网发展合作协议的机遇,积极争取工信部和省政府的支持,共同推进"supET"工业互联网平台建设,争取成为第一批国家级工业互联网平台。同时,在"supET"的基础上,发挥制造业龙头企业与信息技术企业等多方力量,在有条件的块状经济区建设一批行业性、企业级工业互联网平台,开发行业性解决方案,搭建传统制造业企业与工业互联网系统集成商对接平台,推动传统制造业实现"万企转型"。

(四)着力激发微观主体活力,争创民营经济高质量发展示范区

新形势下,杭州要适应经济阶段性变化特征,积极向深化改革要动力,真正把市场在资源配置中的决定性作用落到实处,提升各类要素配置效率水平,争创全国民营经济高质量发展示范区。

1. 切实破解实体经济融资难融资贵问题,提升金融服务实体经济水平

全面贯彻落实党中央国务院《关于加强金融服务民营企业的若干意见》的决策部署,积极引导各类金融机构加强社会责任意识和服务实体经济意识,把资金投向经济发展重大战略、重大项目、关键领域和薄弱环节。一是紧紧围绕构建数字经济万亿级产业和六大千亿级产业集群目标,聚焦重点产业平台和创新基础设施建设,进一步强化创新驱动的金融体系保障。二是要发挥财政资金和政府投资基金的引导作用,引导社会资本介入,针对地方政府债务风险防范和民营企业融资难融资贵等问题精准发力,牢牢守住不发生系统性金融风险的底线。

2. 引导民营企业降低风险、聚焦主业,提升企业核心竞争力

在创新驱动大背景下,企业要提升竞争力,应更多依靠效率提升、创新研发

来赚取利润，更加专注于核心业务。要积极鼓励民营企业通过兼并重组、资产互换、破产清算等方式来剥离非主营业务，强化专业化生产能力。同时，积极降低企业负债率，减轻债务负担，增强企业核心竞争力。高质量推进"凤凰行动"、隐形冠军培育、小微企业成长等各类主体升级行动计划，更加注重企业创新力、竞争力培育。

3. 深挖潜力、降本减负，营造成本适宜的企业发展环境

在认真抓好中央和省属企业减负政策的落实的同时，研究制定杭州降本减负的政策意见。要有"放水养鱼"的意识，强化涉企收费目录清单管理，最大限度降低制度性交易成本和企业税费负担，真正做到经济成本和其他成本一起减、显性负担和隐形负担一并降，真正让企业轻装上阵。要加快实施资源要素差别化政策，降低鼓励扶持类产业用地、用电、物流、融资等成本，为实体经济发展创造良好环境。同时，要积极鼓励和引导企业引进精益化管理系统，改进工艺流程，节能节材，降低成本。

(五) 向全面深化改革要动力，打造市场经济体制机制改革先驱

以"最多跑一次"为总抓手，充分发挥政府在"放管服"改革、市场准入和投融资体制改革、要素市场建设等方面的重要作用，为提高全要素生产率奠定坚实的制度基础。

1. 深入推进政府数字化转型，提升行政效能

依托杭州近年来在政务服务、民生服务方面的有益探索和经验积累，加快政府服务数字化赋能，创新数字技术在政府服务领域的创新应用。重点是以"最多跑一次"改革为牵引，推进"互联网＋政务服务"的政府治理数字化转型，打破信息孤岛，大力推动"网上办"，80％以上办事事项开通网上申请，积极营造与国际接轨的综合商务成本最低的产业发展环境。

2. 建立公平高效的市场准入和投融资体制

从清理差异化的区域优惠政策和废除妨碍公平竞争的各种规定入手,完善社会信用体系,以实行统一市场准入制度和建立合作共赢、与国际贸易投资规则相适应的管理体制为重点,全方位推进相关改革与建设,共同打造法治化、国际化、便利化的营商环境。积极推行外资准入前国民待遇加负面清单管理制度,按照国家部署,进一步放宽外资准入限制,适度扩大优质商品进口。

3. 坚持市场化改革导向,构建资源要素价格市场化机制

改革不合理的资源分配制度,使资源价格能够有效反映市场供求关系、资源稀缺程度和环境损益成本。大力深化"亩均论英雄"改革和"标准地"改革,积极探索运用价格杠杆合理确定土地、能源、水资源等各类要素的比价关系,形成有利于集约使用资源要素的机制。推动建立现代资源和环境所有权交易制度,实行资源有偿使用、差别定价和污染者付费,利用市场手段改变资源低价和环境无价的现状,健全促进资源节约和环境保护的价格形成机制。

(六)大格局推动对外开放新局面,打造长三角地区重要枢纽型城市

新时代要做好对外开放工作,必须坚持"一带一路"这一统领,把握好"长三角一体化"上升为国家战略的有利契机,聚焦重点领域和关键环节精准发力,构建内外兼修、全面开放的新格局。

1. 以"一带一路"为统领,大力发展更高水平的新型贸易和数字贸易

推动以数字经济为先导的新兴服务出口,围绕服务贸易重点和潜力领域开展国际服务贸易,构建重点突出、特色鲜明的杭州现代服务贸易产业体系。进一步推进国家综合保税区建设,打造"网上丝绸之路"重要战略廊道,加快跨境电商综合试验区与电子世界贸易平台(eWTP)杭州试验区建设,积极参与数字贸易国际规则孵化、制定与输出,培育外贸竞争新优势,营造全球最优跨境电商生态圈。

2. 推动"长三角地区更高质量"一体化发展

充分把握"长三角地区一体化发展"上升为国家战略的有利契机，主动接轨上海，推动沪杭一体化发展；与南京、苏州、合肥、嘉兴等长三角地区重点城市加强协同联动，聚焦交通、能源、产业、信息、环保、公共服务、市场融合等重点领域，深层次参与一体化合作，带动长三角南翼加快发展，争创国家中心城市。

3. 加强市域内外统筹联动，推进杭州都市圈实现新发展、新突破

站在国家城市网络格局与经济社会发展格局的变化角度，进一步明晰杭州城市空间规划，按照"东整、西优、南启、北建、中塑"的主城区大平台发展思路，以大平台支撑大发展，重点打造杭州城西科创大走廊、钱塘江金融港湾、沿湾智造大走廊等功能型平台。同时，要适度回应周边县市关切，深化杭州与安吉、德清、桐乡、海宁、诸暨等县（市、区）的链接，加强通勤联系，构建辐射全省乃至省际相邻的杭州都市圈。

本文根据杭州市政府研究室研究课题成果整理而成

浙沪苏皖创新能力比较

2014 年,习近平总书记在上海考察时指出,长三角要实现率先发展、一体化发展,这是中国现阶段在更高层次、更大范围谋求区域经济转型发展、创新发展的重大战略。而区域创新能力是决定区域经济发展水平、增长实力的关键,是实现国家发展战略的现实需求。浙江省是"以上海为龙头,江浙为两翼"的长三角经济区的重要一翼,是长三角经济重要的增长极,当前已经进入中国区域经济的第一方阵。但若要顺应科技革命和产业变革的趋势,继续走在中国区域经济版图前列,浙江还需要分析各创新要素对区域创新能力的影响,结合自身区域经济情况,借鉴发达国家和地区的创新驱动发展经验,尤其是沪苏皖创新驱动发展做法,有针对性地提出适合自己的区域创新发展战略。

一、浙沪苏皖区域创新能力综合评价

(一)区域创新能力评价体系构建

区域创新能力是指一个地区将新知识转化为新产品、新工艺、新服务的能力,现已逐渐成为区域竞争优势的决定性因素之一，是推动区域经济发展的重要因素。

本研究借鉴陈劲和陈钰芬在《中国创新发展报告（2015）》中提出的指标体系，从创新环境、创新资源、创新成果、创新效益四个方面来设计区域创新能力测度指标体系，具体如表1所示。

表1　区域创新能力测度指标体系

一级指标	二级指标	单位
创新环境	人均 GDP	万元
	大专以上学历人数占就业人数的比重	％
	有 R&D 活动的规模以上工业企业占比	％
	科技拨款占公共财政支出的比重	％
创新资源	R&D 经费支出	亿元
	R&D 经费支出占 GDP 比重	％
	人均 R&D 经费支出	元
	R&D 人员全时当量	人年
	每千人研究与开发人员数	人年
创新成果	每万人专利授权数	件
	每万人发明专利授权数	件
	每千人 R&D 人员发明专利授权数	件/人年
	每百万元研究开发支出产生的发明专利授权数	件
	每万人国外主要检索工具收录我国科技论文数	篇
创新效益	高技术产品出口占货物出口额的比重	％
	高技术产业产值占 GDP 的比重	％
	新产品销售收入占产品销售收入的比重	％

（二）浙沪苏皖区域创新能力评价分析

根据区域创新能力测度指标体系，利用《中国科技统计年鉴2016》的最新数据对创新环境、创新资源、创新成果、创新效益 4 项创新指标进行分析,浙沪苏皖区域创新能力分析结果如表 2 所示。

表 2   浙沪苏皖区域创新能力综合评价结果

省份	创新环境	创新资源	创新成果	创新效益	创新综合能力	排名
上海	2.44	1.58	1.75	1.69	2.03	1
江苏	1.48	1.87	0.95	1.80	1.65	2
浙江	1.18	1.19	1.02	0.72	1.13	3
安徽	−0.04	−0.01	−0.30	0.26	−0.04	4

注:数据经过标准化处理后,最终评价结果为负数代表该指标得分低于全国平均水平。

从综合得分来看,上海稳居四省市第一的位置,主要得益于其创新环境和创新成果两方面的突出表现。江苏虽屈居第二,但在创新资源方面有明显优势。浙江排名第三,各项指标得分均不突出,在创新效益方面存在明显劣势,与上海、江苏差距较大。此外,虽然安徽排名第四,各项指标得分都不高,但是省会合肥的创新能力独树一帜。2015 年,经国家科技部论证,合肥高新区在 115 个国家级高新区中综合排名第八。这主要得益于近年来合肥注重大平台的支撑作用和大项目的拉动作用。

(三)沪苏皖创新能力"长板"

具体来看,上海市的"长板"体现在创新环境和创新成果上,表现为制度供给效果显著。例如,上海自贸区协调推进投资管理贸易便利化,金融开放和政府监督制度、创新制度框架基本形成,累计有 100 多项制度创新成果在全国复制推广。

江苏省的"长板"体现在创新资源上,表现为大平台建设。近年来,江苏省大力推进苏南国家自主创新示范区建设,加快未来网络实验室设施、纳米真空互联试验站等国家科技平台建设。这些大平台的建设,吸引了全球范围内的创新资源在江苏不断叠加，支撑江苏成为区域经济的高地。

安徽省的"长板"体现在集中优势打造"创新强市"合肥。当前，合肥已经是除北京外，国家大科学装置最密集的城市之一，也是继上海张江之后又一个国家批准的综合性国家科学中心，在基础科学研究和科技创新方面的成绩令人刮目相看。

二、沪苏皖值得借鉴的经验和做法

通过对长三角一市三省的创新能力综合评价和"长板"分析，可以看出沪苏皖在提升创新能力方面有许多好的做法和经验值得浙江学习借鉴。

（一）安徽经验：聚焦"未来产业"，着眼长远大胆布局

近年来，安徽省牢牢把握创新驱动发展战略，建设新型显示、智能语音、机器人等24个重大新兴产业基地，并取得明显成效。安徽经验用一句话概括，就是"聚焦'未来产业'，着眼长远大胆布局"。

一是着力提升科技成果转化率。安徽拥有一批代表我国最高端、最前沿技术的创新平台，尤其是省会城市合肥具有较好的生产力布局，拥有包括中科院合肥技术创新研究院、清华大学合肥公共安全研究院、北航合肥科学城、中科大先进技术研究院、合肥工大智能制造技术研究院等新型研究机构，使得合肥的科技成果转化既"远水长运能解近渴"，又"近水楼台仍先得月"。

二是大力布局和发展未来产业。大数据、"互联网＋"、尖端生命科技等都是推动未来全球经济社会变迁的关键产业。安徽对未来产业的重视和把握程度高，具有转型发展和创新引领的先进经验。近年来，安徽省积极培育和发展未来产业，密切关注"千人科技"，构建"未来科技＋创新资本"的产业体系，加快生产力成果的转化，布局新兴产业，量子通信卫星、量子计算机、人造小太阳等成果领先世界。

(二)江苏经验:共跨"死亡之谷",支持企业大步创新

江苏经验主要体现在敢于"用大手笔迎来大创新",发挥政府对企业的扶持作用,支持企业大胆创新,共同跨越"死亡之谷"①。

一是聚力打造优势产业新高地。江苏具有厚实的制造业基础,一贯具有"工业大省"的头衔。同时政府高度重视,把创新摆到第一要位。近年来政府着力做大做强江苏优势产业,推动江苏整体产业水平向世界产业链和价值链中高端迈进。江苏现有省级以上各类开发区131家,其中16家国家级高新区以不到全省4%的土地面积,创造了超过全省1/5的地区生产总值、1/4的工业总产值和1/3的出口总额。各级各类开发区是江苏经济发展最大的亮点,吸引了全省3/4的实际使用外资,开发区经济总量占全省半壁江山,也有力地支撑了江苏全国"工业大省"的地位。

二是全力打造科研创新平台。江苏科教资源丰富,连续7年科教创新能力居全国各省份首位。截至目前,江苏拥有高校242家,比浙江省多171家。其中"211"院校江苏有11家,浙江仅有浙江大学1家;科研院所江苏有114家,浙江只有86家;国家重点实验室江苏有25家,浙江只有13家。整体来看,江苏围绕产业布局,打造了一批具有激发自主研发潜能、吸引和集聚国内外高端创新要素的创新平台载体,实现江苏从创新资源被整合者到创新资源整合者的角色转变,推动了江苏经济从规模型向质量效益型、创新引领型转变。

(三)上海经验:构建"高效政府",提供营商大好服务

在制造业领域,上海的产业定位是瞄准高端制造业。为吸引更多的人才和企

---

① "死亡之谷"(Valley of Death)指的是基础研究成果和成果转化之间存在着一条难以逾越的沟谷,新的科研成果如果不能跨越这条沟谷,就无法走向市场,转化为生产力。

业来上海发展高端制造业，上海着力于通过行政审批改革，提供高效政府服务，打造具有"国际范"的优质营商环境。

一是转变政府服务指导思想，对新事物持开放和主动的态度。2015 年 8 月，上海浦东新区推出了"只说 Yes 不说 No"的"O&K"窗口服务快速反应机制。具体而言，就是"三对三不"：对不属于本部门事项的，不设路障设路标；对不符合申请条件的，不打回票打清单；对法律法规不明确的，不给否决给路径。"只说 Yes 不说 No"提高了政府对审批事项的自适应性和主动性，表现了政府服务从被动转为主动，对新生事物，采取一种以肯定为主的态度和做法，这是对创新的一种接纳。

二是加强政府服务能力建设，提升政府服务的技术含量。在推进"只说 Yes 不说 No"的工作背后，不仅仅是政府服务理念的转变，更是服务水平的提升。上海市政府通过云计算、大数据对服务人员的办事效率进行了最直观的监督和评价，还可以对办事大厅的人流量进行实时监控，通过智能分析适当增加或关闭服务窗口，让办事人员等候的时间控制在十分钟之内。这种双向之间的信息互动，努力做到了让前来办事的企业"只等十分钟"，结果导向显著，百姓获得感超强。以构建"高效政府、大好服务"为核心的上海经验值得浙江学习，是对政府自身能力建设的一种科学探索和实践。

三、沪苏皖创新发展对浙江省转型升级的思考

浙江省坚持创新驱动发展，充分发挥以企业为主体的市场机制，对转型升级起到了较好的促进和推进作用。要实现浙江省第十四次党代会提出的战略目标，浙江须学习借鉴沪苏皖的经验和做法，取长补短，做深做透，做大做强。

(一)以超常规思维强有力手段,谋划一流产业大平台

苏南地区的较快发展有赖于苏州工业园、宜兴环保科技工业园、常州生物医药产业园等大平台的有力支撑,这些平台规模大、水平高、发展快、后劲强。浙江省的工业平台必须结合新常态,以超常规的思维,强有力的手段,谋划一流的产业大平台。杭州湾经济区、义甬舟大通道要有定位更加精准的产业创新发展大平台,并通过平台集聚全球创新要素,转化创新成果。如杭州下沙高教园区,高等院校密集、产业基础较好、国际化程度较高,建议省委省政府像重视建设城西科创大走廊一样,规划建设下沙高教园区,把下沙高教园区也建设成高水平的产业创新平台,推动杭州向城市两极发展,向东打造城东智能制造大走廊,向西打造城西科创大走廊,形成"东西互动"双轴驱动。

(二)着眼于长远发展战略,谋划创新载体

浙江省要借鉴安徽经验,加快谋划国家级创新载体,杭州、宁波、嘉兴等市在创新引领上要发挥更大作用。杭州的数字经济、宁波的智能制造要规划更大更高的创新平台,支撑互联网经济和智能经济的发展。嘉兴要依托 G60 科创走廊,推动嘉兴和松江、杭州深化全方位、紧密型的科创合作和产业对接,实现科创要素的自由流动,为未来经济的发展奠定更好的政企研、产学研合作新平台基础。到"十三五"时期末,浙江省要努力引进 10 个以上类似中科院合肥物质科学研究院这样的国际国内一流创新研发平台落户,打造具有全球影响力的科技创新高地,用大平台支撑大创新,用大创新支持大发展。

必须把产业创新服务综合体作为着眼于长远发展战略的突出环节来落实,根据不同的产业发展阶段、技术发展水平和区域发展需求,全面把握载体要素、优化设计载体功能,进一步发挥载体创新辐射效应。建议省委省政府围绕传统产业改

造提升和未来产业培育面临的共性难题,完善顶层设计,集中政府资源,强化示范引领,分步推进实施,省市政府联动,政企高校(科研机构)合作,切实把100家产业创新服务综合体落实到主导产业和主要区域中去。

(三)着力补齐创新短板,加快推进科技成果转化

浙江省已经获批建设全国首个全省域国家科技成果转移转化示范区,要以此为契机,长远布局,精准施策,出台更加有效的政策,加快促进科技成果向经济和社会转移转化,充分释放存留于高校、科研院所的创新活力和潜力。要建立基于云计算、大数据技术的科技成果信息共享与发布平台,力求精准对接科技成果的供给方和需求方,为科技成果的传递、扩散、交流提供丰富完备的信息资源支持。要鼓励和支持一批市场化、专业化的技术转移转化服务机构,积极推动服务机构对科技成果信息的开发利用,挖掘有产业化前景的科技成果,对接能够为企业解决技术难题的科技人才,提供符合用户需求的精准服务。

(四)加大政府支持力度,推动未来产业跨越式发展

学习安徽经验,必须关注未来产业,创造当下竞争优势。如果说科大讯飞这样的公司赢在语音识别是因为有技术储备才有现在的产业基础和竞争优势,那么第十四次党代会报告提出的未来千亿级产业培育,需要政企联动抓住技术变革新机遇。实践证明,在跨越重大技术、培育重大产业的过程中,政府的作用是不可缺位的。譬如波音公司、空客公司,实质上都是体现国家意志的市场主体。浙江省已经开始进入航空制造产业、集成电路产业、生命健康产业等中国制造2025重大技术项目跨越期,政府不仅要当引导员、裁判员,该当运动员时也要勇于担当,特别是要抓住国企混改、军民融合等重大战略,培育发展一批赢在未来、做在当下,需政府支持的重大产业。

（五）创新人才政策，集聚全球高端创新人才

国家和区域创新能力的竞争归根到底是创新人才的竞争。必须重视集聚创新人才，大手笔、出重金，面向全球招揽"高精尖"创新科技人才，择天下英才而用之。为此，在战略上必须按需引进，重点引进能够突破关键技术、发展高新技术产业、带动新兴学科的战略型人才和创新创业的领军人才。战术上必须完善人才挖掘和培养机制，不拘一格选人才，为人才施展才华提供更加广阔的天地，使得人尽其才、才尽其用、用有所成。

浙江省已经具备较好的人才净流入基础，特别是省会城市杭州已经成为全国人才净流入率第一的城市，要出台含金量更高、覆盖面更广、效用更好的浙江省创新人才政策，用人才新政有力地支撑浙江省两个"高水平"建设。

原载《经信参阅》2018 年第 2 期

建设浙江省产业创新服务综合体
高质量打造创新生态体系

为紧抓新一轮科技革命和产业变革的历史机遇,省委省政府提出打造产业创新服务综合体的要求,并在浙江省第十四次党代会报告中明确工作任务。这对浙江省深化供给侧结构性改革、全面振兴实体经济具有重要意义。产业创新服务综合体是优化创新生态体系,推动块状经济升级、区域经济发展的全新探索,谋划与推进产业创新服务综合体建设,必须按照"整合提升一批、主动布局一批、超前谋划一批"的思路,坚持"专业化管理、平台化运营、市场化拓展"的原则,根据产业发展的阶段特征和区域经济的提升需求,明确综合体的功能定位和推进路径,从而在区域经济转型升级过程中发挥关键支撑作用。

一、产业创新服务综合体的特点

产业创新服务综合体是在科技创新服务平台、产业创新综合体等创新载体建设的基础上,由政府引导,企业、高校及专业机构共同参与,面向特定块状经济全产业链创新与集群升级,集聚新基础设施、人才、金融、数据、科技资源与科技服务等综合性要素的新型创新载体,是层次高、功能全、业态融合的产业生态服务体系。其具有如下特点。

(一)服务功能综合,集聚高端创新要素

创新服务综合体作为高能级平台,以平台化思维集聚高端人才、技术、金融等创新要素资源,从而形成研发设计、成果转化、创业孵化、标准制定、检验检测、咨询培训、金融服务、会展营销等综合性的功能,形成由政府、平台运营者、高校院所、中介组织、融资机构参与的"五位一体"创新服务体系,为企业提供全产业链升级服务,为区域营造良好的创新生态环境。

(二)服务定位明确,深度融合块状经济

特定产业创新服务综合体的服务定位具有一定的区域界限和行业界限,其创建目的是深度融合并提升块状经济。从目前全省各大服务平台来看,如余杭家纺产业创新服务综合体、永康五金生产力促进中心、诸暨袜艺小镇创新服务平台等,均建立在当地特色块状经济基础上,助力区域主导行业提升发展。同时,块状经济拥有量大面广的中小企业,在面临行业共性的难点、痛点时,必须借力综合体才能取得突破,因此,广大中小企业成为综合体的主要服务对象。

(三)载体形式多样,协同推进产业创新

产业创新即产业经济活动的创新,作为传统产业升级的核心动力、新兴产业培育的必要条件、谋划前瞻性产业的重要基础,产业创新形式多样,既包括不同类型的技术创新,又包括各个层面的制度创新,且不同创新形式出现交叉融合。为了满足推动产业创新的需求,产业创新服务综合体也必须根据区域特点与产业发展阶

段,呈现出不同的模式,并通过具有针对性的创建路径,形成适应性好、响应性高、综合能力强的综合体,协同推进产业创新。

二、产业创新服务综合体对区域发展的推进作用

产业创新服务综合体建设的重要性,来自于以产业创新为核心驱动力,推动产业迭代,进而推动区域经济发展、产业竞争力提升的重要意义。这种推进作用可以基于技术变革或者市场变革的范式,也可以通过产业价值链的重构产生,或者是这三种变革方式的综合体现。

(一)推动技术变革

产业的技术变革是技术创新积累与质变的结果,其集中表现为产业技术范式的变革。在科技发展日新月异的今天,破坏式创新的出现愈加频繁,技术范式的不断更新引发产业环境的巨大改变,对产业发展战略选择产生巨大冲击。产业创新服务综合体推动的技术变革,更强调探索科学技术应用的可能性,关注稀缺的产业关键共享技术的开发。通过构建具有更强适应能力与反应能力的技术创新体系,搭建原发性技术创新与产业技术应用之间的桥梁,为产业的技术决胜提供支撑。

(二)促进市场变革

市场变革可能包含营销渠道变革、盈利模式变革、竞合关系变革、经营管理技术变革等,往往是综合考虑技术创新与制度创新的结果。产业推进市场变革,需要本身具备很强的动态能力,通过响应外部环境变化或者主动改变外部市场环境,快速调整产业资源、结构、目标,从而引领市场规则。这些能力的建构与发挥,更需要产业创新服务综合体推行"互联网＋""数字化＋"战略,采取更加"柔性"的方式协

调与配置资源,帮助行业和企业用更加创新和灵活的方式,处理顾客、供应商、竞争者及利益相关者之间的关系。

(三)驱动价值链重构

在"三期叠加"的背景下,产业价值链低端锁定的问题进一步凸显,加快价值链重构,成为推动制造业破解发展困境、提升在全球价值链中的位势的必然选择。价值链重构是通过价值链的分解与整合来选择最优的价值创造方式。产业创新服务综合体能够通过集聚创新资源、打通创新主体之间的关系、整合综合性的服务体系,推动产业制造方式智能化、创新方式协同化、盈利模式网络化发展,从而使得区域产业价值链重构的过程符合互联网时代技术创新、管理创新与商业模式创新的最新趋势,成为实现产业迭代升级的关键。

三、产业创新服务综合体的主要类型与创建路径

根据区域产业需求与综合体定位的不同,产业创新服务综合体存在创建切入口、创建重点和载体特色的区别,通过明确创建工作的不同类型与侧重点,进一步优化产业创新服务综合体的创建路径。

(一)针对量大面广的块状经济,组建以综合性政府平台服务为主体的创新服务综合体

基于现有平台服务体系的改革与升级,通过政府主导的方式,推进产业创新服务综合体建设。针对这一类型,产业创新服务平台建设要与块状经济发展深度融合,针对块状经济发展中存在的问题,提供"专、精、深"创新服务链,以及从产业链源头到末端经营销售的完整服务链服务,助推传统块状经济向现代产业集群转变。

同时，必须改变传统的基于单个企业的一对一技术导入机制，将补助单个专家或单个技术补助的方式，转变为给予平台补助，从而促使"点对点"扶持变为"面对面"的交流、服务与技术指导，强调创新要素获取的整体性。此外，在升级工业物联网、云计算等信息基础设施的基础上，根据行业个性化需求布局新基础设施，例如，形成科学高效的充电基础设施体系、新型物流基础设施体系、大型检验检测设备体系等。

(二)针对新兴产业关键技术攻关，组建以创新型大企业大平台为依托的产业创新服务综合体

依托国家级、省级制造业创新中心创建工作，以追踪全球技术创新动态、攻关产业前沿及关键共性技术、培育新兴技术领域与细分产业等为目标，高标准构建以企业研发机构为核心的产业创新服务综合体。针对这一类型，需要在制造业创新中心建设要求的基础上，进一步强化以市场化机制为核心的成果转移扩散机制，加强科技成果转化在区域范围内的渗透力度；通过标准固化创新成果、推动创新成果应用，强调高水平团体标准、集群标准的研制；加强与全球创新要素的深度融合，通过建立联合研发中心或实验基地等，开展跨边界的协同创新，为区域创新驱动发展提供支撑。

(三)针对时尚类特色小镇、消费品产业集聚区，组建以设计服务为主题的产业创新服务综合体

围绕设计服务对于时尚特色小镇的关键提升作用，充分发挥服务与制造融合过程中的辐射带动效应，创建以设计为主题的产业创新服务综合体。针对这一类型，突破离散、随机的服务集中模式，针对特定产业需求，打造专业性更强、服务水平更高的设计服务集聚地。以余杭家纺产业创新服务综合体艺尚小镇为例，其吸

引拥有国家级、省市级资质的设计服务企业落户,将生产性服务业集聚中心与创新、创业中心建设工作相结合,通过服务的集聚效应将周边传统生产制造企业纳入时尚产业体系。

(四)针对"互联网＋双创",组建以行业中介服务为纽带的产业创新服务综合体

围绕"互联网＋创新创业",通过专业中介服务机构联结综合服务体系,集成科技成果交易服务、产学研用协同创新服务、知识产权服务、科技中介服务、科技金融服务、创业孵化服务、检验检测服务等服务功能于一体。针对这一类型,必须有效梳理产业的共性瓶颈与个性化需求,引导和支持高校、院所、科研机构以及大型企业研究院等的创新资源下沉,针对具有行业代表性的特定需求,给予精准支持;进一步打造"科技云",充分运用"互联网＋科技政务服务"和大数据服务,打通立体服务通路,使政府部门、高校院所、行业联盟等的信息、资源、数据及系统能够互联互通、共享共用。

四、推进产业创新服务综合体建设的工作建议

产业创新服务综合体通过对创新资源进行平台化集聚与共享,实现产业链升级与价值链攀升。因此,建设产业创新服务综合体的过程,是整合与升级现有服务载体或创新平台功能的过程,是发挥平台载体新要素功能的过程。要通过完善人才、金融、信息资源要素,强化双创环境建设,构建科技服务体系,推进工业大数据应用,开展标准与指数系统等系列探索,为区域传统产业改造和块状经济升级发展提供综合性、针对性以及强有力的创新支持与服务保障。

(一)加强顶层设计,统筹推进综合体建设工作

浙江省各类创新服务平台载体发展迅速,包括经信部门培育的中小企业公共网络平台和工业设计示范基地,科技部门建设的省级科技创新服务平台和科技企业孵化器,以及企业与第三方机构建立的创新载体。但目前不同层级、不同类别的平台尚未形成有效合力,难以充分释放平台综合辐射效应。为此,需进一步完善顶层设计,结合现有的产业园区、特色小镇、工业设计基地、中小企业网络服务平台的推进工作,全面统筹和规划全省产业创新服务综合体的创建工作,推进整体建设方案的研制与出台,集聚各类资源要素和扶持政策,协同推动创建工作的有效落地与持续深入。

(二)先行先试,围绕十大重点传统制造业开展试点

处理好面上推进与点上示范的关系,围绕纺织、服装、皮革、化工、化纤、造纸、橡胶塑料、建材、有色金属加工、农副食品加工等十大重点传统制造业,落实浙江省振兴实体经济(传统产业改造)财政专项激励措施,推进产业、科技、土地、融资等政策创新,支持产业集聚度高、领导重视、措施扎实、推进力度大的一批市、县(市、区)先行开展试点示范建设,结合本地产业创新的实际需求,加强研究谋划和组织领导,重点解决具有代表性的行业瓶颈难题。同时,及时总结形成可复制可推广的经验和做法,在全省进行推广。

(三)精准施策,分类推进综合体创建工作

充分考虑各地产业集群的不同阶段与特色方向,结合当地政府服务的发展阶段与平台载体优势,选择产业创新服务综合体的合理类型与创建方式,分类推进创建工作。在"量大面广"的传统产业集聚区,完善综合性的行业共性服务,升级政府

平台服务体系;在产业链完整或企业类型集中的集聚区,选择以龙头企业为主体,构建促进上下游、大中小企业协同的平台体系;在亟须突破技术瓶颈的产业集群,选择高水平创新团队作为突破口,强化高端资源要素支撑;在亟须提升全球产业位势的集聚区,依托生产性服务业,加强行业对标与国际合作,构建开放性平台载体。

(四)聚焦重点,创新机制体制构建要素保障体系

创新要素是产业创新综合体提高核心服务能力的前提。基于不同产业创新综合体的功能定位,要完整设计所涉及的创建要素,更要聚集重点,创新体制机制,建立健全要素保障体系,确保战略性创新要素的落实。以基础资源要素为先,全面考虑现代创新服务载体的功能集成,打造符合产城融合理念、切合产业创新发展需求的软硬件环境;以技术要素为本,全盘考虑技术需求、构建综合创新体系,帮助创新型企业尽可能降低创新风险,促进行业共性技术突破;以服务要素为核,基于生产性服务业的高度集聚与服务集成,最大化发挥服务提升制造的作用,为传统制造业的转型升级提供强大引擎。

原载《经信参阅》2018 年第 2 期

从武汉长江科学城、合肥科学岛看
杭州打造国家综合性科学中心的重要性

加快推进长三角一体化,促进沿海向沿江发展,是过去5～10年来,也是未来5～10年国家经济社会发展的重大战略。如何支撑这一重大战略,顺应科技革命与产业变革的趋势,加快创新驱动发展,是必须要作出回答的时代命题。武汉作为长江经济带重要的节点城市,提出规划"长江科学城"的发展战略;合肥作为融入长三角重要的节点城市,在20世纪末就作出了规划建设合肥科学岛的战略部署。在浙江省积极推进大湾区建设、深入实施数字经济"一号工程"的背景条件下,作为省会城市的杭州,能否抓住长三角上升为国家战略的历史机遇,顺势而为,规划建设杭州综合性科学中心,已经成为一个重大课题。

2017年,杭州GDP达到12556亿元,居全国副省级城市第五位,比上年增长8.0%,副省级城市中仅深圳、成都的增速超过杭州。2018年10月,省委常委、杭州市委书记周江勇掷地有声地发布了"杭州目标":面向世界、面向未来,打造"全国数字经济第一城"。这个第一城如何真正落地仍然是一个需要进一步研究的问题。

回顾改革开放40年,杭州经济的发展之路,不仅是在总量上进入了万亿俱乐部,更是在结构上进入了现代产业体系,形成了以数字经济为引领的区域经济发展新格局。在经济空间上开始从"西湖时代"向"拥江时代""西溪时代"迈进,并逐步向杭州城西科创走廊、城东智造走廊、城南转型湾区拓展。在市场主体发展上,以娃哈哈、万向控股、西子联合、万事利集团等为代表的一批传统企业风景依旧,以阿里巴巴、海康威视、新华三为代表的新经济更具看点,在供给存量调整与增量拓展上,呈现出双轨共推的良性发展轨迹,展现出了在传承中发展、在发展中传承的实现路径。G20峰会后的杭州又将迎来亚运会,在国际化发展趋势更加明显、创新驱动更显迫切的时代大背景下,要真正实现高质量发展目标,彰显杭州的时代担当,为全省、长三角地区,乃至全国赋能,杭州必须在创新的基础能力上狠下功夫;必须看到杭州的基础研发能力不仅落后于北京、上海、深圳等一线城市,也弱于武汉、南京、成都、西安等新一线城市角逐者,杭州必须迎头赶上,补齐短板。

2017年7月,省党政代表团赴沪苏皖考察,省委书记车俊在考察全国三个国家综合性科学中心之一的合肥时,明确提出要借鉴合肥科学岛的经验和做法,加强杭州科技创新能力的建设。在国家推进长江经济带建设的大背景下,武汉提出要高规格打造承载未来国家综合性科学中心核心区的长江科学城。那么支撑杭州建设"全国数字经济第一城"的重大科创平台在哪里?作为基础研究支撑的之江实验室、云栖工程院等,能否纳入国家综合性科学中心布局? 这些问题,值得我们深入思考。

一、长江科学城、合肥科学岛建设情况

作为长江经济带的核心城市,武汉提出要高起点规划建设长江科学城。其目标定位非常明确,要成为综合性国家科学中心的核心区,用五年左右的时间,建设各类国家实验室、新型研发机构、知名企业研发中心、新型孵化器等科技创新平台载体 1000 家,汇集各类创投基金 5000 亿元以上,集聚 100 万科技创新创业人才,成为湖北新旧动能转换引领区、长江经济带高质量发展示范区和世界未来城市建设技术模式创新策源地。

同处于长江经济带的重要节点城市合肥,依托中国科学技术大学在物理、数学、生物、化学等理科上的领先优势,以及被称为"科学岛"的中国科学院合肥物质科学研究院在稳态强磁场、超导核聚变、大气立体探测等基础领域的大科学装置布局和科研成果优势,成为继北京怀柔之后第二个获得国家综合性科学中心批复的地区。合肥研究院建有两个国家大科学装置以及 21 个国家、省部级重点实验室及工程中心,拥有 10 个高能级研究所、4 个院地合作成果转化平台、3 个科教融合协同创新平台。

二、打造综合性国家科学中心应是杭州建设"全国数字经济第一城"的题中之意

何为综合性国家科学中心？按照《国家重大科技基础设施建设"十三五"规划》中的表述,综合性国家科学中心应"成为原始创新和重大产业关键技术突破的源头,成为具有重要国际影响力的创新基础平台"。由此可见,这是一个颇有分量的平台,其长远影响甚至超过国家中心城市。国家对综合性科学中心城市的批复非常苛刻,目前仅有上海、合肥、北京三座城市获得这份重逾千钧的名片,正在积极争取的城市有武汉、南京、深圳、沈阳、成都、西安等。各地在创新点上各有侧重:上海聚焦生命、材料、环境、能源、物质等领域;合肥主要面向能源科学、材料、信息等;北京围绕先进光源、物质科学综合极端条件实验装置、自由电子激光等;武汉的主打方向是脉冲强磁场、精密重力测量、光电国家实验室等重大科研基础设施建设;成都则期望以核科学、航空航天、网络安全等为主攻领域,推进国防基础科学研究和

尖端技术原始创新。

在省委省政府提出发展数字经济"一号工程"的大背景下,杭州市提出要面向世界、面向未来,打造"全国数字经济第一城",争取在数字经济前沿基础和关键核心技术创新、重点产业领域数字化转型、社会治理数字化应用等方面领跑全国乃至领跑全球。其中,"打造全国数字经济理念和技术策源地"是首要任务,核心是要突破基础前沿关键技术,途径就是要加快重大科创平台建设。

作为国家"互联网+"自主创新试点示范城市,杭州的优势十分明显,但劣势也清清楚楚,主要表现在:一是相较于深圳、合肥、武汉、南京等地,杭州的科技资源存量相对不足,高层次科研院所数量、世界五百强中国总部或研发中心落户数、国家重大科学装置布局等关键性指标相对落后。二是产业创新能级不高,以快速响应市场的渐进式创新较多,面向前沿领域的基础核心关键技术创新和颠覆式创新较少。三是创新成果产业化水平仍有待提升,在杭高校及科研院所的创新资源利用仍不够充分,市域范围内各创新主体与杭州本土的产业关联度偏低,创新成果本土转化率不高。因此,站在当前的历史方位,杭州以数字经济为切入点,加入国家综合性科学中心竞争,既是历史使命,也正当时。

三、有关思考与建议

国家综合性科学中心一般具备四大核心要素:大科学装置集群、世界一流的研究型大学、顶级科研院所、顶级企业研发中心。围绕上述要求,对杭州下一步创建国家综合性科学中心提出如下建议。

(一)加快启动国家综合性科学中心布局选址工作

从已批复的三大国家综合性科学中心情况来看,其均在空间上形成一定集聚,由内至外依次为科学圈（大科学装置集群、研究型大学和科研院所）、技术圈（顶尖企业研发中心）、产业圈（制造业企业）。杭州要打造国家综合性科学中心，也需尽早落实相对集聚的空间载体。目前来看，最具备条件的是城西科创大走廊。城西科创大走廊贯穿浙大科技城、未来科技城、青山湖科技城三大创新平台，浙江大学、阿里巴巴、之江实验室、阿里达摩院等高等院校和科研院所在沿线形成集聚，是全省高端创新资源最集中的区块。城西科创大走廊向东拓展可在余杭与城东智造大走廊形成交汇，与城东高端制造板块形成产业创新联动，具备打造产业闭环的条件；向北延伸可与沪嘉杭金 G60 科创走廊形成连接，对接上海的优质创新资源溢出，有望打造形成全长约 200 公里的中国版"101 公路"跨省域科技创新带。

(二)争取更多重大科技基础设施布局

大科学装置是吸引高端创新资源集聚的关键因素，也是申请国家综合性科学中心的必备前提，广为流传的合肥科学岛"哈佛八博士"的故事，很好地说明了一流的基础科研设施对国际人才的强大吸引力。目前，杭州只有超重力离心模拟与实验装置这一个大科学装置在建，智能联网驾驶测试与评价平台也才刚刚起步，与合肥、北京怀柔等地区存在较大差距。要全力支持由浙江大学牵头，中国科学院物理研究所、中国工程物理研究院总体工程研究所参与的超重力离心模拟与实验装置国家重大科技基础设施（CHIEF）建设，将其打造成为应用范围最广的超重力多学科综合实验平台。要以浙江建设国家数字经济示范省为切入点，争取在新一轮的大科学装置和国家实验室布局当中，将杭州纳入优先考虑范围。要聚焦数字经济特色，按照"既有错位发展，又有融合提升"的布局原则，在云计算、大数据、5G、"城市大脑"、智能网联汽车、网络安全攻防靶场、量子计算等领域积极布局一批重大科技基础设施，加快突破一批核心关键技术，形成一批重大原始创新成果。

(三)加快建设高水平、多主体、广覆盖的创新平台体系

世界一流的研究型大学、顶级科研院所、顶级企业研发中心是综合性国家科学中心的重要知识资源。近年来,杭州深入贯彻实施创新驱动发展战略,全面推进国家自主创新示范区建设,在继续发挥浙江大学等"双一流"大学支撑作用的同时,又有之江实验室、阿里达摩院、西湖大学等一批新的高端创新平台落地。下一步,杭州要再接再厉,大力推进之江实验室建设,聚焦未来网络计算、泛化人工智能、泛在信息安全、无障感知互联等方向,形成一批具有国际影响力的重大技术成果。要高水平建设西湖大学、国科大杭州高等研究院、北京大学信息技术高等研究院,打造数字经济重点学科群和实验室。要支持阿里达摩院、云栖工程院等高端企业研发中心建设,力争在城市大脑(ET)、AI芯片、智能驾驶、区块链、量子计算等领域形成一批具有全球影响力的创新成果,扶持阿里巴巴成为引领未来科技创新的"国家企业"。

(四)加快在科技人才招引和培育方面先试先行、赢得主动

人才是第一资源,是干事创业的主体。近年来,杭州大力实施人才新政、人才国际化等政策,人才流入率和海归人才净流入率连续两年位居全国城市首位。但对标国家综合性科学中心创建对高精尖人才的需求来看,尚显不足。下一步,要继续深入实施杭州全球引才"521"计划等各类引才引智计划,充分发挥院士创新基地等高层次人才创新平台作用,面向全球遴选和发掘前沿领域的战略科学家、科技领军人才和创新企业家,要特别突出诺贝尔奖获得者这一顶尖科学家群体的招引工作。积极试点开展外籍高端人才"一卡通"服务,加快推进出入境便利化改革,加快国际教育、国际医疗、国际社区建设,打造全球人才向往的理想居住地。要积极引导浙江大学、浙江工业大学、杭州电子科技大学、杭州师范大学等在杭高校加快建

立以市场需求为导向的人才培养机制，做大做强人才基本盘。也可以结合杭州城西打造全球科创大走廊的发展战略，从 21 世纪初的"东移"导向，逐步"西迁"发展，实现新的杭州高校大集聚。

(五)加快打造长三角地区重要的科技创新枢纽

长三角是全国科教资源最雄厚的地区，集聚了 422 所高校、19 个中科院研究机构、350 位两院院士、13 个建成和在建的大科学装置、74 个国家重点实验室、12 家国际合作研究实验室。杭州作为长三角地区的中心城市之一，区位优势明显，基础设施建设水平高，与上海、南京、合肥、苏州等城市联动机制较为顺畅。下一步，要抓住长三角一体化上升为国家战略的契机，发挥杭州创新创业生态完备、科技金融资本充裕、基础设施互联建设水平高等优势，积极深化与北京怀柔、合肥等国家大科学装置重点布局地区的技术合作与交流，通过"院校合作""院地合作"等形式，探索大科学装置研究成果在杭州创新孵化和产业化，努力实现人才、资源、要素、成果等的共建共享。以打造亚太门户枢纽为目标，依托杭州火车东站和萧山国际机场两大标志性工程，与上海、南京、合肥、苏州、宁波等重要城市加强基础设施互联互通，大力强化各类运输方式的衔接和综合交通枢纽建设。加快构建便捷高效的创新要素出入境通道，提升与全球创新网络节点的交流可达性。争取与国际上创新资源密集的国家和地区加强交流合作，开通更多连接硅谷、以色列、班加罗尔等创新活跃地区的国际航线。简化研发用途设备和样本样品进出口手续，优化科技创新企业非贸付汇办理流程。下放技术进出口合同登记业务权限，实施科技研发耗材零件进出口、技术展示设备实施保税政策等贸易便利化措施。

要注重转化，更要赢在"上游"

2018 年 3 月 23 日开始的中美贸易摩擦，在经历了近一个月的交涉后，不断升级，4 月 16 日，美国商务部宣布今后 7 年内禁止该国企业向中国电信设备制造商中兴通讯出售任何电子技术或通讯元件，这无疑是对中国通信设备制造业一个致命的打击。虽然中兴通讯已经成为全球第四大电信设备制造商，已经具备了较强的国际化能力，但是，美国商务部这样的禁令，对中兴通讯公司来说无疑是晴天霹雳。禁令的背后，也引发了舆论场上的深入讨论。缺"芯"导致"命门"被卡，核心技术受制于人，触及了互联网和信息产业的"痛点"。

21 世纪的第二个十年，我国通信产业发展迅速，芯片等技术自给率不断提升，推动国内通信企业的迅速发展，以华为、中兴等为代表的企业，在国际市场的地位不断提高，竞争力不断提升；同时，在信息消费领域，以"互联网＋"为标志，商业模式不断创新，造就了 BAT 等公司的迅速成长。从区域上看，在国内东部地区，广东、江苏、浙江等省份，信息通信业成为推进经济发展的重要支柱产业。如浙江已成为国内第一个国家信息经济示范区，以数字经济为主要内容的新经济发展迅速，有力地支撑了区域经济的发展。

但是必须看到,国内信息经济、数字产业的发展,目前主要相对集中在消费领域,产业原始创新的能力远远不够,很多创业在核心技术上仍然受制于人,特别是芯片技术,和国外的差距还是比较大的。要解决这些问题,缩短和发达国家的差距,必须老老实实把基础研究做好。从创新链角度来讲,基础研究属于价值链的"上游",应用研究属于"中游",成果转化应用属于"下游",没有扎实的基础研究、原始创新"上游"的不断发力,就不可能有产业发展力的原动力、市场的持续竞争力。即使是中兴通讯这样的大企业,也同样会因一颗芯片被卡住"命门"。

面对技术的差距,不能有偏激的情绪和行为,而应该激发起理性自强的心态与能力,通过自力更生掌握核心技术。在 2018 年浙江省科学技术奖励大会上,丁列明、高从堦、姚力军三位科学家荣获省科学技术重大贡献奖,286 项科技项目成果荣获省科学技术奖,这些奖项涵盖了信息技术、高端制造、生物医药等领域,既有补齐基础研究创新短板的全新成果,也有致力于服务经济社会发展、改善人民生活的科技创新。这些成果都具有比较扎实的基础研究,同时以企业为主体、以市场为导向;取得这样的成果是可喜可贺的。总结"中兴门"事件,结合浙江省科学技术进步的轨迹,有两点是需要引起特别注意的:

一是让企业成为实现高质量发展的科技创新主体。2018 年浙江省科学技术重大贡献的三位获得者,有两位来自企业;获奖项目中,企业为第一完成单位的项目占比 39.4%,产学研合作项目占比 56.8%;在 28 项一等奖建议项目中,企业为第一完成单位的项目占比 25%,增幅较为明显,企业已经成为浙江省科技创新的主要阵地;信息和制造业领域占 48.2%,大健康领域占 25.5%,且在近三年中通过直接应用或推广转化实现 1950.7 亿元的市场。可以看出,浙江省企业科技创新支撑产业发展的特色明显。让企业成为技术创新的主体,有利于持续产出并迅速推广新的科研成果,也为实现质量变革、动力变革、效益变革奠定了良好的基础,为实现高质量发展提供了强大动力。

二是推进基础研究再上新台阶。基础研究处在创新链的最"上游",是科技驱动、创新发展的真正源泉。在浙江省 2017 年度科学技术一等奖 28 个项目中,自然科学奖达 6 项,明显高于往年。这也符合党的十九大报告指出的"瞄准世界科技前沿,强化基础研究,实现前瞻性基础研究、引领性原创成果重大突破"的精神要求。站在新一轮科技革命的风口,浙江省要抓住机遇、扎根浙江,发挥浙江大学、之江实验室、西湖大学、阿里达摩院在基础研究方面的相对优势,争取在量子通信、人工智能、虚拟现实等领域发力,进一步丰富数字技术领域的科研成果,提出更多原创理论,做出更多原创发明,力争赢在"上游",实现重要科技领域的跨越发展。

习近平总书记曾告诫我们:"不能总是用别人的昨天来装扮自己的明天","只有把核心技术掌握在自己手中,才能真正掌握竞争和发展的主动权,才能从根本上保障国家经济安全、国防安全和其他安全"。党的十九大吹响了加快建设创新型国家的强劲号角,再一次强调"创新是引领发展的第一动力,是建设现代化经济体系的战略支撑"。核心技术靠化缘是要不来的,也是花钱买不来的。只有脚踏实地、忍受阵痛,在关键领域、核心技术上下功夫,把基础部件、基础工艺做深,做实,实现赢在"上游",才能在全球市场上有自己的竞争力,才能真正实现高质量发展和建设现代化经济体系的伟大目标。

原载《浙江经济》2018 年第 8 期

商业模式创新 PK 产业技术创新

在学术上，关于商业模式创新与产业技术创新的争论，是伴随着消费互联网经济的迅速发展产生的一个比较热门的话题。小米在香港上市，最后确认发行价在17 港币至 22 港币之间，发行 21.8 亿股，募集资金在 371 亿港币至 480 亿港币，据此判断公司估值在 539 亿美元至 698 亿美元之间。鉴于其过高估值带来的风险，原本发行内地第一只 CDR 的计划暂时搁浅。关于小米估值的分歧在于，小米到底是什么样的公司，是硬件制造企业还是互联网企业？关于此争论的某篇文章明确指出，事实上过去十几年来中国所谓的"互联网创新"，大都是"商业模式"上的一种模仿，与产业技术创新无关。

无独有偶，2018 年 7 月，在《浙江日报》围绕省委"一号工程"而开设的《数字经济大家谈》专栏中，复旦大学管理学院院长陆雄文在《马云的愿景和浙江数字经济的短板》一文中提出，"从商业模式驱动到技术创新驱动，希望浙江未来有越来越多的互联网企业，能够为中国的数字经济发展贡献更多的原创技术、基础技术"，为浙江省数字经济的发展，乃至全国数字经济发展指出了一条明确的路径。

其实这两件事情清晰地向我们传达了一个信息，互联网创新约等于商业模式创新,制造业、实体经济的产业核心技术才是真正的技术创新。尽管雷军表明小米公司采用了横跨商业模式创新和产业技术创新的公司运营模式,但是市场视乎并没有表现出认同。尽管马云表明阿里巴巴将来是一家技术创新驱动的公司,但是市场目前仍然认同阿里巴巴是一家互联网公司,所以阿里巴巴下决心成立阿里达摩院,进军芯片设计与制造。

必须看到,进入 21 世纪以来,特别是首届世界互联网大会召开以来,整个经济社会发展的互联网化转型是十分迅速的,以数字化、互联网化、智能化为特征的技术与产业演进的路径极其明显。浙江桐乡乌镇作为世界互联网大会的永久举办地,杭州作为"互联网+"自主创新示范城市,宁波作为智能经济发展的示范城市,从电子商务到"四新"经济,从两化融合、两化深度融合再到智能制造,以数字化为主要特征,以"互联网+"为主要路径,大力发展融合型经济,已经成为推进浙江省效率变革、动力变革、质量变革的战略选择,也为浙江省现代化经济体现的打造奠定了坚实的基础。

辩证地看待小米的定价与市场定价,陆雄文教授的期待和马云的愿景,对于我们更好地贯彻实施数字经济"一号工程"无疑是重要的。对于浙江省来说,商业模式创新从近期来讲,是必须要发挥好的最大"长板"之一,这是浙江省数字经济发展十分重要的战略路径。回顾过去的 40 年,浙江省之所以较成功地实现了从"小省"向"大省"的跨越,一条十分重要的路径就是市场模式的创新,建一个市场、带一方产业、活一方经济、富一方经济就是很好的写照。浙江省的这种发展模式,可以看成是市场模式创新 1.0,属于商业模式创新的第一个阶段。当经济社会逐步进入互联网时代后,电子商务迅速发展,大量的"块状经济+专业市场"的模式开始受到较大的挑战,特别是"双 11""买买买"更是将这种电子商务的发展推向了新的高度,这可以看成是浙江省市场模式创新的 2.0,属于商业模式创新的第二个阶段。这种创新,尽管给人们的感觉,仍然是在打价格战,但对于发展仍然处于"不平衡、不充分"的更多省份和地区来讲，商业模式创新所产生的巨大社会影响，以及带来的社会进步与促进作用，仍然是无法替代的。大力发展新零售，加快商业模式创新迭代，才是我们更加期待的。正如前人所言，"好酒还得勤吆喝、好酒也要善吆喝"，以更加积极、阳光的心态，关注并支持商业模式创新，不但对浙江省，乃至对全国来说，都是至关重要的。

当然，作为全球第二大经济体，相比商业模式创新，产业技术创新，尤其是产业发展的核心技术创新，无疑是十分重要的。党的十八大以来，习近平总书记在多个场合强调"核心技术是我们最大的命门，核心技术受制于人是我们最大的隐患"。中美贸易摩擦，特别是"中兴事件"，更加清晰地告诉我们，加快产业核心技术的突破，是真正实现经济高质量发展的不二选择。励精图治、练好内功，才有参与国际竞争力的"本钱"，否则即使经济总量第二，也是一种"虚胖"，大而不强。当然，产业核心技术的提高和突破，是一个相对长期的过程，不可能一蹴而就，要脚踏实地，基础研究，注重积累，注重一步一个脚印，才是一种科学的态度。

面对这个时代，一方面，我们的长板仍然要发挥好，做好渠道创新、模式创新；另一方面，我们的短板要尽快补上，把产业技术创新、原始能力创新，放到更加突出的位置上，加大投入，努力突破，不能够急于求成，要耐得住寂寞，通过不断深化改革，构建更加有利于创新的机制，才是建设现代化经济体系的人间正道。

原载《浙江经济》2018 年第 16 期

军民深度融合　加速高质量发展

习近平同志在党的十九大报告中三次提到"军民融合",强调要坚定实施军民融合发展战略,形成军民融合深度发展格局,构建一体化的国家战略体系和能力。军民融合发展战略成为开启全面建设社会主义现代化国家新征程必须坚定实施的七大战略之一。

回望近现代史,每一个大国的崛起基本上走的都是"军民融合"之路。特别是近半个世纪以来,因军事需要研制出的第一台计算机,后来带动了以信息技术为先导的人类历史上又一次产业革命;美国为部署"星球大战计划"而开发了全球定位系统,才有了今天"GPS"的普遍应用,并产生了强大的经济效益;正是美国国防部部署实施"信息高速公路"计划,才有了互联网的不断飞速发展。反之,如果军工技术归军工技术,民用技术归民用技术,不但会大大削减技术进步的溢出效应,而且对国防军工的发展也起不到相得益彰的作用。

以高质量发展,引领军民融合发展。党的十八大以来,党中央把军民融合发展上升为国家战略,从党和国家事业发展全局出发进行总体设计,军民融合发展呈现整体推进、加速发展的良好势头。C919 大型客机首飞成功,将大大拓展民用航空市场，也提升了中国制造的总体水平和能力；北斗卫星导航系统带动定位导航产业蓬勃发展，产值超千亿；"蛟龙号"载人潜水器不断刷新下潜深度，有望引发民间深海开发热潮，这些技术应用都不断带动军民融合迈向新高峰，促进产业技术不断进步，带来了一大批新的经济增长点。但同时，我们应该看到，我国的军民融合刚进入由初步融合向深度融合的过渡阶段，国防科技工业领域的军民融合仍存在许多制约和障碍，国民经济要实现高质量发展，则必须进一步落实深化军民融合发展战略。

一是以市场机制为军民融合最核心的转化机制。习近平同志曾指出，"既要发挥国家主导作用，又要发挥市场的作用，努力形成全要素、多领域、高效益的军民融合深度发展格局"①。军民融合深度发展的两大主体是"军"与"民"，在国家的统一政策主导下，浙江作为全国市场机制最发达的省份之一，竞争活力充沛，具备民营企业参军有利环境，因此在广泛运用多元投资、多方技术等方面理应更好地发挥示范引领作用。特别是浙江具有一大批优秀的民营企业，它们应该参与更高层次的国防军工建设。

二是以"互联网＋"赋予军民融合新能力。习近平同志在 2014 年的全军装备工作会议讲话中强调："要坚持信息主导、体系建设，坚持自主创新，坚持军民融合深度发展，坚持突出重点，构建适应履行使命要求的装备体系。""民技军用"是军工信息化建设的重点，即将民用技术和产品向武器装备科研生产转移，加速信息化武器装备体系建设。浙江是新一代互联网经济的弄潮儿，站在信息经济发展的最前端，借势"互联网＋"行动计划，挖掘"民转军"的信息化沟通渠道，对于推进网络强军，实现军工信息化将起到拓局破题的重要作用。

三是让"民参军"，更要促"军转民"。近年来，"民参军"迈上新台阶，目前取得

---

① 中共中央文献研究室.习近平关于全面深化改革论述摘编.北京：中央文献出版社，2014：125.

武器装备科研生产许可证的主要企业里,民企已占 2/3 以上,优势民营企业占比近一半。进一步引导"民参军",让优势产业领域和企业参与军民融合,使民营企业更多地参与军品研发、生产、混改等领域,实现国防信息化、装备制造与新材料领域军民产品相互转换和产业优化。在"军转民"方面,目前国内最顶尖的军用技术和人才仍然集中于各军工科研院所之中,军工的主要技术优势尚未实现较好的转化。现阶段,利用先进军用技术支撑浙江省工业转型升级,助推传统军工企业从"输血"向"造血"转变,对于帮助浙江民营企业加速推动协同创新,深度推进浙江省军民结合型产业扩大规模和提升水平意义重大。

四是注重培养新市场主体与平台。搭建"军地"一体、双向联通的军工平台,构建军民深度融合发展的服务保障和科技协同研发体系,通过需求对接、政策引导和定制服务,实现资源开放共享。国家军民融合创新示范区是推动军民融合深度发展的"试验田",相信这一类的创新主体和平台,在未来会破解影响和制约军民融合发展的体制性障碍、结构性矛盾、政策性问题等,实现创新引领,推进基础设施统筹建设和资源共享、军民科技协同创新、军地人才双向培养交流使用、民企统筹发展、新兴领域军民深度融合。

原载《浙江经济》2018 年第 6 期

关于深度推进浙江省军民融合产业发展的建议

推进军民融合发展，是贯彻党的十九大精神、建设现代化经济体系、实现富国强军的战略举措。浙江省委省政府高度重视军民融合发展，作为习近平新时代中国特色社会主义思想重要发源地、全国区域经济的第一方阵、民营经济大省、互联网经济强省，浙江省要深入推进供给侧结构性改革，进一步推进军民深度融合发展，努力培育浙江产业竞争新优势，为建设"两个高水平"提供强大新动能。

一、军民融合产业基础良好

顺应国家推进军民融合发展的战略，浙江省军民融合已形成较好的产业发展基础。据初步测算，截至 2016 年底，全省军民融合产业产值在 2800 亿元左右，已经形成了军民融合发展的良好势头。

(一)市场主体覆盖面广

目前，全省拥有军民融合类企业 1100 多家，获得武器装备许可证的参军企业有 200 多家,其中拥有国家保密资质的企业有 100 多家,涌现出海康威视、宁波海电、嘉科电子、西子航空等代表行业发展方向的军民融合龙头骨干企业。全省还拥有 28 个军民融合产业基地,包括 1 个国家级军民融合产业基地、15 个省级军民融合产业示范基地,基地拥有军民融合相关企业近 500 家,全部工业总产值超过 8000 亿元。

(二)产业集群发展特色鲜明

以块状经济为产业组织方式的产业集群化发展是浙江省区域经济的典型特点,这种特点也有力支撑了军民融合发展的产业构架。浙江省军民融合产业分布主要集中在杭州、宁波、湖州、嘉兴、舟山等环杭州湾地区。全省初步形成了以杭州的光纤传感、数字安防、舰船动力、航空配套,宁波的特种金属材料、复合材料、高端装备,嘉兴的光电器材、核电关联、高端紧固件,湖州的新能源、地理信息、轻武器生产,绍兴的特种纺织、生物医药、金属加工、碳纤维材料,金华的机械加工、医药化工,舟山的船舶修造、海洋电子,台州的通用航空制造、军工化工,温州的电气电工、特种泵阀为主的具有鲜明特色的军民融合产业发展格局。

(三)创新平台建设速度加快

浙江省已拥有中物院(宁波)军转民科技园、中国兵器科学研究院宁波分院新材料技术创新中心、中国电子科技集团第 21 所浙江分所、长三角军民融合创新发展研究院等科研院所,以及浙江大学西子工业技术研究院等企业创新平台,为军民深度融合提供技术支撑。全省创建德清地理信息小镇、海盐核电小镇、新昌万丰航空小镇、台州无人机航空小镇、桐庐智慧安防小镇、江北动力小镇等具有军民融合产业相关特色的小镇 16 个,占全省 108 个特色小镇的 15% 左右。

二、发展军民融合产业比较优势明显

产业发展最根本的动力是市场机制,浙江省相对成熟的市场机制为相对封闭的"军工领域"走向"开放发展"提供了最好的市场机会,也为浙江省军民融合产业发展提供了历史机遇。

(一)产业协作配套性强

浙江是制造业大省,门类齐全,产业链完整,集聚效应明显,具有高度分工配套协作能力。浙江省与军工产业紧密相关的机电、新材料、汽摩配、模具、高端装备、纺织服装、生物医药等基础性产业在全国具有一定影响力,是行业内的"隐形冠军"。在制造业 31 个行业大类中,全省有近 20 个产业销售收入和利润总额均占全国同行 10％以上,众多"专精特新"产品在细分领域国内外市场占有率第一,发展军民融合产业具有良好的产业基础优势。

(二)市场转化机制性好

浙江以民营经济为主,资本市场活跃,目前拥有境内外上市公司 485 家,总市值约 7.6 万亿元,上市企业数量跃居全国第二位。同时,浙江拥有全国唯一的民间投资创新综合改革试点、国家级小微金改试验区,丰厚的民间资本和灵活的市场机制有利于推动军民融合重大项目的落地,加快军工技术产业化,而民营资本的深度介入也可有效推进军工资产证券化进程,实现资本链、科技链、产业链的深度融合。近年来,杭州、湖州、台州等军民融合发展较好的地区,还专门设立军民融合产业引导资金,集聚资源,营造发展军民融合产业的良好氛围。

(三)产业发展交集多

产业具备互补性优势是军民融合发展的重要外部条件。信息技术、数字技术、互联网技术是军民融合发展的重要交集,其中物联网作为新一代信息技术核心,是一种典型的军民两用技术。浙江省是全国首个国家级信息经济示范区,新一代信息技术领域创新创业活跃,涌现出了一批智慧安防、智慧能源、智能制造等物联网龙头企业,形成了卫星应用及通信、智慧安防、高端电子元器件、信息软件等优势领域,在这些领域军工能力本身就很强,产业融合发展已经形成相对竞争优势。同时,浙江省传统制造业正处于加快转型升级的时间窗口,为推动产业高端化发展,已涌现了如西子联合董事长王水福、绍兴精工董事长金良顺、金州集团董事长俞锦方等一批热衷于推进民间资本和一流军工技术深度融合发展的浙商,为军民融合发展提供了最直接的企业家动力支撑。

三、深度推进军民融合发展的有关建议

当前和今后一个时期是军民融合发展的战略机遇期,为实现军民资源互通共享和相互支撑、有效转化,推动军民融合深度发展,浙江省要抢抓军工集团发展混合所有制经济的改革红利、军工技术转化的技术红利、国家推进军民融合发展的政策红利,加强市场主体培育、引进重大项目建设、发挥"网络军工"优势、加快制度创新,力争通过三年左右时间的努力,使浙江省军民融合形成明显的竞争优势,成为浙江省现代化产业体系建设的重要途径。

(一)集聚资源,组建浙江军民融合产业集团

发挥中国电科第 36 所、中电海康集团公司、中船重工第 715 所、杭州航天电子

科技有限公司、浙江先锋机械有限公司、中核浙江衢州铀业有限公司等省内现有军工资源优势，紧紧抓住混合所有制改革机遇，以政府为主导，适当吸收社会资本，加快组建浙江军民融合产业集团。集团坚持市场化运作，发挥国企在技术、人才、资金等方面的优势，主动精准对接国内外军工优质资源，推进重大国防科技成果在浙江的落地转化，促进全省军民融合产业做大做强。集团的建立，有利于整合全省军工资源，积聚力量加快浙江省战略性新兴产业培育和传统制造业改造提升步伐，这既是加强国家安全建设的内在需要，也为浙江省经济转型升级、建设制造强省提供有力支撑。

(二)创新举措，引进建设一批军民融合重大项目

以重大项目引领带动产业发展，加强与四川、重庆、陕西、北京等军工大省（市）合作，主动谋求军队和军工集团重大项目布局落户浙江，着力引进一批科技含量高、影响力大、辐射带动强的重量级项目，创新合作方式，加大扶持力度，推动宽带海洋工程、北斗地基增强网、商业航天基地、西子航空大飞机二期、天河三号超算中心、量子测控等一批重大项目落户浙江，重点支持波音飞机亚太基地、海康威视电子安防产业基地、航天科技集团遥感卫星、浙江航天泰坦空间信息产业的"高分专项"、台州无人机征集生产基地、凤凰智能化无人潜航器等重大项目的建设，实施一批军民两用重大创新项目、国防科技成果重大产业化项目、军用技术改造传统产业项目和军民技术咨询服务项目。鼓励省内优势国有企业积极参与交通运输、光纤光缆、大飞机制造、卫星与航天、航空母舰制造等国防重大工程项目。

(三)立足长处，优先发展"网络军工"领域

牢牢把握国家级信息经济示范区建设机遇，发挥浙江省民营企业主体优势，以安防监控、光纤传感、高性能存储芯片、光电子、特种电子元器件、信息软件等特色产业为基础,推进中国电子科技集团公司第52研究所、第36研究所等省内军工企业,与阿里、新华三等网络信息安全运营商开展强强联合,优势互补,加强关键核心技术和产品的研究开发,提高国防信息安全核心软硬件自主化程度,加快自主可控国产替代进程,在网络安全领域发挥排头兵作用;依托智能终端操作系统、云计算操作系统、大型数据库等关键技术优势,提供维护国防网络信息安全新手段,加快建设以"网络军工"为重点的国防信息强省。

(四)把握机遇,支持企业参与军工集团混改

抓住我国军工集团发展混合所有制经济的机遇,支持浙江省有条件的企业尤其是上市企业,通过合资参股、控股、收购兼并等方式,参与军工单位混合所有制改革,以及参与具有"生产经营活动"特点的军工科研院所的企事业改制,加速推进其资产证券化,重塑并提升企业核心竞争力。支持龙头企业和优势企业整合产业链资源,对军工企业关联产业领域开展并购重组,进入军品配套领域,提升价值链,引领并带动中小企业向"专精特新"方向发展。浙江省应重点发展兵器、航空、航天、舰船、军工电子、核工业等高端制造业,深化纺织、服装、医药、机械零部件、五金工具等"军贸军购"领域。

(五)用足存量,加快国防信息技术解密成果产业化

2017年3月,军委装备发展部国防知识产权局首次发布解密国防专利信息2346件。浙江省应抓住国防科技成果解密制度改革红利,发挥信息经济、网络经济先发优势,充分挖掘国防科技成果存量,定期开展解密成果整理,定期向全省公开解密信息,促进解密国防科技成果在浙江省实现产业化。支持中电科36所、52所等在浙军工研究院所提前布局国防科技解密成果的产业化,通过项目路演、投融资对接等多种形式,向民营企业推广一批可转移、能产业化的军民融合信息技术。

（六）聚焦平台，建设具有军民融合特色的产业创新综合服务体

鼓励军民融合龙头骨干企业联合地方政府、省军区、军工集团、军事院所、高校、服务机构、企业、金融机构等，依托军民融合产业基地或示范区，整合资源，突破"民参军"机制创新和"军转民"开放创新，合力共建军民融合产业创新综合服务体，提供集供需信息对接、技术转移、成果转化、创业孵化、金融服务、检验检测认证、知识产权保护等于一体的综合服务平台，推动成果双向转移转化，加快重大技术项目军民两用产业化步伐，促进产业加快发展。探索运用"互联网＋""云制造""大数据"等新型技术服务模式，建设军民融合智库，协同推进军民产业深度融合发展。

（七）创新制度，加强政策扶持力度

近年来，浙江省加强规划政策引导，制定出台了有关推进军民产业融合的系列政策文件，但与全国军工大省（区、市）相比，浙江省举措还不够实、力度还不够大。浙江省应利用"最多跑一次"改革契机，提高武器装备科研生产单位保密资格审查认证、质量管理体系认证、科研生产许可证和承制单位资格审查认证等"军工四证"的审批效率，精简流程，推进多证融合，对取得相关认证企业给予相应的奖励，如认定为国家高新技术企业，优先推荐申报国家和省首台（套）重大技术装备产品，给予财政资金或政府产业基金扶持等。同时，加强财政支持力度，设立省级军民融合产业发展基金，力争建设国防科技工业军民融合综合改革试点，在体制机制创新、资源整合、成果转化、公共服务模式创新等方面取得突破。

原载浙江省社科院《智库专报》2018 年第 1 期

"一带一路"的浙江元素

2017 年 5 月 14 日至 15 日，"一带一路"国际合作高峰论坛在北京隆重举行。这是我国继北京 APEC、杭州 G20 后举办的又一次重要的国际峰会和主场外交，全球目光再次聚集这个千年文明古国，各国共商合作大计，共建合作平台，共享合作成果，千年丝路正重新焕发耀眼的时代光辉。"一带一路"倡议是以习近平同志为核心的党中央着眼长远、面向全球提出的，自提出以来，便得到世界各国的积极响应，已成为国际合作的重要平台。全面参与"一带一路"倡议，是浙江新时期构筑改革开放新优势的重要战略。

一、区域经济新方略

建设"一带一路"，浙江发展的战略选择。改革开放以来，浙江省经济发展取得显著成就，经济总量、发展质量位居第一方阵，经济社会发展水平走在了全国前列，中国社会科学院发布的《中国省域经济综合竞争力发展报告（2015—2016）》蓝皮书显示，2015 年浙江位居全国 31 个省（区、市）经济综合竞争力第五名。但浙江省同时也面临着资源与环境制约、产能相对过剩、创新能力不强、大企业国际竞争优势不是十分明显等问题，面对国内外经济发展的新形势，浙江必须加快转型升级发展，拓展经济发展新空间，再造改革开放新优势。顺应国家"一带一路"倡议，坚定不移地参与"一带一路"建设，在更大程度、更广领域上实施"走出去"与"引进来"，努力集聚全球先进生产要素，为浙江省传统产业提升、实体经济振兴带来新机遇。

建设"一带一路"，浙江拥有得天独厚的优势。数千年前，浙江曾是古丝绸之路中的重要商品生产和集散地，也曾是古代海上丝绸之路的重要起航地。改革开放以来，浙江作为我国率先发展的东部沿海经济大省和外贸大省，努力建设先进制造业基地，在 39 个工业大类、525 个工业小类中，有 200 多种工业产品市场占有率达到前三名。浙江已经成为全球重要的轻工、日用消费品生产和采购集聚地。义乌国际小商品城是全球最大的小商品集散地，"买全球货、卖全球货"，义乌已经成为全球驰名的国际采购中心。宁波舟山港已连续 8 年货物吞吐量全球第一并通达全球各地。

以民营经济为主体的浙江区域经济，充分发挥市场在资源配置中的决定性作用，在全球范围整合资源，抓住改革开放的有利时机，在产品"走出去"、技术"引进来"、要素全球化等方面走在全国前列。浙商是参与"一带一路"建设时间最早、领域最广、产品和服务门类最多的主要群体。这些都使浙江在"一带一路"建设中具备得天独厚的优势条件。

二、丝路经济新行动

建设"一带一路"，浙江一直在路上。"一带一路"建设以"五通"为主要内容，为国际经济合作提供了重要方向。在设施联通方面，陆上，推进"义新欧""甬新欧"中欧班列常态化；海上，组建省海港委，实质性推进宁波港、舟山港一体化，加快构建畅通高效的运输通道网络。规划建设义甬舟大通道,打通陆上海上"丝绸之路"。浙江省着力推进舟山自贸区建设,大力推进杭州、宁波跨境电商综合试验区建设,构建"陆港、水港、网港"新格局。不断深化义乌国际市场采购改革,积极举办宁波中国—中东欧投资贸易博览会,加快形成与沿线国家的密切合作。同时,积极争取"一带一路"国际联盟总部落户浙江。

建设"一带一路","浙江板块"百花纷呈。中国"一带一路"建设推进三年来,浙江省对"一带一路"沿线国家贸易在全国对"一带一路"沿线国家外贸总值中所占份额稳步提升,2016 年浙江省对"一带一路"沿线国家贸易额 1047 亿美元,占全国"一带一路"沿线贸易额的比重在 11%左右,位居全国第三。其中,2016 年,浙江对"一带一路"沿线国家出口 6018 亿元,规模位列中国第二,占全国的 15.6%。有关数据显示,浙江省 2015 年和 2016 年对全国"一带一路"进出口的增长贡献率均居全国首位。浙江在参与"一带一路"建设中亮点纷呈,涌现出一批鲜明的浙江元素。

亮点一:海陆齐发形成"一带一路"大通道。"义新欧""甬新欧"丝路专线辐射中西部,向西连接"丝绸之路经济带"沿线国家和地区,成为亚欧大陆互联互通的重要桥梁。宁波舟山港已成为全球第四大港口,是国际贸易货源的重要中转站,来自全国各地的货物通过铁路连接汇集到这里,通过海上丝绸之路出口至全球。

亮点二:义乌小商品之都"货卖全球"。义乌拥有全球最大的小商品批发市场,经营 180 多万种商品,小商品出口到世界 210 多个国家和地区,每年近 50 万人次的境外采购商,100 多个国家和地区的 1.3 万多名常驻外商,5300 多家各类涉外机构,成为"中国制造"走向世界、世界商品进入中国的重要平台。

亮点三:网上丝路打开贸易新格局。浙江电子商务发展在全球都处于领先地位,拥有一大批国内外知名的电商平台以及跨境电商企业。2015 年 3 月 7 日国务院批复杭州成为首个跨境电商综合试验区,2016 年宁波又被列入国家跨境电商综合试验区,成为浙江省跨境电子商务发展的双引擎,形成了跨境电商发展的"浙江模式"。杭州跨境电商综合试验区率先行动,联合阿里巴巴打造马来西亚 eWTP 试验区,成为中国本土以外的第一个 eWTP 数字中枢,初步形成了新时期"一带一路"沿线国家贸易发展的新路径。

亮点四:浙商资本和民营企业唱主角。民营企业在浙江参与"一带一路"建设中发挥着主力军作用,目前浙江在"一带一路"沿线国家乌兹别克斯坦、泰国、越南、俄罗斯、塞尔维亚建立的 5 个产业园,主要是由浙江省民营企业牵头建设的。2016年浙江省民营企业对"一带一路"沿线国家进出口 5401.3 亿元,同比增长 6.5%,贡献了全省对"一带一路"沿线国家近八成贸易额。浙商资本有效地带动了世界银行国际金融公司(IFC)、中国—中东欧基金、亚洲开发银行(ADB)等其他国际金融机构参与"一带一路"建设,有效地促进了"南南合作"项目等"一带一路"区域性国际合作。

三、国际创新发展新跨越

建设"一带一路",浙江要勇立潮头。面对新一轮区域改革开放大棋局,浙江省要按照习近平总书记提出的"秉持浙江精神,干在实处、走在前列、勇立潮头"的新要求,抓住机遇、发挥优势、主动融入、科学定位、积极作为,打造"一带一路"经贸合作先行区、"网上新丝路"引领区、国际贸易物流综合枢纽,将浙江省建设成为"一带一路"战略支点以及开放合作的重要门户,争当"一带一路"建设的排头兵。

一是加快浙江自由贸易区建设。加快在油品全产业链投资便利化和贸易自由化、新型贸易投资方式、金融开放创新、通关监管领域体制机制等五大方面进行探索创新,建设国际油品交易中心,加快石油石化科技研发和人才集聚,着力推进国际航空产业园以及波音 737 项目建设,打造成为东部地区重要海上开放门户示范区、国际大宗商品贸易自由化先导区和具有国际影响力的资源配置基地。

二是着力推进义甬舟大通道建设。以宁波—舟山、金华—义乌为枢纽，以金甬舟铁路、金台铁路等交通干线为纽带，加强沿线海陆空口岸一体化和海铁联运等集疏运体系建设，深入推进宁波舟山港实质性一体化、港口经济圈和舟山群岛新区建设，加快义乌国际市场贸易采购改革，联动推进舟山、宁波、嘉兴、金义等综合保税区建设，打造沿海和内陆开放、对外和对内开放统筹联动的开放大通道。

三是积极打造"网上丝绸之路"。浙江要发挥跨境电商综合优势，打造线上线下融合发展的"网上丝绸之路"，构建"一带一路一网"新格局，探索制定贸易新规则。通过加快杭州、宁波国家跨境电商综合试验区的先行先试，逐步形成一套适应和引领全球跨境电子商务发展的贸易制度和规则，推动建立跨境电商的"浙江标准"，提升我国国际电商话语权。

四是加快重点项目、重点产业园建设。围绕基础设施、产业合作、人文交流、海洋经济等方面，建立浙江省参与"一带一路"建设重点推进项目库，争取并推动一批能上升到国家战略层面的重大经贸合作项目。加快泰中罗勇工业园等境外合作园区建设，积极在沿线国家建设一批境外经贸合作园区，打造境外合作园区建设的"样板工程"。

五是在构建命运共同体中体现浙江的时代价值。"一带一路"是中国基于国内国际发展提出的新倡议，从产品输出、技术合作等经济发展到传承历史、构建文明的国家与民族交流合作，浙江省将充分发挥历史悠久、文化积淀深厚、新经济发展活跃等各方面优势，在从中国资源、全球市场到全球资源、全球市场发展过程中，积极参与、勇立潮头，体现"一带一路"命运共同体建设过程中的"浙江智慧""中国方案"。

原载《经信参阅》2017 年第 5 期

创新中捷合作新模式　促进高质量开放新发展

2013 年，习近平总书记提出的"丝绸之路经济带"和"21 世纪海上丝绸之路"的重要合作倡议，得到了全球 100 多个国家（地区）和国际组织的积极响应与支持，"一带一路"开辟了新时期中国与世界各国构建人类命运共同体的新起点。从 G20 杭州峰会到北京"一带一路"国际高峰论坛，世界不断感受到我国在现行国际秩序下积极参与全球治理的中国智慧和中国力量。

国际经济正处在一个大发展大变革大调整时代[①]，"一带一路"从战略高度整合沿线国家的资源优势，为世界经济增长贡献新理念、新思路和新动力。根据中央的安排，浙江省"一带一路"的重要国家是捷克，务实推进中捷合作，是浙江省贯彻国家战略的重要任务。浙江省可以充分发挥制造业、建筑业领域的优势，嫁接悠久的传统文化领域优势，导入新商业模式，把捷克打造成为"一带一路"经济文化交流合作的示范项目，通过 3～5 年时间的努力，逐步形成可复制、可推广的项目建设和

[①] 2009 年中央政治局会议最早作出了"当今世界正处在大发展大变革大调整时期"的国际形势判断，2017 年 5 月 14 日，习近平总书记在"一带一路"国际高峰论坛开幕式讲话中指出，"从历史维度看，人类社会正处在一个大发展大变革大调整时代"。

发展模式,把"中国建造""中国制造""中国文化""中国服务"融为一体,彰显道路自信、理论自信、制度自信、文化自信。

一、中捷合作前景广阔

一是区位优势突出。在"一带一路"倡议推进中,作为点对点合作伙伴,浙江与捷克都具有明显的区位优势。浙江是古代陆上和海上丝绸之路的重要出发地,也是"一带一路"建设的重要起点。捷克地处西欧和东欧中心地带,素有"欧洲之心"的美誉,是从中亚、中东、俄罗斯进入西欧的重要通道,也是"一带一路"欧亚陆路通道的重要支点。浙江可以将捷克作为我国在欧洲的重要生产活动基地,深耕捷克市场的同时,积极开拓欧洲市场,将捷克打造成我国在中东欧乃至整个欧洲地区落实"一带一路"的重要突破口。

二是产业优势互补。捷克工业历史悠久,机器设备制造业门类齐全,是世界上汽车制造、设计与研发集中程度最高的国家之一,飞机制造业传统优势明显,制药和生物技术水平较高,"捷克造"曾经是世界制造业著名品牌,捷克水晶、Bata 鞋子、斯柯达汽车等享誉全球。浙江的出口产品主要以劳动密集型产品为主,高品质制造相对缺乏,"捷克造"与"浙江造"之间的技术互补可以支撑浙江省标准化战略。而在一些新技术领域,如智慧城市建设、数字安防技术,浙江省拥有全球领先的技术水平,并在建设实践中形成了较好的产业发展模式,而捷克的智慧城市、智慧安防领域市场需求巨大,规划建设步伐也刚刚开始,要率先推进项目合作,并形成可复制、可推广的商业模式和数字城市业态,覆盖更多的"一带一路"地区和国家。

三是政企合作顺畅。在浙江与捷克的密切来往中,双方积极推动经贸合作迈向更宽领域、更高层次。双方以中国-中东欧投资贸易博览会和捷克布尔诺国际机械博览会等经贸活动为载体,积极推动双边经贸合作。在电子商务领域,阿里巴巴和捷克政府贸易促进局签署合作备忘录，共同举办"汇聚捷克"活动，将捷克的优质产品卖向全球。在生产制造领域，万向、正泰、万丰奥特等一批制造企业在产品设计、生产制造、销售渠道等方面积极打造"一带一路"倡议下政府主导、企业参与的政企合作样本。

四是人文交流空间广泛。浙江文化源远流长，从河姆渡、良渚文化到现在的"互联网＋历史经典文化"，都与捷克有着广泛的对标空间。在弘扬主流文化上，通过主题电视周、专题拍摄、影视合作等方面深化双边合作，向在捷华人传播中国、浙江的人文历史、民俗风貌以及经济社会发展成就。从"大文化"到"小文化"，已经成为中（浙）捷合作的重要内容，如中国的饮食文化已经成为捷克社会生活的重要组成部分，仅首都布拉格就有超过 400 家中餐厅。中医、茶道在捷克也颇受关注和欢迎。"一带一路，浙菜起步"也颇受社会各界关注。

二、高质量促进开放新发展的思考与建议

站在新的历史起点上，秉持丝路精神和共商、共建、共享的原则，发挥"天下浙商"群体优势，全面参与和推进"一带一路"倡议，是浙江新时期构筑改革开放新优势的重要战略。浙江省可以通过进一步加强与捷克在设施互通、产业合作、人文交流、平台建设等方面的深度合作，构筑富有浙江产业特色、凸显中国文化元素的新时期"Chinatown"，为与更多"一带一路"沿线国家的合作提供可借鉴的样本。

一是构建数字经济的"一带一路"模式。经过从信息经济到数字经济发展的近10 年的探索和实践，浙江省在"城市大脑、企业大脑"建设方面，具有明显的竞争优势，包括技术优势和商业模式优势，浙江省可以海康威视、大华电子和阿里巴巴、网易严选等龙头企业，在捷克布局建设智慧城市数据中心和跨境电子商务海外仓等，联合国家基础电信营运商、华为 5G 技术与系统集成商，加强中（浙）捷新一代信息

技术基础设施的互联互通建设,积极构建"21世纪数字丝绸之路"。

二是构筑文化交流的常态化平台。人文交流及其影响是长期和深远的过程,也是不同国家和民族之间应稳步推进的领域。捷克和中国在意识形态领域有着一定的基础,在人文交流上也取得了一定的成绩。在教育领域,加强浙江教育单位与捷克的深度合作,以交流学生、合作办学等各种形式开展多层次、宽领域的交流合作;支持义乌办好中国科学院大学一带一路学院,把该学院办成教育和科技交流的主要平台。在文化交流领域,继续加强两国之间的文化交流,尤其是新文化的交流,包括"互联网＋茶道""互联网＋太极""互联网＋中医"等历史经典文化所表现出来的新业态、新模式,并积极通过捷克将其传播到其他国家。

三是创新"一带一路"合作发展模式。近年来以"丝路驿站"为内容,形成了"前港—中区—后城"的PPC(port-park-city)项目开发模式。浙江省要利用"义新欧"中欧班列开通的机会,整合浙江省优势的制造业元素,嫁接捷克的高端经济要素,推动丝路驿站从"短期开发"向"合作共建",从"产能输出"向"共享融合"发展转变,逐步形成"一带一路"产业合作可复制的开发模式。

四是加强"一带一路"重大问题研究。推进"一带一路"倡议的方式和我们原有经济社会发展管理方式完全不同,要采用符合国际惯例的模式,及时研究提出相应的对策和建议,并更多地采用第三方的方式发布各种声音,这是重要的舆论引导方式,是在世界经济格局变动过程中获得更多话语权的重要保障。要主动设计加强对重大问题的谋划与研究,为党委和政府部门决策提供及时有效的对策和建议。

改革开放是一场伟大的革命,"一带一路"是新时期一个伟大的倡议,从产品导向的开放发展走向服务与文化导向的开放发展,是高质量开放发展的重大指导思想调整,浙江省可以从点上突破,带动线上和面上的推进,引领开放发展走在全国前列。

原载《今日浙江》2018年第7期

浙江民营企业高质量参与长江经济带
建设的涪陵调查

重庆涪陵位于长江与乌江交汇处,素有"乌江门户"之称,是乌江流域 20 多个县市的物资集散地。从涪陵经渝涪高速,40 分钟即可到达重庆主城区。这个距离浙江千里的三峡库区,却与浙江和浙商有着极为深厚的渊源。根据中央的安排,1992 年,浙江省启动对口支援涪陵工作。2004 年,时任浙江省委书记习近平同志亲自为浙涪友谊学校奠基,开启了浙江省与重庆合作的新里程。

2018 年 4 月以来,习近平总书记以长江经济带发展推动经济高质量发展为主题,提出了一系列战略思想,贯彻这战略思想,是浙江省积极参与长江经济带建设的必然选择。地处长江上游的涪陵和地处长江下游的浙江,共同肩负起推动长江经济带发展的责任使命,是新时期浙渝合作的重要战略支点。回顾浙江省与涪陵 26 年来的合作,一批又一批的浙江地方政府和一群又一群的浙商企业代表,从东海之滨走进长江经济带,推动"短期输血"与"长期造血"相结合,把"有形之手"和"无形之手"密切结合起来,在这里留下了日新月异的基础设施、生生不息的产业根脉和泽惠百姓的社会事业。

一、国家战略安排,企业扬帆起航:宗庆后带着娃哈哈集团参与涪陵国企改革

涪陵是三峡工程主要淹没区之一,淹没工矿企业 224 户,动迁人口 11 万人。这些淹没企业绝大多数经济效益相对较差,这也成为困扰涪陵人民生产生计的突出矛盾和问题。其中,处于三峡库区淹没线以下的涪陵糖果厂、涪陵罐头食品厂、涪陵百花潞酒厂三家国有企业经营举步维艰,职工每月仅能拿到几十元的生活补助。1994 年,在浙江省政府的牵线搭桥和积极推动下,娃哈哈集团与涪陵政府合资成立了涪陵娃哈哈有限公司,以总承包方式,对上述三家国有企业进行迁建改造。1995 年,涪陵娃哈哈又投入 1500 万元进行产品结构调整和技术改造,以集团公司较为成熟的果钙奶饮料为主打产品,引领带动了涪陵本地产品榨菜、百花潞酒、关帝酒的市场推广。截至 2017 年,涪陵娃哈哈有限公司累计实现产值 110.6 亿元,实现利税 18.4 亿元,被誉为"三峡库区对口支援的典范"。

宗庆后带着娃哈哈进入涪陵,表面看是"政治任务",实则是浙江民营企业家嗅觉灵敏、顺势而为的充分体现。在娃哈哈进入涪陵的近 20 年间,以娃哈哈为代表的浙江民营企业在涪陵的投资,顺应了当地的时代消费需求,释放了涪陵的生态资源禀赋优势,促进了涪陵农产品种植业的发展,缓解了贫困人口的就业和收入来源问题,也为浙江民企走向全国、在支援中壮大自身积累了宝贵经验。此后娃哈哈集团在国内市场上的"西进北上"战略步伐越迈越大,靠近消费市场就地设厂,迄今已在全国 29 个省(区、市)共建立了 180 余家分公司,跃居行业龙头。在这场浙商参与涪陵经济社会发展的实践里,杭州的"娃哈哈"成长为全国的"娃哈哈"。

二、寻求产业空间转换，加快浙江省民企转型：华峰集团开辟涪陵产业发展新天地

进入 21 世纪，国家明确提出"西部大开发"战略。由此，更多的浙江民企响应国家号召，把眼光投向西部市场。不少浙商把涪陵作为产业转移和投资置业的重要选择，其中有一家温州企业的身影尤为突出，那就是华峰集团。2010 年 6 月，华峰集团投资成立了重庆华峰化工有限公司，注册资本 7.5 亿元，落户涪陵区白涛化工园区，占地面积（包括预留用地）4000 余亩。此后，重庆华峰连续启动十期项目，完成六期建设，总投资 120 亿元，建成了全球最大的己二酸生产基地、全国最大的差别化氨纶基地和大型铝板带箔生产基地，打破了己二酸严重依赖进口、价格高企的局面，铝板带箔产品广泛应用于汽车制造、电站、家用/商用空调冷却系统等高端制造领域。2017 年，重庆华峰年产值突破百亿元，纳税金额达 8 亿元，不仅稳居涪陵区前三强，更进入了重庆市纳税百强，成为"涪陵造"的标杆。

华峰入驻涪陵的 2010 年，是国际金融危机发生的第三年，我国正处于产业结构调整的关键时期。彼时的涪陵，规上工业总产值不过 500 亿元，且以传统制造业为主。以华峰为代表的浙江民企的进入，为涪陵加快工业化进程尤其是培育战略性新兴产业注入了一剂强心针。正是由于华峰的落户和后期的迅猛发展，才有了涪陵新材料产业的快速崛起。华峰入驻涪陵，抓住了当时"穿好""用好"的消费升级机遇，充分利用了重庆较好的化工产业基础，尤其是巴斯夫重庆投资 40 万吨己二酸上游材料 MDI 项目的机会，不仅成就了涪陵新材料产业集群的发展壮大，也促进了自身生产规模提升、生产成本降低和原材料控制，为提升行业话语权和开展后续产业布局奠定了良好的局面。

三、市场高品质需求，产业高水平供给：万凯集团吹响涪陵制造业高质量号角

以党的十九大召开为标志，中国特色社会主义进入新时代，我国经济由高速增长阶段转向高质量发展阶段，制造业更是被摆到高质量发展中的突出位置。新时代下，浙涪合作步入了新的阶段，也涌现出了新的时代标杆——万凯集团。2018年8月，万凯集团与涪陵签约年产120万吨食品级 PET 高分子新材料项目，产品广泛运用于饮用水、热罐装饮料、碳酸饮料、食用油、酒类，以及电子、食品等包装制造。项目计划总投资 36 亿元人民币，占地 635 亩，达产后将实现年产值约 120 亿元，年利税约 5.6 亿元。

新时期浙江民营企业如何顺应高质量时代的要求？万凯集团落户涪陵，是浙江省民营经济主动肩负起制造业高质量发展使命，抓住当前绿色消费机遇，高水平推进区域协调发展的又一次生动实践。当前，消费者绿色消费意识明显提升，对包装材料的环保、绿色特性更加关注，由此带来了对食品级 PET 需求的进一步扩大。目前，我国瓶用 PET 年产量约 700 吨，每年进口废瓶片 300 吨，随着 2017 年 7 月国务院颁布禁止进口废弃洋垃圾的政策规定，市场对原生瓶用 PET 的需求进一步提升。目前，我国瓶用 PET 产能主要集中在长三角、珠三角、京津冀三大经济区，约占全国 99% 的份额。万凯入驻涪陵，将有效弥补西南片区瓶用 PET 的空缺，也为涪陵打通了聚酯产业链条，为涪陵新材料产业注入了新动能，为涪陵制造业高质量发展贡献了有生力量。

如果从市场消费升级的角度看，今天的中国内地消费市场和当初娃哈哈进入涪陵时的市场已经完全不同。长江经济带区域市场升级的趋势十分明显，顺应这种变化趋势是开拓国内市场的必然选择。万凯集团进入涪陵，将大大改善和提升

农产品、食药品的发展生态,为一些传统行业的改造和升级注入现代社会的时代元素。如果说类似"盒马鲜生"这样的供给方式与流通模式已经开启了产业与经济生态发展的新模式,那么正凯集团在涪陵的这个投资项目将会为这种新模式的快速发展注入强大的动力。

四、目前浙企参与长江经济带发展存在的主要问题

过去,浙江与重庆优势互补,推进浙渝合作取得了阶段性的成效,但是要在更高层次、更广维度、更大范围参与长江经济带发展,一些深层次问题仍然需要引起高度重视。主要表现在:一是理解上不够到位。不少干部在思想上没有真正理解,浙渝两地是合作,而不仅仅是支援。这种模式和新疆、西藏等地区是不一样的。二是工作定位上不够准确。把浙江民企对渝投资看成是招商引资任务,给企业家们的感觉是"利政绩更多、利企业更少"。三是推进机制上不够一致。民营企业项目推进,前期洽谈高度重视,后期服务相对缺乏。四是合作发展战略不够系统。过去两地合作中,很多企业的参与、项目的推进,随机性比较大,认识熟人、领导带路成为合作的主要路径支撑,合作发展战略缺乏科学谋划。

长江经济带发展战略是中国区域经济解决"不平衡、不充分"问题的重大战略部署,是中部崛起的重要战略支撑,是中国实现高质量发展的重要路径。只有充分发挥市场对资源配置的决定性作用,同时更好地用好产业政策的手段,引导更多的民营企业参与长江经济带的发展,并逐步形成可复制、可推广的浙渝合作经验、模式和机制,才能真正落实好国家的战略部署。

五、沿海沿江 两地共推 携手共进:努力实现长江经济带高质量发展

对口支援三峡库区,既是党中央、国务院交给浙江的光荣任务,也是浙江服务全国大局、促进区域协调发展的重点工作。浙江在对口支援涪陵过程中,较好地把握住了产业发展这一核心命题,着力推动两地的产业项目,大大增强了涪陵产业发展的"造血"能力。自1992年浙江启动对口支援涪陵以来,浙涪合作深入推进,并呈现出鲜明的与时俱进特点。从娃哈哈集团出手解决涪陵的燃眉之急,到华峰集团为涪陵开辟了产业新天地,再到万凯集团为涪陵带来了世界一流的产品和技术,体现了我国消费升级、产业升级和经济转移的明显轨迹。

回顾浙江与涪陵合作的26年,浙江为涪陵带来了持续不断的资金和项目,累计实施对口支援经济合作项目98个,到位资金115.2亿元,累计实施公益事业和基础设施建设项目833个,到位无偿捐赠资金2.9亿元。在我国改革开放40年后的今天,从沿海开放向沿江开放推进,促进区域经济的协调发展,是历史必然的选择,是国家政策与制度创新的方向。浙江民营企业积极参与长江经济带发展,用亲身实践和示范效应,让当地企业家有了市场更好的感悟,让广大人民群众有了市场更多的获得感,让地方政府坚定了加快市场化改革的信心、提升了服务创新的能力。

着眼未来,推动长江经济带高质量发展已经成为长江沿线11个省(区、市)的共识。浙江作为长江经济带上的重要成员,要进一步提高站位、统一思想,积极主动地参与长江经济带发展,不但要与上海、江苏、安徽等长三角省市做好产业分工与协调,更要"饮水思源",做好与长江上游省(区、市)的产业转移与对口援建工作,通过更好发挥市场机制、创新区域合作与互助机制等方式,在大数据智能化创新、

产业发展、旅游、教育、文化等方面开展全方位合作，提高与中西部地区发展的互补性、协同性、联动性，努力在国家区域发展和对外开放格局中做出更大贡献。

在推动长江经济带高质量发展背景下，浙涪两地产业项目和经贸合作广度和深度还在不断拓展。充分发挥浙江省在资金、技术、人才、管理等现代市场要素方面的优势，嫁接涪陵丰富的能源、资源以及装备制造、国家产业扶持政策等方面的优势，着力把涪陵打造成为浙江省在长江经济带核心区最大的"浙江国内产业合作园"，这既是浙江省民营经济高质量发展的必然要求，也为兄弟省份高质量参与长江经济带发展提供了时代借鉴。

原载《经信参阅》2019 年第 2 期

第五篇

浙江经济质量不断向好

在全球经济环境变幻莫测,发达经济体对全球自由贸易支持减弱的外部环境下,浙江坚决落实中国制造2025战略、供给侧结构性改革以及一系列转型升级组合拳措施,不断培育新经济和新动能,抵御外部风险,提升经济质量。本篇梳理了"八八战略"15年来,浙江坚持调结构、转方式取得的显著成效,分析了浙江在块状特色产业提升、先进制造业基地建设等方面的优势,肯定了浙江实施"八八战略"取得的丰硕成果。

一是立足于浙江经济的发展现状,进行了浙江工业经济运行的十年回顾与未来展望。对2019年一季度浙江经济形势进行观察分析,归纳了新形势下浙江经济发展呈现的四大看点,提炼出浙江在市场主体、竞争关系、市场环境等方面释放的积极信号。回顾了过去十年间,浙江经济在产业结构调整、质量效益提升、创新能力突破、经济主体壮大等方面取得的突出成效。二是立足当下展望了政府和企业在未来经济工作中应主动把握的若干重点方向,提供了未来浙江省工业经济发展的形势预判。三是聚焦于浙商企业大群体,关注当前经济环境下浙商的真实生存状态。基于中美贸易摩擦的持续升温,抽样调查并分析了100名浙商代表企业的发展现状与面临的主要挑战,为积极应对中美贸易摩擦,提供了当前经济工作的五大黄金法则。四是在风云莫测的时代背景下,关注砥砺前行的浙商企业家,以2018年度风云浙商颁奖典礼为视角,刻画了浙商企业家具备的共同标签。以2018年浙商500强榜单和浙商新领军者榜单为入口,描绘了浙商大企业、大集团与浙商新领军企业的别样风采。

"八八战略"15 年

15 年前,时任浙江省委书记习近平提出,浙江经济社会发展,面向未来要进一步发挥八个方面的优势、推进八个方面的举措,从此拉开浙江面向新世纪、再创浙江区域经济新优势的新战略——"八八战略"。15 年来,在"八八战略"的指引下,浙江以"腾笼换鸟、凤凰涅槃"的定力和眼光,坚持调结构、转方式,浙江经济在新常态中逐步迈向高质量。

一、"八八战略"实施 15 年 全省经济质量指标跃升向好

"八八战略"实施 15 年来,浙江在全国 1.1％的土地上,创造了占全国 6.2％的经济总量,全省生产总值从 2002 年的 8004 亿元跃升至 2017 年的 51768 亿元,平均三年跃上一个万亿级台阶。今天的浙江,经济总量已经与居世界第 18 位的荷兰相当,人均生产总值跨入高收入经济体门槛。

在浙江,注册登记市场主体达 593.4 万户,境内外上市公司达 507 家。累计有 179 家世界 500 强企业落户浙江,实体经济持续增强,是全国最具发展活力的省份

之一。民营经济优势持续发挥,在全国民营企业 500 强中,浙江占比近 1/4,连续 19 年居全国第一,创造了全省 55.6％的税收、65.2％的生产总值、76.9％的外贸出口、80.4％的就业岗位。

今天的浙江,"三二一"现代化产业格局已经形成,进入现代服务业引领高质量发展新阶段。物流配送能力持续提升,宁波舟山港货物吞吐量突破 10 亿吨,居全球第一位,快递业务量从 2005 年的 0.6 亿件增至 2017 年的 79.3 亿件,居全国第二。通信网络迅速发展,互联网综合指数居全国第三位,以数字经济为引领,加快打造世界级先进制造业集群,浙江正开启高质量发展的新征程。

15 年来,浙江经济社会发展一直走在全国前列。而这个成绩的取得,很大程度上就源于推进"八八战略"的战略性、坚定性和持久性。"八八战略"提出要进一步发挥浙江的块状特色产业优势,加快先进制造业基地建设,走新型工业化道路。以"腾笼换鸟"的思路和"凤凰涅槃、浴火重生"的精神,加快经济增长方式的转变,让"吃得少、产蛋多、飞得远"的"俊鸟"引领浙江经济发展。

面对浙江经济在 21 世纪初遭遇的"成长的烦恼","八八战略"提出了"腾笼换鸟、凤凰涅槃"。"腾笼换鸟"就是生产力的置换,由初级向高级,由中低端向中高端,由劳动、资源密集型,向科技、技术密集型转换。在这种腾和换的过程中浙江经济实现凤凰涅槃。

15 年来,浙江坚持调结构、转方式,推动块状经济向产业集群转型,将传统产业里那些污染大、能耗高、产能过剩的企业或产品淘汰出局;加快培育信息、环保、健康、旅游、时尚、金融、高端装备制造、文化等八大万亿级产业。

二、用好长板补好短板 紧抓不断变化的发展优势

2002 年,浙江经济增速达 12.6％,2003 年更是达到 14.7％,是增速最快的时

期。但也就是在 2003 年,浙江率先在全国遭遇到了"成长的烦恼":增幅快、总量大,但资源要素紧缺,科技创新能力不强,产品附加值低,核心竞争力缺乏。

在瞬息万变的发展环境中,任何发展优势都不会一成不变。浙江的块状经济有产业组织效率高、富民效应强等优势,也有"低小散"等先天不足。原有的粗放型增长模式面临"天花板"。在这个时候诞生的"八八战略"提出,要进一步发挥浙江的块状特色产业优势,加快先进制造业基地建设,走新型工业化道路。告诉我们发展的辩证观,就是要善于把握优势、努力补齐短板。从粗放式发展到依托新优势、新动能,浙江走出了一条符合自身实际的新型工业化道路。浙江的传统产业正在逐步从成本优势、速度优势向技术优势、产业链优势转化,比较优势进一步强化。实践证明,这是一条符合经济发展规律的道路,如今的"浙江制造"也开始迈进全球产业链的中高端。

在 15 年前召开的全省工业大会上,时任浙江省委书记习近平就指出:建设先进制造业基地,关键是把握"先进"二字,结合浙江实际,这种先进性应该体现在坚持信息化带动工业化,以工业化促进信息化,所以要加快建设"数字浙江"。15 年前杭州的标志企业是万向、娃哈哈、青春宝,传统产业是杭州这个城市的主要标志。15 年后,现代产业更多成为杭州这个城市的标志,这在很大程度上解释了一个城市经济演进的轨迹。15 年前的企业家群体,是以宗庆后、鲁冠球、沈爱琴为代表的,而如今我们都在讨论马云、李书福、王水福。15 年间,浙江的块状经济转变为现代产业集群,浙江的企业从小型工厂发展成跨国公司,这背后都离不开"八八战略"的指引。

三、立足长远谋发展 全面开放的浙江路径

历史上的浙江,"七山一水二分地",是一个资源小省、面积小省,在工业化的过

程中,如何寻求跨越式发展? 2004 年 11 月,习近平首次系统提出了"跳出浙江发展浙江",由此浙江人创造出了三个浙江:10 万平方公里的浙江、中国的浙江、世界的浙江。这种跳出去发展的过程,不但没有使浙江出现产业与资本空心化的状况,反而在更大范围、更高层次支撑了全省的发展。从海洋与港口经济上看,宁波舟山港经过一体化整合以后,已经成为世界第一大港口,货物吞吐量突破 10 亿吨,连续 9 年居全球第一。为了实施"以海定陆"发展战略,义甬舟大通道把最大的陆港和最大的水港紧密地联系在了一起。在国家"一带一路"倡议指引下,"义新欧"中欧班列开通线路已经有 9 条线路,覆盖 33 个"一带一路"沿线国家。15 年来,浙江对内对外开放水平不断提高:万向设立美国公司、吉利收购沃尔沃、阿里巴巴在纽交所上市,越来越多的浙江企业开展跨国并购,阔步走向国际,200 万浙商活跃在世界各地;中国(浙江)自由贸易试验区正式挂牌成立,吸引了波音 737 完工和交付中心等重大项目,引进外资量质齐飞。

四、接力十五载,蓝图绘新篇

"八八战略"之所以在总体上使浙江的发展产生了巨大的内在精神动力,就是因为它赋予了浙江经济一个新的气质,这个气质就是"八八战略"所体现出来的创新性、竞争性和开放性。15 年来,浙江经济的探索与实践,进一步丰富和塑造了浙江"创新者"和"先行者"的角色;而浙江经济所取得的跨越式发展,则以最有力的方式展现了"八八战略"的前瞻性与预见性。浙江新一轮的改革、创新发展,将以改革开放 40 周年、"八八战略"实施 15 周年为新起点。浙江将坚定不移沿着"八八战略"指引的方向,在世界经济大潮中,勇立潮头再出发。

原载《浙江经济》2018 年第 14 期

从应对金融危机到适应高质量转型

——浙江工业十年演进轨迹研究

2008—2017 年,百年一遇的全球金融危机走过了欲说还休的十年。这十年来,浙江加快调整发展方式,始终将稳增长与调结构有机结合,工业经济发展取得了积极成效,抵御经济风险的能力不断增强。随着中国制造 2025 战略[①]、供给侧结构性改革[②]以及一系列转型升级组合拳的深入实施,浙江工业经济通过发展新经济和新动能,进一步向高质量发展通道转轨,2017 年呈现出先于全国的向好态势。但必须正视的是,浙江省工业经济运行中的素质性、结构性矛盾仍未根本扭转,工业经济的"提质换挡"依然任重道远。

① 基金项目:国家社科基金项目"制造强国导向的战略性新兴产业发展路径与对策研究"(No.15AGL005);省社科规划项目"习近平先进制造业基地建设与现代产业集群思想研究"(No.18MYZX11YB);黄群慧,贺俊.中国制造业的核心能力、功能定位与发展战略——兼评《中国制造 2025》.中国工业经济,2015(6):5-17.

② 黄群慧.论中国工业的供给侧结构性改革.中国工业经济,2016(9):5-23.

一、过去十年：以应对金融危机为主

2008 年全球金融危机以来，浙江提出深入实施"八八战略"，按照"秉持浙江精神，干在实处、走在前列、勇立潮头"的要求，坚定不移贯彻落实新发展理念，坚定不移把发展的着力点放在实体经济上，主动把握经济发展新常态，引领经济发展方式新转变，工业经济总体呈现出"先抑后扬"的发展趋势，产业结构向更高层次转变，工业经济效益明显提升，创新驱动的发展理念培育了一批具有国际竞争力的龙头企业，基本实现制造业整体向价值链高端环节提升。

(一)发展动能向深修复

2017 年，浙江规上工业增加值 14440 亿元，是 2008 年的 1.8 倍，2008—2017 年年均增长 6.7％。2008 年金融危机造成国际市场需求下降和国内市场成本上升，以对外贸易作为重要支柱的浙江经济遭受巨大冲击，且修复进程相对缓慢，主要体现在 2008—2015 年，与全国以及江苏、广东等工业大省相比，浙江工业经济增长速度较慢且波动幅度较大(见图 1)。自"十三五"以来，浙江稳增长、调结构工作成效进一步凸显，工业经济快速发展，增速与全国及工业大省的差距明显缩小，并于 2017 年实现赶超。2017 年，浙江规上工业增加值同比增长 8.3％，增速居东部沿海地区第一位，分别比江苏、山东、广东高 0.8 个、1.4 个和 1.1 个百分点，形成了明显的增速优势，为浙江经济的高质量发展奠定了扎实基础。

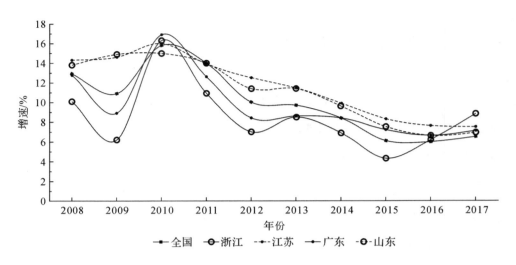

图 1　浙粤苏鲁四省与全国规模以上工业平均增速情况

(二)产业结构向高调整

2008 年以来浙江产业发展重心紧跟国家重大战略调整,呈现产业结构高级化趋势,尤其是近三年来明确聚焦到信息、环保、健康、旅游、时尚、金融、高端装备制造和文化这八大万亿级产业上。一是资本和技术密集型行业逐渐取代传统的劳动密集型行业成为主导产业。我们可以发现,2008—2017 年纺织、皮革、化纤等传统行业所占比重分别下降 3.2 个、0.8 个和 0.6 个百分点,产业重心进一步向电气机械、汽车制造、通信设备等行业倾斜,电气机械制造业产值规模超过纺织业,跃居第一,化工、汽车制造业分别成为第二和第四大行业(见表 1)。二是高新技术和战略性新兴产业快速发展。高新技术产业增加值占规上工业比重从 2009 年的 21.5% 提高到 42.3%,比重提高了近一倍,装备制造业、战略性新兴产业占比则比 2013 年分别提高 5.1 个和 2.4 个百分点,八大高耗能行业比重则从 2013 年的 36.6% 下降到 34.3%,高耗能行业与先进制造业的此消彼长表明浙江产业结构正向高级化稳步推进(见表2)。

表1　浙江省产业规模前十位行业

排名	2008 年		2017 年	
	行业名称	占比/%	行业名称	占比/%
1	纺织业	11.0	电气机械	9.9
2	电气机械	9.0	化工	8.5
3	通用设备	7.3	纺织业	7.8
4	化工	6.5	汽车制造	7.1
5	交通运输设备	6.4	电力热力	6.9
6	电力热力	6.3	通用设备	6.6
7	橡胶	4.6	通信设备	5.4
8	金属制品	4.3	橡塑	4.1
9	通信设备	4.2	有色金属	3.6
10	黑色金属	4.0	金属制品	3.5

表2　浙江省经济结构变动情况

序号	类别	2013 年	2017 年	变动/百分点
1	装备制造业	34.0	39.1	↑5.1
2	高新技术产业	33.6	42.3	↑8.7
3	战略性新兴产业	24.1	26.5	↑2.4
4	高耗能行业	36.6	34.3	↓2.3

注:高耗能行业、装备制造业、高新技术产业、战略性新兴产业为增加值占比情况。

(三)质效水平向好提升

随着近年来供给侧结构性改革的持续推进,浙江工业企业经营状况不断改善,产业效益明显提升。2008—2017 年,浙江规上工业企业利润总额年均增长 12.1%,每百元主营业务收入实现利税从 7.6 元提升到 11.2 元。企业盈利能力总体呈向好态势(见图2),2017年浙江规上工业企业主营业务收入利润率为6.8%,比2008年提高2.7个百分点;减负降本工作成效明显,企业生产经营成本不断下降,2017年企业每百元主营业务收入成本已下降到83.7元,为2008年以来最低水平。工业生产效率逐步提高,2017年浙江规上工业企业劳动生产率为21.6万元/人,提升到2008年的2.2倍。

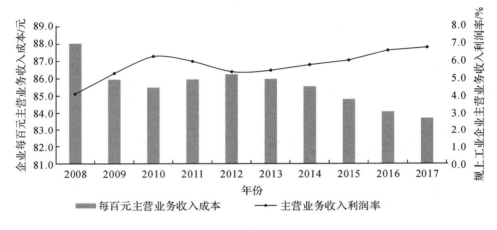

图2　2008—2017年浙江省规模以上工业企业效益主要指标

(四)创新贡献向强发展

　　浙江大力发展创新主体、培育优质载体、集聚优质资源,研发创新对工业经济增长的贡献显著增强[①]。2017年浙江规模以上工业企业研究与试验发展经费支出为1178.7亿元,是2008年的3.4倍,R&D经费支出占主营业务收入比重从2008年的0.88%提高到2017年的1.76%,研发投入强度已连续四年高于广东、江苏等兄弟省份;研发产出效率也有明显提升,2017年规模以上工业企业新产品产值率

---

　　① 　郑烨,吴建南.内涵演绎、指标体系与创新驱动战略取向.改革,2017(6):56-57.

为 35.40％,比 2008 年提高 18.90 个百分点(见表 3);发明专利年授权量从 2008 年的 1.09 万件增加到 2.87 万件。以推进规上工业企业研发机构、科技活动全覆盖为目标,浙江产业创新主体建设不断完善,2008—2017 年累计培育省级科技企业孵化器 102 家、省级企业研究院 861 家;截至 2017 年,浙江省共有国家认定企业技术中心 112 家、省级企业技术中心 1116 家;创新人才支撑作用增强,目前浙江已累计引进和培养"国千""省千"等高端人才 662 人和 1885 人。

表 3　浙江省规上工业企业科技研发情况

指标名称	2008 年	2017 年
研发投入占主营业务收入比重/％	0.88	1.76
新产品产值率/％	16.50	35.40
每万人拥有发明专利数/件	13.60	19.67

(五)领军企业向新转型

应对金融危机的十年,也是新技术、新产业、新业态、新模式层出不穷的十年,十年来浙江企业经历了一轮大浪淘沙,涌现出了一批在新经济领域拥有极强活力的代表性企业,成为浙江经济发展的中坚力量。一方面,浙江大企业大集团实力逐步升级。2008—2017 年,浙江籍世界 500 强企业从无到有,吉利、物产中大和阿里巴巴 3 家企业入榜 2017 年世界 500 强,信息经济领军企业阿里巴巴 2017 年首次登榜;120 家企业入围"2017 中国民营企业 500 强",随着新旧动能加快更替,有不少高端装备制造、电子通信系统等技术密集型行业的企业成为新晋选手;2017 年,浙江省以"凤凰计划"为抓手,认定上市是最好的转型,兼并是最快的转型,充分利用资本市场的力量,现在"浙江板块"亦已成为多层次资本市场上的领跑者。截至 2017 年底,浙江省境内外上市公司已达到 505 家,上市公司数量高居全国前列。另一方面,高成长型中小企业加速崛起。十年间,省委省政府把加快中小企业发展作为稳增长、调结构的重要着力点,不断完善中小企业培育机制,着力为各类中小企业搭建成长阶梯,"专、精、特、新"中小企业不断增加,当前浙江科技型中小企业已突破 3 万家,其中高成长科技型中小企业 2000 余家。

(六)"浙江制造"向前迈进

"浙江制造"加速向价值链、产业链的全球前列水平迈进。浙江以打造"先进制造业基地"为引领,在高端装备制造、信息经济、新能源、数字经济等前沿领域突破了一批关键核心技术,取得了一批重要成果。例如,在汽车制造业领域,企业开始涉足中控系统、发动机等高附加值环节,逐步融入全球汽车产业链高端,新能源汽车产业跻身全国前列,产量约占全国 20%;在航空航天领域,波音的首个海外工厂落户舟山,浙江民企西子航空承担了国产大飞机 C919 多个部件的生产和研制,大型多功能"天鹰"无人机各项指标国际领先;在智能制造领域,杭州积极向"互联网+制造"转型,宁波在全国率先印发了智能经济发展规划,湖州是全国首个以"绿色智造"为特色的"中国制造 2025"试点示范城市,目前浙江省已有发展机器人本体制造、关键零部件制造、系统集成等业务的各类企业 150 余家,且部分企业具备了打破国外技术垄断的实力,自主研发了国产机器人控制器;在智能电池、智能安防、智能家居等领域也取得了突破性进展,成为全国智能制造领域的学习样板。新兴产业领域亮点纷呈,产品结构逐步升级,标志着浙江省以"浙江制造"为基础的高质量发展的转型之路将越走越宽。

二、今后十年:破解"三个不平衡、两个不充分"问题

过去十年,浙江工业经济实力显著增强,稳步向工业化后期推进。但是,在肯定成绩的同时,我们也要清楚地看到当前存在的问题。尤其是在产业结构、投资结

构、出口结构等方面仍存在不合理性,表明浙江省的工业经济还存在结构性矛盾,需要进一步优化提升。

(一)产业结构不平衡:高新技术产业发展仍相对落后

高新技术产业发展规模和质效是衡量产业结构优化程度的重要因素。十年来,浙江高新技术产业研发投入不断加大,高新技术企业得到快速发展,有力推动了产业结构高度化,但浙江高新技术产业规模和竞争力仍明显小于广东、江苏等先进省份。2017年浙江省制造业中,高新技术产业实现增加值6108.12亿元,占规上工业的比重由2008年的20.5%上升到2017年的42.3%,年均增长10.6%。

浙江高新技术产业基础和投入与广东、江苏差距显著(见表4)。2017年浙江高技术产业生产总量为51768亿元,而广东、江苏都高于80000亿元;高技术产业产出效率相对较低,每百元资产实现的主营业务收入仅为76.6元,排在四省末位。创新投入水平远远落后于广东和江苏,体现在R&D经费内部支出仅为广东的50%,江苏的23%。

表4　浙粤苏鲁四省高新技术产业发展情况(2017年)

地区	高新技术产业生产总量/亿元	每百元资产实现的主营业务收入/(万元·人$^{-1}$)
浙江	51768.0	76.6
江苏	85900.9	141.4
广东	89879.2	119.0
山东	72768.2	151.5

(二)投资结构不平衡:"软投资"引导力度相对落后

目前粗放型的投资引导方式、单一式的投资统计方式仍未发生根本改变,依然以土地、厂房、设备、技改等规模较大的"硬投资"为主,人力资本投资、高技术研发投资、知名品牌商誉投资、园区公共服务投资、供应链金融投资等规模小作用大的"软投资"尚处于起步阶段。以"硬投资"为主的工业投资资本边际效率递减、转化效率有所降低,浙江省工业投资效果系数从 2008 年的 0.17 降到 2017 年的 0.09,意味着工业投资每增加 100 元,工业增加值仅增长 9 元,转换效率与广东存在较大差距,仅为广东(0.18)的一半。从发展后劲看,2017 年浙江规上工业投资同比增长 6.1%,虽高于去年,但仍为 2008 年以来的次低增速。此外,医药、通信电子等高技术产业投资比重从 15% 提高到 18%,比重仅提高 3 个百分点;装备制造业投资比重则不升反降,从 2008 年的 42.3% 下降到当前的 42.1%。

(三)贸易结构不平衡:服务、投资、技术、人才等国际精准合作深度亟待扩大

浙江是传统的外贸大省,贸易结构主要以产品"走出去"、产业"走出去"为主,服务"走出去"、投资"走出去"、技术"引进来"、人才"引进来"的水平相对滞后。浙江省工业的出口行业主要集中于纺织、服装、家具、鞋帽等行业,相较而言,这些主要出口产品技术含量低,生产技术水平也不高,更容易遭受进口国的技术壁垒[①]和环保壁垒[②]。从出口产品的技术水平看,近年来,高技术产品出口增势较好,但所占比重仍然偏低,截至 2017 年 10 月,浙江高技术产品出口占比仅为 6.4%,不仅比 2008 年下降 2.5 个百分点,且明显低于江苏(35.5%)、广东(16.9%)和山东(10.1%)(见表 5)。从贸易方式看,浙江工业出口主要集中于一般贸易,而一般贸易又是所有贸易方式中遭受贸易壁垒最多的贸易方式。当前,我国与传统贸易伙伴的贸易摩擦仍此起彼伏,出口结构单一、技术水平较低阻碍了浙江省工业出口质量的提升。

---

① 杜凯,蔡银寅,周勤.技术壁垒与技术创新激励——贸易壁垒制度安排的国别差异.世界经济研究,2009(11):57-63,89.

② 朱京安,杨越.对绿色壁垒的理性分析及发展走向初探.国际贸易问题,2005(1):64-69.

表 5　2017 年浙粤苏鲁四省出口结构对比

指标	浙江	江苏	广东	山东
高技术产品占比/%	6.4	35.5	16.9	10.1
纺织服装制品占比/%	26.9	14.6	11.5	15.1
机电产品占比/%	43.2	64.4	51.1	39.0
一般贸易占比/%	79.9	49.3	47.8	63.6

(四)质效提升不充分:精益化生产经营水平有待提升

浙江工业经济效益水平虽逐步提升,但与先进省相比还存在差距。从生产效率看,浙江工业企业劳动生产率较低,2016 年规上工业全员劳动生产率为 20.4 万元/人,和山东(29.4 万元/人)、江苏(31.9 万元/人)差距明显。从经营效率看,浙江工业企业的资金管理及存货管理水平均较低,2016 年规上工业企业资金周转率、存货周转率分别为 0.94 次和 6.79 次,低于全国平均水平。从盈利水平看,衡量企业资产获利能力的总资产贡献率指标也落后于工业大省,比江苏低 5.3 个百分点。此外,人均主营业务收入、每百元资产实现的主营业务收入等效益指标不仅低于兄弟省份,与全国平均水平仍存较大差距(见表 6)。浙江省中小型企业占全部规上工业企业近七成,受限于企业规模和融资渠道,中小企业更容易遭受现金流约束。资金管理水平低下及日趋紧张的融资环境对浙江省工业经济发展的资金保障形成严峻挑战。

表 6　2016 年浙粤苏鲁四省与全国规模以上工业经济效益指标对比

指标	全国	浙江	江苏	山东	广东
全员劳动生产率/(万元·人⁻¹)	26.2	20.4	31.9	29.4	22.2
主营业务收入利润率/%	6.0	6.6	6.7	5.8	6.3
成本费用利润率/%	6.4	7.1	7.2	6.3	6.8

续表

指标	全国	浙江	江苏	山东	广东
总资产贡献率/%	—	11.4	16.7	12.9	13.4
资产负债率/%	—	55.1	51.9	54.1	56.2
人均主营业务收入/万元	122.3	94.8	140.8	166.3	89.9
每百元资产实现的主营业务收入/元	106.7	94.2	136.7	143.4	122.3

资料来源:《2017 年浙江统计年鉴》(2017 年 9 月第 1 版)。

(五)议价能力不充分:企业成本压力增加

作为资源小省,浙江的原材料资源主要依赖外部市场提供,较低的能源自给率导致浙江受外部环境的约束较强,燃料、动力类等原材料购进价格上涨明显,对下游企业产生了不利影响。自 2016 年底全球大宗商品价格大幅上涨以来,原材料成本上涨势头不减,2017 年,浙江工业生产者出厂价格同比上涨 4.8%,购进价格上涨 9.6%,购销剪刀差达 4.8 个百分点,分别比山东、广东高 3 个和 2.8 个百分点(见图 3)。从浙江省的产业结构看,食品加工业、纺织服装、鞋帽等传统制造业占

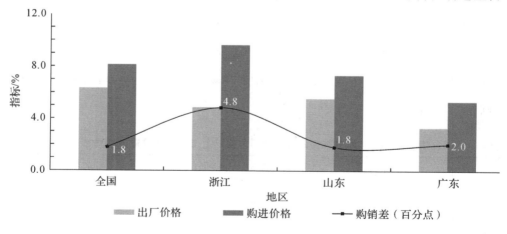

图 3　2017 年工业生产者出厂价格指数对比

浙江省工业经济比重近20％。这些行业面对的市场竞争程度较高,企业议价能力较低,企业将投入品价格的上涨转嫁到下游的幅度有限,这可以从工业生产者出厂价格中生活资料价格仅上涨0.7％(同期生产资料价格同比提高6.2％)得以印证。此外,劳动力成本的刚性上涨也对企业持续盈利构成挑战,2017年浙江规上工业企业应付职工薪酬同比提高10.1％,比去年全年提高2.6个百分点,薪酬增速已达近三年最快。

三、加快适应高质量发展的建议

工业经济高质量转型必须解决结构性矛盾的根源问题。深入推进供给侧结构性改革是当前工业经济转型升级必须抓紧抓好的一件大事,必须集中精力抓重点、补短板、强弱项,不断提高供给质量。为此,浙江要探索出一条特色鲜明、行之有效的发展路径,形成可以在全国推广的"浙江模式",发挥标杆示范作用。

(一)深化产业结构调整,提高工业经济整体素质

一是加快发展先进制造业。重点围绕电子信息、高端智能装备、新能源汽车、生物医药等高技术产业和战略性新兴产业,加快实施一批带动效应强的重点项目,发挥龙头骨干企业带动效应,壮大新兴产业规模。二是加大重点传统产业改造提升力度。围绕十大重点制造业,积极通过工艺创新、技术创新、市场创新、品牌培育等手段,加快延伸产业链、提升价值链、完善供应链,构建形成新的竞争优势。三是提升发展生产性服务业。以生产性服务业与制造业融合发展作为提升产业层次的突破点,积极推动制造业与工业设计、研发、供应链管理等制造服务业联动发展,促进制造业从以产品为中心向服务增值延伸。

（二）坚持创新驱动战略，提升工业经济效益水平

创新是引领发展的第一动力，也是提高工业经济效益的重要驱动力。一是加快发展"新经济"。推动新技术、新产业、新产品、新业态、新模式加快成长，通过"互联网＋"，促进智能制造、智慧能源、人工智能、绿色生态等新经济形态发展，使新经济快速成为浙江工业经济增长的重要支撑。支持杭州向"互联网＋"转型，力争打造出具有全球影响力的"互联网＋"创新创业中心。二是强化企业在技术创新中的主体作用。培育壮大具有持续创新能力的创新型企业和科技型中小企业，加大研发投入力度，鼓励企业向核心技术研发环节拓展，提高技术集成能力。三是提高创新成果转化效率。建立完善支持科技成果向企业、专业转移转化机构转让的政策，促进科技成果有效流转。提高以科研成果转移转化为主要职能的科研机构运行效率，强化应用性研发、产业化服务、成果转化等功能。

（三）调整工业投资结构，提高项目投资转换效率

促进投资结构优化，充分发挥投资对产业结构调整的导向作用。一是优化工业投资内部结构。强化投资管理机制，严格甄选投资项目，以市场为导向选择具有高新技术的新兴产业项目开展投资，尽快形成新的经济增长点。严把项目准入评估关口，从严控制不符合产业政策要求项目的建设。二是提高投资转化效率。开展项目跟踪核查工作，跟踪了解项目动态建设情况，及时协调解决项目建设中的困难和问题，提高项目开工率和项目建设效率，充分发挥增量对工业经济的拉动作用。重视新技术的采用，鼓励企业把新技术运用到生产中去，不断提高投入的产出效率。

(四)参与"一带一路"建设,推进浙江工业优质产能"走出去"

加快推进出口提质增效,充分挖掘出口对浙江工业经济增长的带动作用。一是优化出口产品结构。加快出口商品结构调整,鼓励企业积极研发科技含量高的技术产品,培育国际化品牌,逐步提高电子信息设备、高端装备等高技术产品出口比重,从根本上优化出口商品的结构。二是积极开拓出口市场。抓住"一带一路"建设机遇,将沿线国家作为外贸多元化战略重点突破的市场,加强与沿线国家的贸易往来,逐步改变出口过度依靠发达国家市场的局面。例如浙江红狮集团以全球视野、整合全球资源、开拓全球市场,顺应全球水泥未来十年发展大势布局海外水泥项目,对照高标准的智能制造、清洁生产要求,对标国际一流的工艺、技术、装备、环保和管理水平,在老挝、尼泊尔、缅甸、印尼等 4 个"一带一路"沿线国家投资建设 5 个大型水泥项目,配套纯低温余热发电项目和水泥窑协同处置固废项目,实现传统工业的全球化高质量发展。建立对外竞争、市场开拓、资源利用等新模式,巩固传统市场与开拓新兴市场并举,增强抵御经济风险的能力。

原载《浙江日报》2018 年 10 月 30 日

2019,春天的"浙"里风景(上)

春风浩荡绿江南,十年寒潮似消散。2008 年全球百年一遇的金融危机,改写了世界经济的格局。2010 年中国超过日本、德国,成为世界第二大经济体。中国对世界经济增长的贡献在近 5～10 年中一直保持在 20％以上[①],成为稳定世界经济发展的"压舱石"。回首全球金融十年寒潮,以民营经济为主体的浙江经济,以转型跨越、走在前列为己任,面对国内外错综复杂的经济形势,技术迭代加速改变经济格局的大背景,定心面对世界经济百年未遇之大变革,在转型中升级,在创新中跨越。正所谓危机中有危险更有机会,在世界经济大分流大变革的大背景下,浙江一批新时期的民营企业家、新生代企业家,顺势而为、守正创业,茁壮成长,引领时代的发展方向,成为新时期中国经济创新发展最好的时代标志。

正所谓十年磨一剑,中国经济的十年,从 4 万亿到三期叠加、经济新常态、新旧动能转换、供给侧结构性改革,再到中美贸易风起云涌,浙江经济从容面对各种挑

---

① 数据来源:国家统计局《改革开放铸辉煌 经济发展谱新篇——1978 年以来我国经济社会发展的巨大变化》。

战,砥砺奋进,力求在转型中跨越、在跨越中转型。特别是 2018 年,作为市场化、国际化程度最高的省份之一,在资本市场出现比较严重的低谷,并且引发了一批优质民营企业面临巨大生产经营压力的大背景下,党中央国务院连续出台了一系列加快民营经济创新发展的政策和举措,省委省政府也及时推出了促进民营经济高质量发展的系列组合拳,贯彻新发展理念,深化供给侧改革,推进高质量发展,让"浙"里的民营企业感受到了经济"冬天"里的温暖。

2019 年一季度浙江经济实现了"好于预期、好于全国、好于东部"的"三好",可以说是我省区域经济创新转型发展的最好证明。2019 年一季度浙江经济有以下四大看点:

一是经济持续健康发展。2019 年一季度,浙江省 GDP 增速达到 7.7％,比省人代会确定的全年 6.5％的目标高出 1.2 个百分点,比全国高出 1.3 个百分点。规上工业增加值增速达 8.9％,高于全国水平 2.4 个百分点(见图 1)。其中,浙江省 3月份规模以上工业生产增长 16.9％,这一增速也与工业用电增速(16.9％)、制造

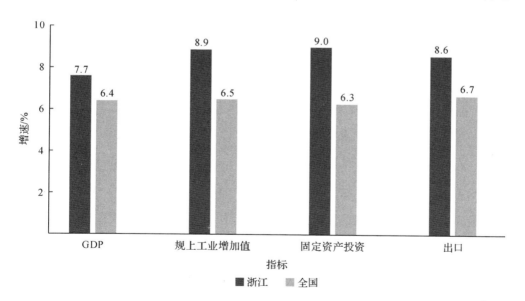

图 1　2019 年一季度浙江与全国部分经济指标增速情况对比

业用电增速(36.1%)相匹配。一季度,浙江省实现财政收入增长11.6%,出口增长8.6%。

我省经济2019年一季度继续发力,与第一方阵的各省份相比,优势进一步扩大,全省GDP增速明显高于第一方阵各省份,经济发展的追赶趋势明显。可以说无论是横向看,还是纵向比,浙江经济的风景都是靓丽的。

二是创新赋能产业转型。顺应科技革命的发展趋势,加快推进产业变革,实现新旧动能转换,是深化供给侧结构性改革的重要突破口。作为传统资源的小省,从重新定义资源开始,从2014年的首届世界互联网大会、2016年的G20峰会,再到2018年的首届联合国地理信息大会,浙江以数字化、网络化、智能化为主引擎,为全省经济注入新的动能。

2019年一季度,全省17个传统优势产业增加值增长9.1%,纺织、服装、造纸、化工、化纤五大行业增长10%以上,老树开始发新芽。没有淘汰的产业,只有落后的技术,用创新赋能传统产业,建设先进制造业基地,在浙江大地上续写新的篇章。

2019年一季度规模以上制造业中的三"高"产业(高技术产业、高端装备制造业、高新技术产业)表现卓越,分别增长10.4%、8.4%、9.2%。2019年一季度呈现出的传统制造业与新动能产业之间双双走高的发展趋势,主要得益于创新的持续赋能,今天的创新投入结构,就是明天的高质量产业结构。

从创新投入上看,全省2019年一季度一般公共预算支出中,科技支出同比增长51.7%,创历史新高,2019年1—2月规模以上工业企业R&D投入增长21.7%。全省规模以上工业新产品产量增长16.3%,新产品产出率增长34.5%,同比提高2.1个百分点。只有在经济调整的时候把内功练得更好,才能在经济发展的时候,有底气走到舞台的中央。

三是数字化引领区域经济。从21世纪的"两化"融合、"两化"深度融合发展,到"十二五"期间全省"两化"融合指数超过102,成为全国第二;再到2014年提出

"七中心一示范区"①建设内容,成为全国信息经济示范省,到 2017 年省委经济工作会议正式提出发展数字经济"一号工程",以数字经济为主体,新经济为主要路径,构建我省现代化经济体系,已经成为浙江经济高质量发展的主渠道。浙江以"产业数字化、数字产业化"为突破,构建以"3386"②为重点的国家数字经济示范省,加速全省产业发展的质量转换、动力转换和效率转换。

根据 2018 年 12 月 29 日浙江省经信厅、浙江省统计局发布的《2018 年浙江省数字经济发展综合评价报告》,2017 年全省数字经济核心产业增加值达到 4906 亿元,同比增长 18%,数字经济的发展指数达到 115.2%。其中,基础设施、数字产业化、产业数字化、新业态新模式及政府与社会数字化指数分别达到 142.5%、107.6%、103.1%、101.9%、124.1%。2019 年一季度,根据中国信通院发布的 2018 年《中国数字经济发展与就业白皮书》,我省数字经济总量在第一方阵各省份中,增速名列第一。

值得一提的是,我省的数字经济已经成为赋能产业创新转型的重要力量。如在流程工业上,数字化、自动化、网络化、智能化等技术,大大提升了我省医药、化工行业的绿色、安全水平,确保了近十年以来这些领域基本"平安无事"。利用数字技术,发展数字经济,使我们的产业和经济更加绿色、可靠,这是数字经济"一号工程"的另外一种使命。

四是经济空间与产业单元更趋协调发展。从经济空间上看,我省以"大都市、大湾区、大通道、大花园"(新四大)为新空间重新定义全省经济空间。从原有的杭州湾产业带、温台沿海产业带和沿高速公路产业带这三大产业带起步,在通过实施

---

① 《浙江省人民政府关于加快发展信息经济的指导意见》提出建设"七中心一示范区",即打造国际电子商务中心、全国物联网产业中心、全国云计算产业中心、全国大数据产业中心、全国互联网金融创新中心、全国智慧物流中心、全国数字内容产业中心、信息化和工业化深度融合国家示范区。

② "3386"即加快建设"三区三中心",突破八大重点领域,落实六大保障措施,形成浙江省国家数字经济示范省的"3386"建设体系。

"老四大"(大平台、大项目、大企业、大产业)的3~5年后,谋划提出"新四大",更好地满足了经济区划的要求,顺应了长三角一体化发展趋势。

从市场主体看,我省以中小微企业为主体。截至2019年3月末,全省民营企业超过207.21万家,浙江是"大众创业、万众创新"最具代表意义的省份,量大面广的市场主体成为支撑我省市场活力的重要力量。与此同时我省更多的企业开始逐步迈入大企业、大集团的发展时代。根据浙商发展研究院近几年的全球浙商发展报告,2018年浙商全国500强入榜门槛达到8亿元,比2017年提高0.8亿元,浙商企业长大的趋势明显。长大的过程不仅体现在产品与服务的市场经营中,更体现在资本市场的经营中。截止到2019年一季度,全省共有境内外上市公司543家,其中境内上市公司436家,数量居全国第二位。

从竞争模式看,同行讲合作、异业讲协同。在数字化、网络化、智能化发展趋势越来越快的大背景下,产业竞争已经从以区域竞争为主导向全球化竞争为主导转变,从以价格竞争为主导向品牌竞争为主导转变,从以相对单一产品竞争为主导向技术与服务为主导转变,本质上是由"市场规模优势"向"创新能力优势"转变。因此,在现代产业竞争模式中,龙头企业带动、配套企业协作,从而形成产业竞争优势,是十分重要的发展方向。我省大企业、大集团与广大中小企业发展齐头并进,从供应链、产业链形成全省区域经济最靓丽的独特发展风景。大企业赋能小前端、小企业专业做品质,各自把企业自身的优势发挥到极致。

从政府与市场看,2019年一季度,省内投资增长较快,固定资产投资同比增长9%,高于去年全年增速1.9个百分点,比全国高2.7个百分点;企业景气指数和企业家信心指数也筑底回升,分别达到130.6和131.1;全省实现规模以上工业增加值3478亿元,同比增长8.9%,增速比去年全年和去年同期分别提高1.6个和1.3个百分点,明显高于去年四季度的5.2%;规模以上工业增加值实现两位数增长的行业有21个,其中化学纤维(20.3%)、专用设备(17.4%)、计算机通信电子(16.4%)

等行业增长较快。总的来说,2019年一季度,我省经济运行积极因素增多,企业信心明显增强,市场预期和融资环境有所改善,"浙"里经济实现了良好开局。

经济发展的结果在当下,但所有经济行为都是连续函数。2019年一季度的良好开局,源于改革开放后,尤其是2008年金融危机以来的十年,浙江率先出海弄潮多年,在困境中磨砺、在危机中突破,从"腾笼换鸟、机器换人、空间换地、电商换市"到"机器人+、数字化+、互联网+、标准化+",从"亩产论英雄"到"亩均论英雄",从"四张清单一张网"到"最多跑一次"改革,围绕高质量发展,咬定青山不放松,不断完善现代产业体系,不断提升党委、政府的服务能力。这些为"浙"里经济的发展打下了坚实的产业和经济基础,营造了有为、善为的政策制度环境。

本文根据原载于浙江新闻客户端2019年4月22日的文章修改而成

2019，春天的"浙"里风景（中）

　　当前，浙江省已经迈入人均 GDP 在 1000 美元到 3000 美元的发展阶段，正是产业升级、转变经济发展方式的"关口"，处于经济社会结构发生深刻变化的重要阶段。但是，由于多方面的原因，浙江之前的发展偏重于经济，经济又比较偏重于民营经济、块状经济、专业市场、县域经济、小城镇经济，由此存在诸多"低、散、乱"的先天不足。面对发展中的"制约之痛"，面对不期而遇的"成长中的烦恼"，21 世纪初，省委省政府放眼全局谋一域，把握形势谋大事，深邃洞悉技术变革、产业变革、贸易变革的发展大势，以全球化的战略眼光、战略思维、战略高度，制定了"八八战略"，使浙江提前进入了经济发展的腾飞期、增长方式的转变期、各项改革的攻坚期、开放水平的提升期、社会结构的转型期和社会矛盾的凸显期，成就了浙江的区域经济发展，造就了浙江经济的风景独好。

　　2008 年到 2017 年十年间，全球经济、科技、规则等多重因素复杂变化，特别是美国奉行单边主义，对中国产业的全球化进行阻挠，对中国的高科技产业进行压制，给市场化、国际化程度最高的浙江经济形成了巨大压力，带来了极大挑战。然而，浙江以制造业为主的民营企业，在去杠杆的大背景下，顶住新压力、应对新挑战、迈向"两个高水平",成为新时代全省上下的最佳代表！十年间,浙江经济的产业结构进一步优化。2017 年实现规上工业增加值 14440 亿元,是 2008 年的 1.8 倍。电气机械制造业产值占比超过纺织业占比,达 9.9％,跃居产业规模第一;纺织、皮革、化纤等传统行业比重分别下降 3.2 个、0.8 个和 0.6 个百分点,产业重心进一步向电气机械、汽车制造、通信设备等行业倾斜(见图 1)。十年间,浙江经济的质量效益稳步提升。规上工业主营业务收入利润率达 6.8％,比 2008 年提高 2.7 个百分点;规上工业全员劳动生产率达 21.6 万元/人,是 2008 年的 2.2 倍。十年间,浙江经济的创新能力突破性提升。R&D 经费支出占主营业务收入比重达 1.76％,比 2008 年提高了 1 倍(见图 2)。累计培育省级科技企业孵化器 102 家、省级企业研究院 861 家、新增发明专利年授权 1.78 万件。十年间,浙江经济主体得到了壮大。浙江籍世界 500 强企业从无到有,吉利、物产中大和阿里巴巴 3 家企业入榜 2017 年世界 500 强榜单,信息经济领军企业阿里巴巴 2017 年首次登榜,120 家企业入围"2017 中国民营企业 500 强",产生了一大批上市企业(见图 3)。

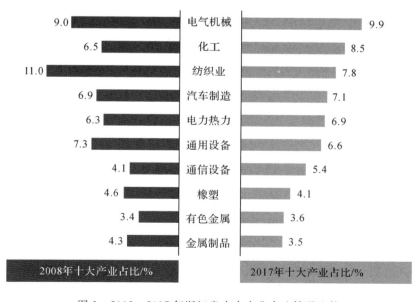

图 1 2008—2017 年浙江省十大产业占比情况比较

　　如果说从全球来看,2010 年中国经济以 41 万亿的 GDP 超过日本,位居世界第二,是以量的扩张为标志而取得的巨大成就,那么浙江省 2015 年机电产业的增加值首次超越轻纺产业,成为第一产业,就是结构优化、质的提升的重要标志。新一代信息技术的广泛使用和融合渗透,被形象地表达为"经济的数字化、数字的经济化"。从两化融合到两化深度融合,再到争创国家数字经济示范省,是浙江省谋划科技革命带来产业变革的重要实践路径。

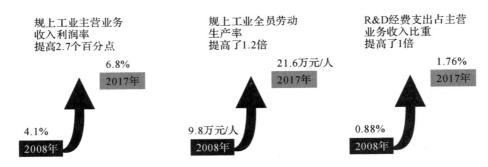

图 2　2008 年—2017 年浙江省工业质量效益情况

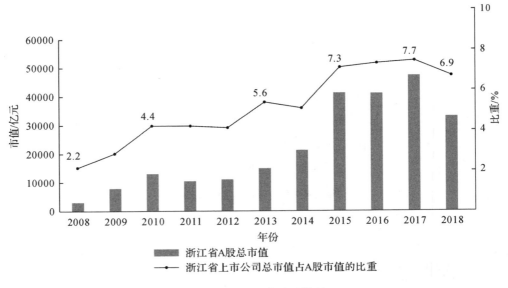

图 3　浙江省上市公司情况

改革开放是在 20 世纪后 20 年到 21 世纪前 20 年中国历史上一场伟大的改革,在这场波澜壮阔的"革命"中,浙江经济以坚韧的毅力、无畏的勇气、磅礴的力量,冲破一切束缚,披荆斩棘,书写了宏伟壮丽的历史画卷,取得了举世瞩目的伟大成就。2018 年是改革开放 40 周年,作为改革先锋的浙江省,继续围绕"八八战略"再深化、改革开放再出发,坚持稳中求进的工作总基调,聚焦聚力高质量、竞争力、现代化,扎实推进富民强省十大行动计划,全力打好三大攻坚战,持续打好高质量发展组合拳,加快推动质量变革、效率变革和动力变革,构建现代化经济体系,支撑高质量发展。在 2019 年浙江省两会上,省长袁家军自豪地指出:2018 年的浙江经济,"好于预期、高于全国、领跑东部"。

一是经济持续健康发展。坚定不移地建设先进制造业基地,毫不动摇地走新型工业化路径,"壮士断腕"地破解资源、环境要素压力,大力推进块状经济转型发展现代产业集群,抛开了"成长的烦恼",2018 年,全省生产总值为 56197 亿元,稳居全国第四位,同比增长 7.1%,高于全国水平 0.5 个百分点。城乡居民人均可支配收入分别增长 8.4% 和 9.4%,高质量发展势头良好,走在了全国的前列。

二是新动能明显增强。从"腾笼换鸟、机器换人、电商换市、空间换地"到"大数据＋、机器人＋、互联网＋、标准化＋",从建设国家信息经济示范省到争创国家数字经济示范区、实施数字经济"一号工程",浙江创造了中国模式的浙江版本,2018 年实现规模以上工业增加值 14714 亿元,比上年增长 7.3%,高于全国平均水平 1.1 个百分点,其中数字经济核心产业增加值为 5548 亿元,比上年增长 13.1%,占生产总值比重达 9.9%,比重较上年提高 0.4 个百分点。高技术、高新技术、装备制造业、战略性新兴产业增加值增速均高于规模以上工业,分别拉动规模以上工业增加值增长 1.7 个、5.1 个、4.0 个和 3.1 个百分点。17 大传统制造业增加值比上年增长 6.0%,利润增长 7.2%,增速比规模以上工业高 1.9 个百分点,对规模以上工业利润的增长贡献率达 83.0％。

三是对外开放纵深推进。在中美贸易的大背景下,浙江省通过打造"一带一路"枢纽、推动中国(浙江)自由贸易试验区扩权等,2018 年实现出口增长 8.6％,利润增长 10％,其中对"一带一路"沿线国家进出口额占全省进出口总额的 31.4％,占全国对"一带一路"沿线国家进出口总额的 10.7％。

四是创新能力不断提升。2018 年,浙江省规模以上工业企业 R&D 经费支出占主营业务收入比重达 1.92％,比上年上升 0.08 个百分点;发明专利授权量达 3.26 万件,增长 13.2％,技术市场交易额增长 52.7％,新培育科技型中小微企业 10539 家,新认定高新技术企业 3187 家。之江实验室、西湖大学等重量级创新平台正式建成,浙江省创新体系进一步完善。

五是企业梯队提升。浙江省全面实施凤凰行动、雄鹰行动和雏鹰行动,推进企业上市和并购重组。2018 年全年新增上市公司 28 家,A 股上市企业数量紧跟广东省之后,位居全国第二;2018 年共推进实施并购重组 308 起(见图 4)。

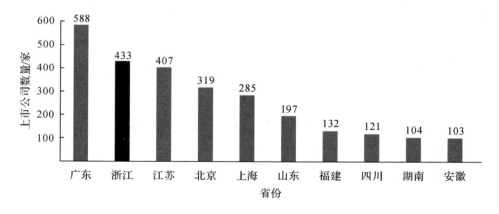

图 4　上市公司数量前十大省份情况图(截至 2018 年 12 月)

经济观察需要耐心,产业结构的调整更需要耐力,区域经济的转型跨越赢在当下,更重在长期创新能力的培育和积累。我省民营经济市场意识强、体制机制优、产业基础好、经验模式新,但是核心创新能力是无法用市场机制来解决的,产业的转型也不仅仅是单纯的企业行为,科技革命的步伐越来越快,产业迭代的时间也越来越短,未来已快速向我们走来,浙江省必须更加注重长期创新能力的培育,要赢在即期,更要争取赢在长期。

本文根据原载于浙江新闻客户端 2019 年 4 月 23 日的文章修改而成

2019，春天的"浙"里风景（下）

　　民营经济是浙江经济的重要基础，财政税收的重要来源，技术创新的重要主体，金融发展的重要依托，经济高质量的重要力量。在 2019 年公布的中国民营企业 500 强中，浙江有 93 家上榜，连续 20 年居全国第一。2018 年，浙江民营经济创造了全省 50％以上的税收、60％以上的生产总值、80％以上的就业岗位。正如《求是》里提到的，"现在已不是民营企业、民营经济要不要发展的问题，而是民营企业的发展重在如何顺应潮流有大作为"。40 年后的今天，一大批趁着改革春风成长起来的民营企业家开始进入"花甲"之年，可以说最近 3～5 年，恰恰是浙江新老企业家代际传承的重要历史阶段。以鲁冠球、沈爱琴、冯根生等为代表的老一代企业家相继辞世，以鲁伟鼎、屠红燕、潘建清、王萍为代表的新一代企业家，如何实现在传承中创新、在创新中传承，是时代要求必须作出回答的历史命题。资本市场大幅度震荡引发了系列问题，更是加剧了经济社会基层的矛盾，顶住、稳住，成为浙江经济建设必须跨越的一道"时代之坎"。

　　跨越"时代之坎"，首先是广大企业家要发挥中流砥柱的作用，面对困难，泰山压顶不弯腰，勇于面对，更善于面对，继续团结在以习近平同志为核心的党中央周围,坚定信念,发扬新浙商精神,苦干、巧干加实干,就一定能够为国家经济建设和社会发展,为早日实现中华民族伟大复兴的中国梦做出新的更大贡献。同时,要积极发挥政府有形之手的作用、有为之举的效用,服务企业、服务基层、服务群众,把"三服务"工作落实到每个园区、每个企业、每个产品当中去,重在坚持问题导向、效果导向,及时帮助解决市场主体和社会基层的各种矛盾和问题,各级领导干部要把这项活动作为鲜明的工作导向,带着党和政府的关怀与温暖,真正沉下去,奉上真情,写下担当,让广大民营企业家和创业创新主体充分感受到春天般的温暖。更大限度地把蕴藏在群众当中的积极性、创造性和能动性激发出来,成为我省经济高质量发展,全面建成小康社会的最大动力。

正所谓"疾风知劲草",面对时代的命题,浙江民营企业"有困难更有信心,有烦恼更有办法,有压力更有动力",省委省政府审时度势,采取了加快高质量发展的一系列政策和举措,广大民营企业家知"难"而进、知"烦"而入、知"压"而上,无论是百丈竿头、更进一尺的跨越,还是全新创业、东山再起的豪迈,有70岁后、80岁后依然没有退休的老一代,如宗庆后、池幼章,有"70后""80后"的新一代,更有创业创新的"新四军"。据报道,浙江省是新时期创业创新发展最快的省份之一,这也是新时期"发展是硬道理"的真实写照。

2019年是中华人民共和国成立70周年,面对国际国内形势的新变化,中央经济工作会议和省委经济工作会议把"稳"字放到了突出的位置。从"大学习、大调研、大抓落实"到"服务企业、服务基层、服务群众",从"三个大"到"三服务",是浙江民营经济"三有三更"的重要支撑。

要坚持向创新要动力。要瞄准核心关键问题,切实解决一批产业"卡脖子"的关键技术,提升产业创新的核心能力;围绕数字经济"一号工程",强化顶层设计,加强数字基础设施建设,支持大平台建设,集中力量做大做强新一代信息技术产业,加快推进制造业等实体经济数字化转型,全面构筑工业数字经济新业态,拓展经济发展新空间,把"数字产业化"这篇文章做深做实。

要坚持向"亩均论英雄"要效率。高起点打好改革组合拳,高水准开展"亩均效益"评价,高效率推进要素市场化配置,高标准推动产业创新升级,高效能推广"提高亩均效益十法",切实提高资源要素的利用效率,推动高质量发展,把"产业数字化"这篇文章实实在在做到我省的产品、企业和园区之中。

要坚持向开放要发展。中国开放的大门不会关上,不管世界经济的游戏规则如何变化,中国始终把扩大开放作为不二的选择,大力推进贸易结构的优化,把产品贸易和服务贸易有机结合起来。浙江省要采取有效举措,扩大外向型经济优势,展示浙江企业、浙江企业家的风采。

要坚持向管理要效益。企业管理、经济管理是一个永恒的课题,浙江省广大民营企业已经不是"夫妻老婆店",一大批本土化的国际企业、上市公司正在逐步成为支撑全省经济的中坚力量,从以个人能力为主导的"能人经济"时代走向更多依靠现代企业制度的"制度经济"时代,要注重技术"硬"创新,也要探索管理"软"创新,用管理创新的"权变"支撑浙商打造更多的"百年老店"。

要坚持以"最多跑一次"改革营造良好环境。切实改进党委和政府的服务水平、治理能力,结合"三服务"的重点,提高基层社会各界的获得感,进一步减费降本,营造一流的营商环境,让浙江这片创业的热土,成为新时期民营企业成长、发展、壮大的最佳丛林。

"雄关漫道真如铁,而今迈步从头越",经过改革开放 40 个春秋的历练,浙江经济正努力从以"量"的扩张为主导的发展方式,步入"质"的提高的新征程,正朝着"两个高水平"的目标奋力前行!

本文根据原载于浙江新闻客户端 2019 年 4 月 24 日的文章修改而成

2018 年浙江工业经济情况与 2019 年形势预判

2018 年,浙江省坚持稳中求进的工作总基调,坚持新发展理念,聚焦聚力高质量、竞争力、现代化,经济运行总体平稳、新旧动能加快转换、质量效益改善向好,实现稳中有进、稳中向好。但从 2018 年下半年起,国际经贸环境发生明显变化,国内宏观经济稳中有变,浙江工业面临的不确定性因素和困难明显增多,运行态势稳中有忧、稳中有变、变中有险。

一、2018 年浙江工业经济四大亮点

1. 工业生产保持较快增长

2018 年 1—9 月,全省规模以上工业总产值达 50092.4 亿元,同比增长 12.5%;实现增加值 10703.7 亿元,同比增长 8.0%,比全国平均高 1.6 个百分点,比广东、江苏、山东、上海分别高 2 个、2.5 个、2.5 个和 4.5 个百分点。对全省规上工业增长贡献率最高的 7 个行业是化工(13.63%)、非金属矿物(9.12%)、汽车制造(7.86%)、计算机通信(7.02%)、通用设备(6.98%)、电气机械(6.49%)、化纤

（5.96％），预估合计贡献率在 57％以上（见图 1）。其中，化工、化纤、非金属矿物三大行业主要受材料价格上涨、环保红利影响，产能得到较大释放，而通用设备、电气机械、计算机通信、汽车制造四大行业产量增长则主要归功于欧美经济复苏和产品自身竞争力的提升。

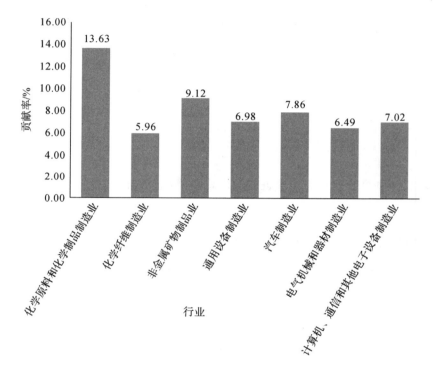

图 1　2018 年前三季度对总产值增长贡献率最高的七大行业

2. 工业企业效益保持高位增长

2018 年前三季度，全省规模以上工业实现利润总额 3332.45 亿元，同比增长 13.8％，连续 3 年保持两位数增长。分行业看，39 个工业行业中有 19 个行业利润增速快于平均增速，其中上游跟原材料端靠近的行业利润增速较快，有色金属矿采、非金属矿采、非金属矿物制品三个行业利润增速超过 100％，化学原料和化学制品制造业、化学纤维制造业和医药制造业利润增速分别达到 43.2％、49.5％和 27.7％,对利润增长贡献率较大(见图 2)。全国性去过剩低端产能和环保常态化监管红利的不断释放是 2018 年工业利润高速增长的主要原因。此外,随着人民币对美元汇率快速贬值,出口企业汇兑损失大幅减少,企业财务费用明显下降,企业所得利润进一步上升。

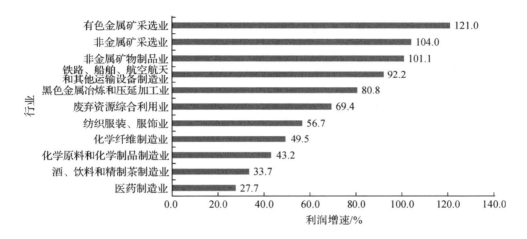

图 2　对利润增长贡献较高行业增速

3. 工业创新能力持续增强

2018 年,浙江持续推进创新驱动发展战略,全面实施浙江省政府与工信部关于共同推进“中国制造 2025”浙江行动战略合作协议,顺利推进石墨烯省级制造业创新中心升格国家制造业创新中心,加快工业从要素驱动向创新驱动转变。2018 年 1—9 月,浙江规上工业企业技术(研发)开发费用支出同比增长 29.5％,比 2017 年同期高出 5.7 个百分点,技术(研发)开发费用的增长速度是利润增速的 2.1 倍,研发强度达到了 1.94％,比 2017 年同期提高了 0.48 个百分点,提升幅度明显(见图 3)。创新投入的加大也反映在新产品产出上。2018 年 1—9 月,浙江规上工业新产品产值率达到 34.3％,比 2017 年同期高出 0.3 个百分点。2018 年前三季度,浙江规上高技术、高新技术、装备制造业、战略性新兴产业增加值分别增长14.5％、10.1％、11.1％和13.1％,明显快于规模以上工业。

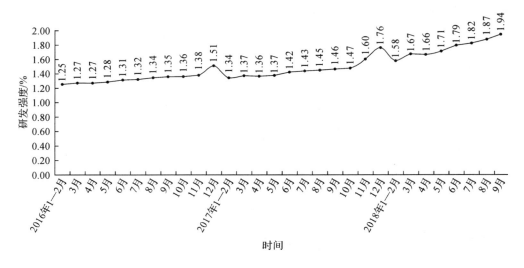

图3　近年来浙江规上工业企业研发强度情况

4. 数字经济引领发展

2018年,浙江省大力实施数字经济"一号工程",全面启动国家数字经济示范省建设和5年倍增计划,加快推进数字产业化和产业数字化,培育发展新兴产业,推动传统产业加快数字化转型。2018年前三季度,浙江数字经济核心产业增加值3856亿元,同比增长14.8％(现价计算),占GDP的9.7％,高于2017年全年占GDP比重(9.5％),对GDP的贡献率达到17.1％。其中,规模以上电子信息制造业增加值1207.7亿元,同比增长12％;实现软件业务收入3751.6亿元,同比增长19％,高出全国软件增速4个百分点,增速居全国第二位,规模跃居全国第四位。数字产业化的快速发展,也加快推动浙江传统产业数字化。2018年,浙江着力推进十大传统制造业数字化转型,组织实施"十百千万"智能化改造工程,推进"互联网＋制造"和"企业上云",涌现出新昌轴承业等智能制造新模式。前三季度,浙江

10个重点传统制造业规模以上工业总产值、新产品产值分别增长13.6％和19.3％，分别高于全省规上工业1.1个和2.6个百分点。1—8月10个重点传统制造业利润总额增长率达28.5％，高于规上工业12.6个百分点，对规上工业利润增长的贡献率达到60％以上。数字经济已成为推进我省经济高质量发展的动力支撑。

二、存在的主要问题

2018年浙江工业经济总体运行良好，但受经济周期、国家宏观政策、国际市场环境变化等多重因素叠加影响，面临着较大的下行压力。

1.中美贸易摩擦影响

2018年以来，中美贸易摩擦持续升级。9月18日美方宣布自9月24日起对华2000亿美元商品加征关税，税率为10％，2019年1月1日起上调至25％，这是继3月23日起美对华钢、铝分别征25％和10％的关税、7月6日起对340亿的301调查清单产品征收25％关税、8月23日起再次对160亿美元进口商品征税之后的升级。预计2000亿美元征税清单将对我省近50％对美出口商品产生影响，涉及金额超过250亿美元。其中对机电设备、家具、塑胶制品、纺织服装等行业将会产生较大影响。中美贸易摩擦对浙江省工业发展的影响主要表现为盈利空间受挤压、订单流失现象加重、企业投资意愿下降。虽然短期、直接影响总体可控，但后续和预期影响不容乐观。尤其对企业的信心和预期影响较大，这已直接影响到企业的发展计划和投资布局，部分企业放缓了在建的扩能投资项目建设进度。浙江省经信委数据服务平台的监测数据显示，2018年6月份以来企业家信心呈下降趋势，9月份企业信心指数为54.6，较5月份下滑了4.3个百分点（见图5）。从资本市场看，上证指数从2018年初高点到9月底下降了近30％，呈现出对企业信心不足，预期下降。百名浙商调查结果显示，有62.0％的浙商认为中美贸易摩擦造成企业信心下降,46.0%的浙商认为贸易摩擦造成了汇兑损失,44.0%的浙商认为贸易摩擦导致了原材料价格波动,36.0%的浙商认为贸易摩擦导致出口减少。

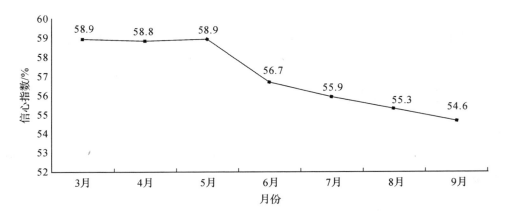

图5 2018年浙江制造业企业家信心指数

2. 生产成本全面上升

2018年,浙江工业原材料价格、人力成本、融资成本持续上升,进一步挤压利润空间,对工业企业发展后劲影响较大。一是原材料价格持续上涨。受去库存、去产能和环保限产,以及大宗商品价格大幅上涨等诸多因素影响,自2017年起,浙江工业原材料价格呈持续上涨态势。2018年前三季度,全省工业生产者购进价格指数同比上升5.7%,继续高于同期工业生产者出厂价格指数涨幅(3.9%),购销价格"剪刀差"持续扩大,中下游企业利润受到明显挤压。如PTA价格由7月份的6000元/吨上涨到9月份的9000元/吨,上涨50%。二是用工成本进一步上升。受最低工资标准和社保基数逐年提高影响,企业人工成本占综合成本比重每年都在上升,且以每年10%左右的幅度递增,可仍面临招人难、留人难的困境。2018年前三季度,全省规模以上工业企业人均薪酬6999元,比去年同期增长12.5%。大部分企业一线员工的流动比例在10%以上,不少企业为留住工人,只能提高员工待遇,企业用工成本进一步增加。此外,根据《国税地税征管体制改革方案》的要求,从 2019 年 1 月 1 日起我国开始实施新的社保征收制度,即社保由税务部门统一征收。新政的实施将提高社保征缴力度,大大提升企业的用工成本。三是融资难融资贵问题凸显。"融资难、融资贵"向来是浙江工业企业发展的一个"顽疾"。2018 年,在全国化解重大金融风险的大背景下,金融监管变强趋严,融资渠道收窄,融资难融资贵问题凸出,对小微企业占比高达 97% 的浙江影响尤甚。除了银行贷款偏向于国有企业和政府投资项目外,受制于规模偏小、抵押物不足,小微企业贷款利率往往高于大型企业,普遍比基准利率上浮 40%。前三季度,全省规模以上工业企业利息支出同比增长 7.5%。金融机构使浙江省工业企业贷款利率普遍比基准利率上浮 20%～30%。如传化集团财务费用增长 120%,新增贷款成本增加 20%。

3. 企业风险防控压力加大

在国内金融去杠杆的背景下,浙江资本圈步入多事之秋,工业企业债务违约事件频发,盾安集团、新光集团等大型民企相继爆发债务危机,一些上市公司也面临因控股股东股票质押比例过高而强制平仓和控制权转移的风险。一是企业资产负债率上升。2018 年以来,浙江规上小微企业资产负债率呈持续上升态势,5、6 月份上涨幅超过 2017 年同期,并于 8 月份达到 2017 年以来最高点,高达 61%。部分行业企业负债率也大幅上升,2018 年上半年全省规模以上食品制造业、纺织业、服装业、皮革业、木材加工业、文教制品业负债率分别高达 53.9%、64.5%、55.1%、62.9%、61.9% 和 60.5%。二是企业生产经营困难。土地拍卖情况在一定程度上反映了企业存在经营困难等潜在风险。从淘宝网上司法拍卖中的土地拍卖情况来看,2018 年浙江土地拍卖量位居全国榜首,达 5110 起;其中绍兴拍卖土地 1388 起,占全省的 27.2%,而诸暨占绍兴总量的约 62%。此外,浙江省工业企业还面临"两链"担保风险,全省仍有超 1/3 的企业贷款为保证贷款,涉担保圈企业近 4 万家,这将给浙江工业企业生产经营带来较大的影响。

三、2019 年工业经济趋势判断

受中美贸易摩擦升级、国内信用风险频发等内外部因素影响,2018 年浙江工业经济面临较大下行压力。但机遇和挑战并存,我国仍处于大有可为的历史发展时期,浙江工业发展的有利条件仍然不少。预计 2019 年,浙江规模以上工业增加值增速将略有回落,在 7%左右。

1. 不利因素

从国际环境来看,世界经济增长不稳定,国际货币基金组织将 2019—2020 年全球经济增长的预期从 3.9%下调到 3.7%,主要是贸易摩擦增加了全球经济运行的不确定性,主要经济体宽松货币政策转向,新兴经济体经济金融脆弱性仍然较高,对全球经济持续复苏带来风险。从国内宏观经济运行看,受中美贸易摩擦不断升级,全球经济和贸易周期性趋缓的影响,出口见顶放缓,支撑作用逐渐减弱;消费增长难有明显改善,虽然新个税基本费用减除标准提高,居民可支配收入有所增加,促进消费潜力释放,但近些年随着居民购房增加、消费习惯变化,居民负债明显增加,对消费增长形成制约。同时,去产能、去杠杆、环保政策等工作的持续推进不可避免给经济带来一定下行压力。从全省工业运行情况看,2018 年以来全省工业呈现生产增速稳中有落、下行趋势逐步显现的态势。特别是 1—9 月规上工业产成品库存同比增长 18.5%,比 2017 年同期提高 11.9 个百分点,存货周转天数由 2017 年的 69.6 天提高到 78.7 天。工业企业库存快速上升,市场疲软迹象明显。

2. 有利因素

从国内看,投资增长有望企稳回升。2018 年 7 月 31 日中央政治局会议提出要加大基础设施领域补短板力度,可见政府基建投资将企稳回升。政府推动疏通货币政策传导机制,鼓励金融机构支持实体经济融资,预计制造业投资增长将继续改善。从省内看,浙江工业经济处于 2016 年以来上行周期的较高位置,主要运行指标表现良好,其中浙江规上工业利润指标连续 3 年保持在两位数增长。同时,随着舟山绿色石化基地一期的投产、吉利汽车产能的快速释放、三门核电项目的并网运行,一批集成电路、智能装备重大项目将陆续达产,一批智能化技术改造项目将快速推进,这将有力增强工业经济发展后劲,支撑浙江工业平稳增长。

四、相关建议

2019 年是新中国成立 70 周年,也是高水平全面建成小康社会、推动高质量发展的关键之年。浙江省要围绕贯彻落实中央和省委省政府的决策部署,积极抢抓新一轮科技革命和产业变革重大机遇,全面实施数字经济"一号工程",积极应对中美贸易摩擦,提高企业风险防范能力,打造最佳营商环境,努力保持 2019 年工业经济稳步增长。

1. 发展数字经济,实现工业经济高质量发展

发展数字经济,是推动经济发展质量变革、效率变革、动力变革的重要路径,是浙江省振兴实体经济、实现高质量发展的必由之路。2019 年,浙江省工业领域应深入推进数字化转型,重点围绕数字产业化、产业数字化两条主线,培育新兴产业,加快传统产业由要素驱动向数字驱动转变,实现工业经济高质量发展。一是推动数字产业化,培育壮大新兴产业。结合浙江省产业实际情况,做强云计算、大数据、物联网、人工智能等新兴产业,提升发展集成电路、高端软件、通信与网络、网络安全等基础产业,布局发展区块链、量子信息、柔性电子、虚拟现实与增强现实等前沿产业,打造多层次数字经济核心产业体系。推动技术交叉融合创新,大力发展创新引领、高端领先的技术、产品、服务和平台,提升数字经济核心产业的规模和能级,使之成为引领浙江经济发展的新动能。二是推动产业数字化,促进工业经济高质量发展。深入推进产业数字化转型,利用数字技术加快传统产业的全方位、全角度、全链条改造,提升全要素生产效率,大力培育融合型数字经济,使之成为传统产业升级的新动能和经济发展的新力量。以"中国制造2025浙江行动"、传统产业改造提升等为重点,着力实施"机器换人"、智能制造、"企业上云"、"两化"平台打造等四大行动,推进互联网、大数据、人工智能和制造业深度融合,全面推动制造业数字化转型,大力发展工业互联网,大力培育个性化定制、网络化协同、智能化生产、服务型制造等基于互联网的制造业新模式。加快数字技术应用,促进大中小微企业跨界融通,使之成为推动经济发展质量变革、效率变革、动力变革的重要支撑。

2. 主动作为,积极应对中美贸易摩擦升级

一是引导企业加快技术创新。中美产生贸易摩擦的根本原因在于我国企业技术创新能力不足。鼓励企业加强技术创新,加大技术改造、产品创新、关键部件替代等创新力度,提升企业核心竞争力。支持龙头企业、行业协会、高校院所牵头组建产业创新联盟,尽快开展一批重点领域的基础研究,掌握一批具有自主知识产权的共性核心技术。建议政企联动、协同创新,整合多方资源合力攻关制约产业升级的核心技术,提升技术创新的有效性。建议完善知识产权保护、企业研发费用异地加计扣除等政策制度。二是加强市场多元化开拓。鼓励企业积极拓展海外市场,用好国际资源,降低对美国市场依赖度。引导企业加强全球化布局,重点关注"一带一路"沿线国家,以海外并购、参股、建立战略联盟等形式,开展海外研发合作、技术合作、渠道拓展,延伸价值链,提升国际化经营能力。顺应国内消费大升级趋势,支持企业积极开发国内市场,扩大内销比重,尽可能降低对美国市场的依赖性。三是加大政府扶持和服务力度。加强涉美市场出口企业动态监测,在政策上对受国际市场冲击较大,但仍有发展前景的重点优质企业予以适当倾斜,帮助企业渡过暂时困难。提高企业出口展会补贴力度,加大企业在财政税收、出口退税、社保、信保、金融等方面的政策扶持力度。鼓励金融机构创新汇率避险产品,开发更多外汇风险管理工具,帮助企业规避汇率风险。加快组建企业交流合作平台和风险评估机构,为浙江省企业提供需求信息、风险评估、预警信息、政策指导、经验交流等精准服务,提升企业精确研判市场形势的能力。大力支持跨境电商综合试验区建设,加快发展跨境电商等外贸新业态,形成我省外贸出口的新增长点。

3. 政企联动,提高企业应对风险能力

一是建立完善重点企业风险监测预警机制。利用全省重点企业各类监测平台,加强对全省重点行业和企业的运行监测和应急处置,及时发现苗头性问题,对存有重大债务风险、经营风险的工业企业发出预警,并予以高度关注,必要时集聚资源介入,努力将问题控制在萌发阶段。二是切实防范化解优质企业流动性风险。针对企业流动性风险较为突出的问题,浙江省财政出资 50 亿元增资省融资担保集团公司,为符合条件的企业债券和信贷融资提供担保。同时,出台《关于深入实施"凤凰行动"计划促进上市公司稳健发展的意见》,成立规模为 100 亿元的上市公司稳健发展支持基金。浙江省应狠抓政策落实,研究制定行动实施方案,并尽可能做到一企一策,督促出险企业落实主体责任,降低负债水平,切实化解企业资金流动性风险。三是加快解决工业企业融资难题。浙江省应优化金融供给结构,开展助力实体经济行动,加大对工业企业的信贷支持力度,促进产业与金融深度融合、协同发展。对暂时遇到经营困难,但产品有市场、项目有发展前景、技术有市场竞争力的企业,要求金融机构不盲目停贷、压贷、抽贷、断贷。实施民企债券融资支持计划,充分发挥中小微企业融资担保基金、贷款风险补偿资金池,以及保险的保障和增信作用,综合运用"无还本续贷"和"应急转贷",缓解中小微企业融资难题。鼓励有条件地区争创工信部的产融合作试点城市,争取更多国家层面和高层次金融机构的支持。四是充分发挥企业市场主体作用。引导有条件的企业向供应链上游延伸拓展,积极应对原材料价格上涨。鼓励企业实施智能化改造,加快"机器换人"进度,合理控制人工成本,有效提升工作效率和产品品质。引导企业有序开展"小升规""规改股""股上市",鼓励有条件的企业实施兼并重组,提高企业直接融资能力。此外,在当前内外交困环境下,要引导企业坚守实业、做强主业,审慎对待多元化,收缩投资战线,做强做大实体经济。

4. 深化改革,打造最佳营商环境

当前的区域竞争从某种意义上就是制度环境和制度供给的竞争。浙江要打造区域竞争新优势,需进一步深化"最多跑一次"改革,努力打造成为审批事项最少、办事效率最高、投资环境最优、企业获得感最强的省份。一是创新数字经济体制机制。推进数字政府建设,完善数字经济发展的法规政策,探索制定《数字经济发展促进条例》,建立包容审慎的监管体系和多元共治的治理体系。研究制定推动数字经济发展的配套政策,整合财税、金融、人才、土地、要素等政策举措,强化财政专项资金统筹,建立专项激励措施,加强对数字经济领域重大平台、重大项目、示范试点的支持。二是切实减轻企业负担。贯彻落实国家关于企业减税降本的各项政策,着力做好《浙江省人民政府办公厅关于进一步减轻企业负担增强企业竞争力的若干意见》的宣贯落实,并开展减负政策落实情况的专项督查,切实降低工业企业各类生产成本和税费负担。全面深化资源产品价格改革和直接交易,切实降低企业用电、用气、用水等价格,切实提升企业的获得感,增强企业发展预期和信心。三是营造企业最优发展环境。深化放管服,放开市场准入,完善产权制度等,打破民营企业各类"卷帘门""玻璃门""旋转门",鼓励和引导民间资本进入法律法规未明确禁止的行业和领域,努力解决民营经济发展中的体制机制难题,着力打造公平公正的法治环境、平等竞争的市场环境、安商亲商的社会环境,持续改善营商环境,保障民营企业家健康成长和民营经济健康发展,构建亲清新型政商关系。

5. 培育市场主体,加强企业梯队建设

聚焦市场主体成长的阶段性需求,制定精准扶持政策,加强分类指导,培育多层次、递进式的企业梯队。一是实施领军企业"雄鹰计划"。加大国内外知名龙头

企业的招引,推进其在浙江设立创新中心、区域总部或行业总部。鼓励领军企业实施平台化发展战略,支持领军企业参与"一带一路"建设,推动跨境并购、跨国经营、联合与资产重组。二是实施上市企业"凤凰行动"。引导优质企业对接资本市场,优先支持其股改、挂牌和上市。支持上市企业开展资本运作、跨境投资和企业并购,提升企业规模和综合竞争力。三是实施高成长企业"独角兽计划"。遴选一批发展潜力巨大的企业,加大政策扶持,促进独角兽、准独角兽企业快速成长。重视领军型企业衍生孵化独角兽企业的优势作用,深化与知名大企业的战略合作,加快独角兽企业生态圈建设。四是实施科技型企业"鲲鹏计划"。建立健全"微成长、小升高、高壮大"的科技型企业培育发展机制,形成科技型中小企业量大面广、高新技术企业鲲鹏高飞的生动局面。五是实施中小企业"雏鹰计划"。实施中小微企业数字化赋能提升工程,以互联网思维推动产业创新综合体建设,促进中小微企业的数字化转型。支持企业深耕自身优势领域做精做深做优产品和服务,形成一批细分领域的"隐形冠军"。

原载《浙江蓝皮书 2018 年浙江发展报告(经济卷)》

2017 年浙江工业经济形势分析
与 2018 年预期展望

2017 年,浙江工业经济坚决贯彻落实党中央、国务院和省委省政府关于大力发展实体经济的决策部署,深入推进供给侧结构性改革,全面改造提升传统产业,培育发展新兴产业,推动工业转型升级,新兴动能持续增强,传统动能加快修复,工业经济结构进一步优化,全省工业经济自 2014 年以来首次出现工业增加值增速超过地区生产总值增速的现象,工业再次成为浙江经济稳走向好的主引擎。

一、2017 年浙江工业经济运行亮点及原因分析

(一)2017 年浙江工业经济运行亮点

1. 工业经济早于全国企稳且增速差呈扩大趋势

2017 年,浙江工业经济呈现高开、稳走且继续向好态势,增长速度由一季度的 7.5％、上半年的 7.7％,提高到前三季度的 8.3％,其中 9 月工业增速更是实现 2

位数增长，达到 12.6％。而同期全国工业增速则由一季度的 6.8％、上半年的 6.9％回落至前三季度的 6.7％。2016 年，我省工业经济早于全国进入企稳回升通道，规上工业增加值增速持续高于全国平均增速。2017 年，增速差呈逐季扩大趋势，到前三季度已高出全国 1.6 个百分点（见表 1）。

表 1　2017 年浙江与全国工业增速比较

月份	全国工业增速/％	浙江工业增速/％
1—3 月	6.8	7.5
1—6 月	6.9	7.7
1—9 月	6.7	8.3

2. 工业增速自 2014 年来首次超过 GDP 增速

前三季度，浙江规上工业增加值同比增长 8.14％，比国内生产总值增速高出 0.04 个百分点，这是 2014 年以来浙江工业增加值增速首次快于国内生产总值增速，且规模以上工业增加值增速超出国内生产总值增速 0.2 个百分点。尽管工业增速高出 GDP 增速只有区区 0.04 个百分点，却体现了浙江在全国经济版图中"春江水暖鸭先知"的风向标作用。在国内外制造业发展宏观环境没有明显改善、民间投资增长缓慢、"三去一降一补"供给侧结构性改革继续深化推进的大背景下，浙江工业经济发展"风景这边独好"。

3. 工业经济质量和效益齐升

2017 年，受政策红利、市场需求回暖、企业加快转型升级等综合因素影响，浙江工业经济在保持稳健向上增长的同时，质量明显提升，效益持续高位增长。1—9 月份全省规上工业企业利润总额 3483 亿元，同比增长 17.2％，连续 19 个月保持两位数增长；大型工业企业利润同比增长 24.7％，对规上工业企业利润总额增长的贡献率为 49.5％；38 个行业大类中，有 34 个行业实现利润增长或扭亏为盈，其中汽车制造、化学制品、通用设备、化纤、有色金属和造纸等行业利润贡献较大，对利润总额增长的贡献率合计达 71.7%;规上工业企业主营业务收入利润率 6.5%,比上半年提高 0.2 个百分点。

4.浙江工业结构优化明显

2017 年,浙江深入推进供给侧结构性改革,市场供给能力明显提升,产业结构优化明显。1—9 月份,全省高新技术产业、装备制造业、战略性新兴产业增加值同比分别增长 11.1%、13.0%和 11.5%,高于全省规上工业增加值增速(见图 1)。从装备制造业细分行业看,计算机通信电子、专用设备、汽车制造、仪器仪表均呈现快速增长,同比分别增长 21.4%、17.0%、16.0%、15.5%;从战略性新兴产业细分行业看,新一代信息技术产业、高端装备制造、新能源汽车、节能环保等增长较快,同比分别增长 21.0%、16.2%、14.7%、11.5%。

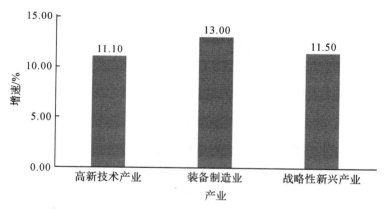

图 1 前三季度三大核心产业增加值增速

(二)主要原因分析

2017 年,浙江工业经济呈现高开稳走向上的良好发展态势,出现与全国工业经济增幅相比逆势飞扬的现象,其主要原因分析如下。

1.外部市场环境改善,出口拉动作用明显

2017年浙江工业经济的企稳向上,主要得益于欧美市场复苏和"一带一路"部分沿线国家需求的释放。2017年前三季度,全省规上工业出口交货值同比增长10.4%,高于2016年同期9.3个百分点,其中电气机械、通用设备、通信电子、金属制品、铁路船舶、化学制品、汽车制造等行业是拉动全省工业出口增长的主要力量,对规上工业出口交货值增长的贡献率合计达57.7%。浙江省工业出口从"十二五"时期的负增长转变为2017年的两位数正增长,对全省经济增长起到了十分重要的支撑作用。

一是浙江对美国、欧盟、日本等发达国家出口呈现恢复性增长。2017年1—8月,浙江省对美出口同比增长14.41%,对全省出口增长贡献率达25.51%;对欧盟市场出口同比增长9.64%,对全省出口增长贡献率达21.58%。二是对部分"一带一路"沿线国家出口快速提升。围绕国家"一带一路"倡议,浙江省精心谋划义甬舟大通道,发挥其核心作用,带动作用明显。义甬舟的三大节点城市宁波、义乌、舟山合计对"一带一路"沿线国家出口总额为1673.1亿元,占全省对"一带一路"沿线国家出口总额的40.3%。1—8月,浙江省对俄罗斯、土耳其、波兰、乌克兰等"一带一路"沿线国家的出口增幅分别达到28.3%、20.5%、22.6%、18.4%(见图2)。

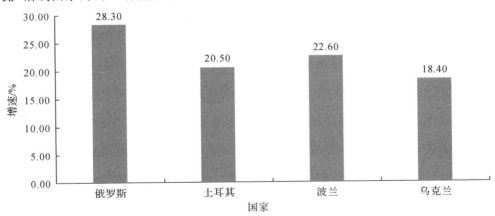

图2 2017年1—8月浙江对"一带一路"主要国家出口增速

2.加强创新驱动,企业创新能力不断增强

近年来,省委省政府高度重视科技创新,2016 年出台《中共浙江省委关于补短板的若干意见》,把抓科技创新作为必须补齐的第一短板,2017 年再次提出要围绕率先建成创新型省份和打造"互联网＋"世界科技创新高地目标,坚持把创新作为引领发展的"第一动力",加强政策扶持,集聚创新资源,在全省营造创新氛围。在此大背景下,企业作为创新主体,利用新一代信息技术,积极加强技术、产品、管理和营销模式的创新,创新能力不断增强,企业核心竞争力不断提升。一是创新投入快速增长。1—9 月份,全省规上工业科技活动经费支出增长 23.9％,比去年同期高 10.7 个百分点。二是新产品产出增势良好。1—9 月份,全省规上工业新产品产值 19239 亿元,增长 21.6％,比同期规上工业总产值高 7.7 个百分点,对规上工业总产值增长的贡献率达 49.4％;新产品产值率为 34.0％,比去年同期提高 2.2 个百分点,对规模以上工业总产值的增长贡献率为 49.4％。

3.工业投资平稳回升,经济发展潜力不断增强

2017 年前三季度,全省完成工业投资 6976.1 亿元,同比增长 7.8％,扭转上半年下滑趋势,比上半年提高 1.9 个百分点。尤其是制造业投资,增速连续五个月提升,从 1—4 月的 6.3％提高到 1—9 月的 7.8％,达到 5981.5 亿元,为工业投资的企稳回升发挥了积极的作用。此外,浙江民间投资也"一枝独秀",1—9 月,全省工业民间投资完成 5428 亿元,同比增长 10.7％,高于全国工业民间投资增速 7 个百分点,对工业投资增长的贡献率达 104％。而与此同时,今年前三季度,全国工业投资增速连续三个月下滑,我省工业投资增速比全国高出 4.5 个百分点,其中制造业增速高于全国 3.6 个百分点,电力、热力、燃气及水的生产和供应业高出全国 9 个百分点,且浙江工业投资增速高于全国平均水平的优势还在扩大。

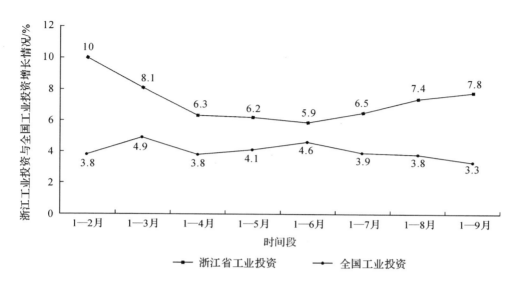

图3　2017年前三季度浙江工业与全国工业投资增长情况

4. 围绕十大重点行业,加快传统产业改造提升

　　浙江传统制造业占浙江工业的比重达60％以上,是实体经济的主体,是发展之基、富民之源。2017年,浙江以制造强省和工业强省建设为目标,围绕10个重点传统制造业(纺织、服装、皮革、化工、化纤、造纸、橡塑、非金属制品、有色金属、农副食品加工),深入推进全省传统制造业改造提升,大力实施全面改造提升传统制造业行动计划,加快推进新技术新业态新模式在传统制造业领域的融合应用,促进传统制造业优化升级。前三季度,全省十大重点传统制造业实现规上工业增加值4534亿元,同比增长4.9％,对规上工业增长贡献率为22.8％;实现利润总额1352亿元,同比增长26.8％,增速高于全省规上工业9.6个百分点,对工业利润增长贡献率为55.9％,同比提高28.4个百分点,有力支撑全省工业经济持续向好。可见,浙江省工业经济在市场竞争中依靠低成本、低价格、大批量的粗放式发展模式,正在发生着深刻的变化,信息化与工业化的深度融合使浙江这个传统产业大省焕发出新的活力。

5. 着力"小升规"企业，成拉动经济重要生力军

浙江省以民营经济为主，而民营经济又以小微企业占主导，众多小微企业是拉动浙江省工业经济发展不可忽视的一股重要力量。2017 年前三季度，浙江规上小微企业累计实现工业增加值 4767.88 亿元，占全部规上企业的 40.8%，同比增长 8.6%，增速分别高于大中型企业、全部规上工业企业 0.4 个、0.3 个百分点；实现利润总额 1125.55 亿元，同比增长 19.5%，增速分别高于大中型企业、全部规上工业企业 3.3 个、2.3 个百分点。前三季度，"小升规"企业累计实现工业增加值、工业销售产值、出口交货值、新产品产值和利润总额 1436.42 亿元、6952.10 亿元、1107.87 亿元、2158.16 亿元和 298.23 亿元，同比分别增长 20.8%、27.1%、21.6%、38.9%和 41.4%，增速分别高于全部规上工业企业 12.5 个、12.9 个、11.1 个、17.2 个和 24.1 个百分点，"小升规"企业对全省规上工业经济增长的贡献率为 27.6%，成为拉动工业增长的重要力量。

二、存在的主要问题

2017 年，浙江工业经济主要指标持续向好，工业运行明显好于 2016 年同期，明显好于全国平均水平，但浙江省工业经济发展中仍存在一些不可忽视的问题。

(一)出口持续较快增长仍面临不确定性

受益于欧美市场复苏和"一带一路"沿线国家需求释放，2017 年我省工业产品出口快速增长，成为工业增长的重要支撑。但是，出口持续较快增长的基础并不牢固。前三季度，电气机械、通用设备、金属制品、铁路船舶、化工、化纤、橡胶等出口增长贡献较大的行业增速出现回落。人民币对美元汇率从年初到 9 月份已升值了 5%左右，且波动剧烈，再加上美国等发达国家贸易保护主义抬头，局部地区冲突加剧等因素,都将对我省工业产品出口带来较大的不确定性。

(二)传统制造业改造提升困难依然较大

浙江是传统产业大省,虽然近年来着力推进传统产业改造提升,但"低小散"企业仍不在少数,多年来累积的结构性、素质性矛盾难以在短期内解决,仍在一定程度上拖累全省工业经济的快速发展。前三季度,全省规模以上制造业31个行业中,化纤、皮革、食品制造、纺织服装、非金属矿物制品等11个行业增加值增速低于5%甚至出现负增长。其中,全省十大重点传统制造业中,纺织、服装、皮革、农副食品加工等4个行业亏损企业有所增加,利润增速也低于规上工业平均水平,其中服装行业利润同比负增长。全省部分地区传统制造业增长缓慢,杭州、台州、舟山、温州等4个地市的10个重点传统制造业增加值增速分别比全省低4.9个、1.2个、0.8个、0.3个百分点。

(三)工业投资增长仍较缓慢

近年来,我省工业投资增速逐年回落,增速已处于国际金融危机以来的较低水平。前三季度,全省工业投资同比增长7.8%,虽然增速比上半年回升1.9个百分点,但仍低于全部投资增速;占工业投资比重达72.8%的工业技术改造投资仅增长3.8%;31个制造业中,降幅较大的有铁路船舶航空航天、医药制造、食品制造等行业,同比分别下降21.5%、11.9%、7.3%,通用设备制造业投资仅增长0.6%。浙江省经信数据监测平台的抽样调查结果显示,未来三个月内,有投资意愿的企业比例仅为5.9%,比上月降低了0.3个百分点,较去年同期下降0.5个百分点;无投资意愿和持观望态度的企业合计占94.1%,其中,无投资意愿的企业占68.3%。从小微企业未来3个月投资意愿指数看,9月份小微企业投资意愿指数回落到18.8,处于2017年以来最低水平(见图4)。

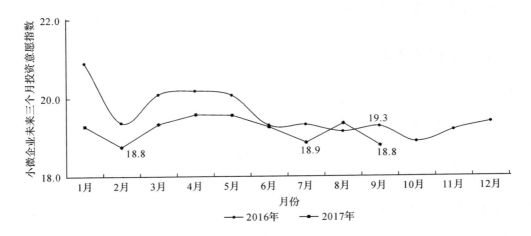

图 4　小微企业未来三个月投资意愿指数

同时,全省工业新开工项目数同比下降 8.4%,增速较去年同期回落 24.7 个百分点;2017 年投产项目数增幅也明显回落,同比降低 12.1 个百分点。工业项目开工和投产数的下降必然会影响今后的工业增长,使工业发展后劲不足。投资增长缓慢主要是因为大项目储备不够、缺乏好的投资项目、投资回报预期不稳、企业面临融资难融资贵等问题导致企业投资意愿不强,但也从一定程度上反映了传统企业创新能力弱、核心竞争力低,在市场普遍相对过剩环境下,投资高新技术产业和新兴产业领域能力不足等问题。

(四)企业生产成本仍然很大

近年来,浙江省着力推进企业减负降本工作,也取得了明显成效,但企业经营成本压力仍然较大。1—9 月份,全省规上工业每百元主营业务收入成本为 84.3 元,比 2016 年同期提高 0.3 元,企业生产成本压力进一步加大,也冲抵了部分降成本政策带来的红利。2017 年,浙江省工业企业综合成本呈现全面上升态势,主要是原材料成本上升明显,且没有完全同步传导到企业产品出厂价,既挤压了企业盈利空间,也给企业的生产和库存计划带来了较大挑战。2017 年三季度,全省原材料价格终止了二季度下滑的趋势,重新进入上升通道。9 月浙江生产者购进价格指数同比增长 10.0%,涨幅比上月增加 1.1 个百分点。据测算,原材料成本占企业综合成本比重接近 70%。

三、2018 年我省工业经济发展的趋势分析

2017 年,浙江省工业经济发展持续向好,先于全国企稳回升,尽管目前全省工业经济发展中存在一些压力和不确定性,但一段时期内不会发生根本性改变。预计 2017 年全省规上工业增加值增长 8% 左右,2018 年将继续保持稳中向好发展态势,且工业结构进一步优化升级、新旧动能加快持续转换、产业加速迈向价值链中高端,浙江工业将走上一条质量、效益与速度"并驾齐驱"的良性发展道路,朝着党的十九大报告中提出的"构建现代化产业体系"的目标和方向大步迈进。

(一)国内外宏观经济发展的向好趋势

从国际市场来看,全球经济继续保持复苏态势。IMF 对 2017 年全球经济增长保持乐观预计。2017 年 4 月 30 日,IMF 将世界经济增长预测由 3.4% 上调为 3.5%。当前全球需求较快复苏,国际贸易保持较快增长,波罗的海干散货运费指数创下新高(见图 5)。随着大数据、云计算、人工智能等新一代颠覆性技术的加快研发和应用,全球经济逐步进入了新的动能增长期。从国内市场来看,随着国内供给侧结构性改革的继续深入推进,中国经济结构的不断优化,新旧动能加快转换,经济发展的稳定性、协调性和可持续性增强,稳中有进、稳中向好的态势在持续。

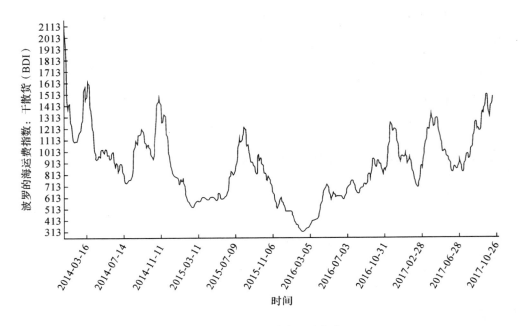

图 5   波罗的海干散货运费指数

(二)企业家信心的持续回升

2017 年 9 月 25 日,中央、国务院发布《关于营造企业家健康成长环境弘扬优秀企业家精神更好发挥企业家作用的意见》,这是我国首个聚焦企业家精神的文件,有利于保护企业家权益,激发创业创新活力,振奋企业家信心。浙江省工业经济运行监测数据对于企业生产经营景气状况专项调查显示,浙江省企业景气指数已连续 6 个季度上升,企业家信心指数已连续 5 个季度上升,三季度指数分别为 129.3 和 129.0,比二季度上升 1.5 个和 1.8 个百分点,同比上升 14.9 个和 14.1 个百分点。与之相对应的是,9 月份,制造业采购经理指数(PMI)创 2017 年新高,连续 16 个月处于扩张区间,新订单指数为 56.2%,比上月回升 1.2 个百分点,其中新出口订单指数为 54.1%,创近 8 个月来新高。同时,浙江省工业经济相关指标也呈上升趋势。2017 年前三季度,全省工业用电量 2189 亿千瓦时,增长 10.1％,比上半年提高 2.4 个百分点,同比提高 5.4 个百分点;全社会货运量 17.8 亿吨,增长 16.2％,增速比上半年提高 1.3 个百分点,同比提高 10.8 个百分点;新增贷款 6558 亿元,同比多增 2467 亿元。

(三)劳动生产率的稳步提高

如图 6 所示,2013—2016 年浙江规上工业企业劳动生产率分别为 16.82 万元/人、18.03 万元/人、19.30 万元/人和 20.69 万元/人,人均劳动生产率累计提高 33.2％。而 2017 年前三季度,规上工业劳动生产率达到 22.70 万元/人,处于 5 年来最高水平。浙江省劳动生产率的快速提高,表明浙江省工业经济正在发生深刻改变,由原先粗放资源驱动型向集约创新驱动型转变,这也在一定程度上显示浙江省工业经济正走在提质增效升级的发展道路上。浙江省工业劳动生产率的稳步提升,有两大因素值得关注:一是加快推进智能化"机器换人"。自 2013 年起,浙江省全力推进以智能制造为主攻方向的"机器换人",夯实了迈向智能制造的基础,"机器换人"成为撬动智能制造的支点。2013—2016 年,浙江工业机器人保有量由不足 5000 台快速增长到 4.3 万台,应用总量全国领先。实践表明,一方面企业通过"机器换人",优化生产流程,缩短生产周期,大幅提高生产的自动化、数字化、智能化水平,提高了企业的生产效率。另一方面,企业通过"机器换人",改变了传统的生产管理模式,用信息化手段,科学调配生产要素,合理安排生产计划,提高设备利用率,实现了精益管理,管理效率大幅提升。当然,浙江工业生产效率的提升,主要得益于全省"四换三名""拆治归""三强一制造"等经济转型升级系列组合拳的持续推进,激励与倒逼机制并举,打破坛坛罐罐,为优质企业提供更好的发展空间。二是近年来中央对现代产业工人队伍建设高度重视。倡导"工匠精神",替代"打工文化",让优秀的一线员工成为企业创新能力的重要组成部分。只有培育优秀的员工,才能够成就优秀的企业。

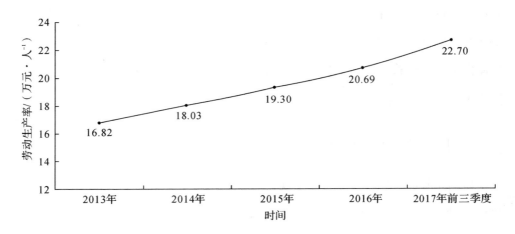

图 6 2013—2016 年浙江规上工业企业劳动生产率

(四)现代服务业的加快发展

2017 年前三季度,浙江省服务业增加值增速高于 GDP 1.2 个百分点,对 GDP 增长贡献率为 57.4%,高于工业增加值贡献率 25 个百分点。实践证明,工业越现代化,服务业发展越好。工业经济是服务业繁荣的基石,尤其是生产性服务业,已经成为服务业结构调整的重要方向。全省生产性服务业,主要包括仓储物流、市场调研、产品设计、品牌营销和金融服务等,占全省 GDP 比重约为 25%,高出全国平均近 10 个百分点。研究表明,生产性服务业增加值与工业增加值的相关系数已经达到 0.9987,高于生产性服务业与服务业增加值的相关系数 0.9980,这说明生产性服务业与工业经济之间的相互作用比生产性服务业与服务业之间的相互作用还要强。

四、对策与建议

(一)加强顶层设计,发挥政府引导搭台作用

一是发挥发展规划引导作用。根据《中国制造 2025 浙江行动纲要》等相关规划和行动计划,重点培育六大万亿级产业以及人工智能、柔性电子、量子通信、数字创意、增材制造等引领未来的重量级产业,增强浙江工业经济能级。二是发挥试点示范的引领作用。深入推进两化深度融合国家示范区国家信息经济示范区、乌镇互联网创新发展试验区建设,高水平推进"中国制造 2025"示范城市建设,分批推进试点示范县创建,每年组织实施百项产品升级和工业强基示范项目、百项新兴产业示范项目、百项绿色制造示范项目、百项"机器换人"智能化改造示范项目,实现浙江工业经济跨越式发展。三是发挥政府在各类创新大平台建设中的主导作用。加强科技创新,加快实施"一转四创"建设"互联网+"世界科技创新高地行动计划,推动之江实验室建设,规划建设 10 家在全国有竞争力的省级制造业创新中心,创建一批世界级、国家级的新型工业化产业示范基地和先进制造业基地,打造 50 个集研发设计、检验检测、成果转化、教育培训等功能于一体的产业创新服务综合体,推动工业经济飞跃发展。

(二)制造浙江新优势,深化推进传统产业改造提升

根据浙江省委书记车俊在 2017 年举行的全省传统制造业改造提升工作推进会的讲话精神和工作部署,大力改造提升传统产业,加快振兴实体经济,形成浙江制造新优势。一是精准发力十大重点传统制造业。积极落实中央"用新技术新业态全面改造提升传统产业"的部署,突出以纺织、服装、皮革、化工、化纤、造纸、橡胶

塑料制品、非金属矿物制品、有色金属仅供、农副食品加工等 10 个规模较大、具有区域竞争优势的传统制造业为重点,制定实施《浙江省全面改造提升传统制造业行动计划(2017—2020 年)》,按照"创新升级、整合优化、强链补链、有序退出"四条基本路径,逐个行业制定改造提升实施方案,并在绍兴市柯桥区等 21 个地方开展分行业省级试点,有力有序推进传统制造业转型升级。二是坚决打破拖累转型升级的坛坛罐罐。深入推进去产能行动,注重运用市场化、法治化方式,淘汰落后和严重过剩产能。针对一些块状经济存在的"低小散""脏乱差"现象,深入推进"低小散"块状行业整治提升"十百千万"计划。积极稳妥处置"僵尸企业",在全国率先建立省级破产审判府院联动机制,推动僵尸企业有序退出和市场出清。1—9 月份,全省淘汰落后产能涉及企业 1509 家,整治"低小散""脏乱差"企业 14500 家,处置僵尸企业 327 家。三是推动传统产业集群转型升级。联动抓好省级产业集聚区、开发区(园区)、特色小镇、小微企业园区等"双创"平台建设,推动企业入园集聚,加快创建一批国家级、省级新型工业化产业示范基地(先进制造业基地)。推动一批重点行业园区化集聚。

(三)突出智能制造,推进先进制造业高地建设

把握"中国制造 2025""互联网＋"等国家重大战略在浙江落地机遇,以智能制造为主线,加大"互联网＋""大数据＋""机器人＋""设计＋"力度,加快拓展提升产业链,加速传统制造业智能化转型,推动从低成本优势向智能制造优势转变,加快形成一批具有国际核心竞争力的大企业大集团、高新技术企业、科技型中小企业、专精特新企业、细分领域"隐形冠军"。一是引导和支持企业推进"互联网＋"。推进互联网、云计算、物联网、人工智能等新一代信息技术在制造业领域的应用,支持企业建设基于互联网的制造业"双创"平台,推动传统生产模式向大规模个性化定制转型和向"制造＋服务"升级。二是引导和支持企业推进"大数据＋"。全面推进

"十万企业上云"行动,在重点行业打造一批上云用云典型标杆企业,规划建设一批大数据省级重点企业研究院和云工程云服务省级重点企业研究院,提高云计算、大数据产品和服务供给能力。三是引导和支持企业推进"机器人＋"。开展"机器换人"智能化改造专项行动,推进"机联网""厂联网"工程,引导企业实施新一轮智能化技术改造,大力推进工业机器人应用。四是引导和支持企业推进"设计＋"。支持传统制造业企业在专业化、产业化、集约化和信息化方面的工业设计应用,支持企业开展个性化定制、柔性化生产,不断提升产品附加值;建立集信息、展示、交易等为一体的工业设计网络平台,助推工业设计成果交易和转化。

(四)增强发展后劲,着力扩大工业有效投资

一是强化重大项目招引。组织开展境内外系列重大招商推介活动,搭建重大项目全球推介平台,聚焦万亿级产业和引领未来发展的重量级产业,研究制定工业重大项目招商清单,谋划一批技术含量高、发展潜力大、带动性强的重大项目。二是强化示范项目推广。试点引路、示范带路,深入实施省级"机器换人"、新兴产业、产品升级和工业强基、绿色制造等"四个百项"重点技术改造示范项目,推动企业加大技术改造投资力度。三是强化重点项目服务。围绕"百项万亿"重大制造业项目计划实施,落实领导联系项目制度,完善省市县三级联动推进项目工作机制,加强项目进展跟踪监测,及时协调解决项目建设中遇到的矛盾和困难。进一步加强与央企的对接合作,力推央企重大项目落地,促进浙江区域经济快速发展。

(五)创新人才政策,集聚全球高端创新人才

国家和区域创新能力的竞争归根到底是创新人才的竞争。必须重视集聚创新人才,大手笔、出重金,面向全球招揽"高精尖"创新科技人才,择天下英才而用之。面向全球招英才,战略上必须按需引进,重点引进能够突破关键技术、发展高新技术产业、带动新兴学科的战略型人才和创新创业的领军人才。战术上必须完善人才发现和培养机制,不拘一格选人才,为人才施展才华提供更加广阔的天地,让人尽其才、才尽其用、用有所成。浙江省已经具备较好的人才净流入的基础,特别是省会城市杭州已经成为全国人才净流入第一的城市,要出台更加有力的政策,用人才新政有力地支撑浙江省两个"高水平"建设。

(六)优化发展环境,切实推动供给侧结构性改革

把深化改革作为"走在前列、勇立潮头"的制胜法宝,牵住改革的"牛鼻子",找准有为政府和有效市场的黄金结合点,创新完善体制机制,营造良好发展氛围。一是纵深推进"最多跑一次"改革。按照浙江省委省政府提出的纵深推进"最多跑一次"的改革要求,在投资审批上,优化投资项目在线审批监管平台,推广企业投资项目高效审批制度,建立"一家牵头、统一受理、同步办结、集中实施、限时办结"工作机制,实现"多图联审、多评合一、联合验收";加快实施投资项目代办制、"区域能评+区域能耗标准"、"区域环评+环境标准"等改革措施,集中力量把该管的事管好、该服务的服务到位,切实降低传统制造业改造提升的制度性成本。二是全面深化"亩均论英雄"改革。浙江在 2006 年最早提出并实践"亩产论英雄"的理念,有力促进单位资源要素产出高、创新能力强的企业加快发展,推动落后产能淘汰退出和低效企业转型转产。要深入推进"亩均论英雄"改革,抓紧制定省政府深化"亩均论英雄"改革工作意见,推动建设企业"亩产效益"综合评价大数据平台,进一步推动浙江省工业经济加快提质增效转型发展。三是扎实推进降成本行动。进一步加强企业减负降本政策的宣贯与落实,协调出台减负政策实施细则,进一步降低企业生产成本,尤其是制度性交易成本,助力企业"轻装上阵"。

原载《浙江蓝皮书 2017 年浙江发展报告(经济卷)》

中美贸易摩擦背景下对浙商企业的大调查

2018 年以来,中美贸易摩擦持续升温,中国经济正面临 2008 年金融危机以来的国际市场最大挑战。美国市场是浙江省重要的目标市场,未来中美贸易战的不确定性依然很大,及时了解并掌握企业家应对中美贸易战采取的相关举措,是关注经济形势的重要视角。同时,广大浙商作为国内民营经济的重要代表群体,在营商环境、政策诉求等方面,也面临着诸多新的挑战。为了充分了解当前经济环境下浙商的真实生存状态,本研究抽样选择了 100 名浙商代表,开展经济形势大调查。

一、当前浙商经营形势

(一)浙商经营形势总体良好,企业效益分化明显,呈现强者恒强局面

调查显示,71.0% 的浙商表示当前经营形势很好或良好,27.0% 的浙商表示经营形势不太乐观,仅有 2.0% 的浙商表示经营较为困难,表明浙商经营形势整体良好。对百名浙商营业收入调查显示,29.0% 的浙商表示 2018 年的营业收入与 2017

年同期比出现了大幅增长,33.0%的浙商表示 2018 年的营业收入与 2017 年同期持平。21.0%的浙商表示 2018 年的营业收入与 2017 年同期比有所下滑,其中 6.0%的浙商表示出现大幅下滑,15.0%的浙商表示略有下滑。从盈利情况看,26.0%的浙商表示 2018 年盈利比 2017 年同期大幅增长,24.0%的浙商表示 2018 年盈利与 2017 年同期持平,50.0%的浙商表示 2018 年盈利比 2017 年同期下降,其中 7.0%的浙商表示盈利大幅下降,19.0%的浙商表示盈利略有下降(见图 1)。可见,浙商企业效益分化较为明显,创新投入大、品牌效应强、具有行业话语权的企业效益逆势增长,呈现强者愈强的趋势。

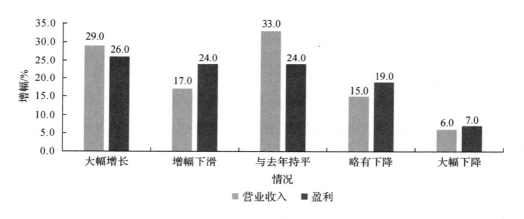

图 1 百名浙商营业收入和盈利情况调查

(二)中美贸易摩擦对出口依赖型企业造成较大冲击,对全省的影响仍然有限

当前,中美贸易摩擦持续升级,随着美国关税措施逐步实施,浙江省被征收关税产品范围进一步扩大,出口企业已经受到实质影响并将进一步影响浙商对出口的预期。对百名浙商关于中美贸易摩擦的调查结果显示,84.0%的浙商表示中美贸易摩擦对中国经济的影响很大或较大,其中 27.0%的浙商认为对中国经济影响很大,57.0%的浙商表示对中国经济的影响较大,仅有 8.0%的浙商表示中美

贸易摩擦对中国经济影响较小。而对于中美贸易战对企业自身的影响调查显示,22.0%的浙商表示中美贸易摩擦对企业自身存在很大或较大影响,65.0%的浙商表示中美贸易摩擦对企业自身影响较小或很小,13.0%的浙商表示不好说(见图2)。可见,贸易摩擦对出口依赖型企业影响较大,对大部分企业的近期影响是有限的,但是长期影响要高度关注。

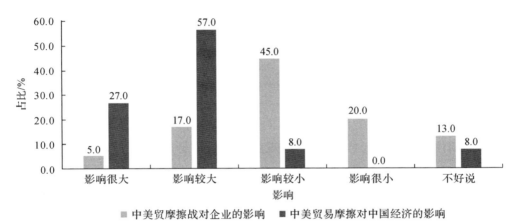

图 2 中美贸易摩擦影响调查

(三)浙商在投资方面保持谨慎态度,"现金为王"成为当前企业核心财务策略

2018 年,国内货币政策整体趋紧,39.0%的浙商表示融资渠道不畅资金紧张是当前困扰企业发展的主要因素,保持合理的流动资金成为浙商的重要财务战略。此外,中美贸易摩擦导致浙商面临的外部环境不容乐观,国内房地产吸收了大量居民存款,消费升级有所放缓。在这样的背景下,浙商在投资方面有所收缩,采取了谨慎的态度。对百名浙商 2018 年投资意愿的调查显示,41.0%的浙商表示 2018 年的投资策略是"现金为王,收紧钱包",18.0%的浙商表示 2018 年在投资方面采取"收缩战线,活着为大"的策略,17.0%的浙商表示要"看具体项目"决定投资策

略,仅有 24.0％的浙商表示 2018 年采取了"逆势布局,加大投资"的策略(见图 3)。

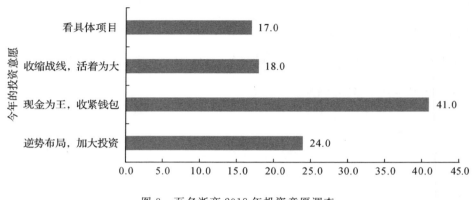

图 3   百名浙商 2018 年投资意愿调查

(四)浙商信心具有二元性特征,对宏观经济信心较弱,对自身经营信心较强

对于 2018 年企业经营目标的完成信心调查显示,63.0％的浙商表示有信心完成今年的经营目标,15.0％的浙商表示不好说,对于经营目标的完成持不确定态度,22.0％的浙商表示没有信心,要完成 2018 年经营目标较难(见图 4)。可见,大部分浙商对于企业自身经营比较有信心,体现了浙商群体在艰难环境下对自身能力和企业发展的信心。

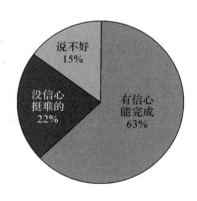

图 4   百名浙商 2018 年经营目标信心情况调查

而对于宏观经济,浙商则表现出了理性的一面。对于当前宏观经济形势的判断,45.0%的浙商表示形势良好,55.0%的浙商表示当前中国宏观经济形势不太乐观或比较恶劣,其中47.0%的浙商表示形势不太乐观,8.0%的浙商表示当前形势比较恶劣。对于未来一年经济的信心,57.0%的浙商表示形势很好或良好,43.0%的浙商表示形势不太乐观或比较恶劣(见图5)。

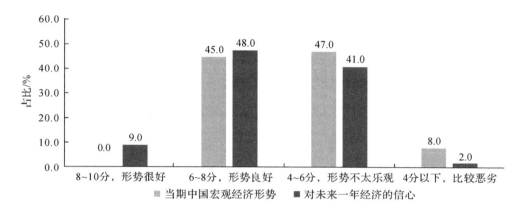

图5　百名浙商对宏观经济形势和未来经济信心情况调查

二、当前浙商面临的主要问题

调查发现,相比于外部性的中美贸易摩擦,影响企业生产经营因素的仍然以内部性为主。目前困扰企业发展的主要问题有劳动力等各项成本上升(69.0%),融资渠道不畅资金紧张(39.0%),优秀人才、员工素质及团队稳定性(37.0%),国内市场竞争加剧(34.0%),外部经济疲软缺少订单(34.0%),等等。

(一)成本上升压力较大

对百名浙商调查显示,69.0%的浙商表示劳动力等各项成本上升是当前困扰企业发展的主要因素。调研发现,浙江省制造业企业一线工人平均工资在 5000 元左右,加上社保费用,企业实际承担的用工成本更高。随着生活条件的改善,工人对工作的环境有了更高的要求,这也进一步提升了企业的成本。此外,大部分企业一线员工的流动比例在 10% 以上,这加大了企业的招聘成本,37.0% 的浙商表示优秀人才、员工素质及团队稳定性是当前困扰企业发展的重要因素(见图 6)。

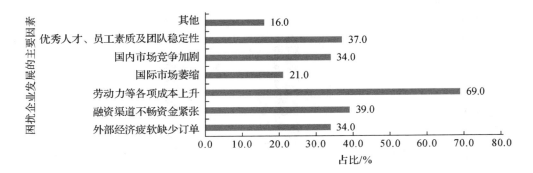

图 6　目前困扰企业发展的主要因素调查

此外,原材料价格大幅上升给加工制造端浙商企业造成巨大压力,上半年,浙江省工业生产者购进价格指数较去年同期上涨 5.6%,工业生产者出厂价格指数较去年同期上涨 3.8%,二者剪刀差为 1.8 个百分点。原材料价格上涨(5 月后有所好转未完全传导到企业出厂产品价格),挤压了部分企业的利润空间。

(二)流动资金趋紧

2018 年,供给侧改革的持续推进,金融领域、实体经济去杠杆短期内造成市场上资金面趋紧,融资难、融资成本上升、应收账款期限延迟现象时有发生。对百名浙商调查显示,39.0% 的浙商认为融资渠道不畅资金紧张是当前困扰企业发展的主要因素。结合问卷数据,同时结合省工业经济运行的数据服务平台关于万家小微企业问卷调查结果,2018 年 4—6 月份企业的现金流指数分别为 66.7、66.5、

66.2,二季度企业流动资金紧张趋势明显。这些数据说明 2018 年一系列关于去杠杆的政策,对于企业流动性资金的影响是明显的。尤其是对于民营企业来说,资金成本明显上升,有的已经直接影响到企业的正常生产、经营。

(三)贸易摩擦影响企业信心

当前,国际形势复杂多变,以美国为首的发达国家贸易保护主义抬头,中美贸易摩擦持续升级,一方面影响了出口企业订单,另一方面也对企业家信心造成了一定影响。百名浙商调查显示,34%的浙商认为当前困扰企业发展的主要因素是外部经济疲软缺少订单等。对中美贸易摩擦造成的影响调查显示,62.0%的浙商认为中美贸易摩擦造成企业信心下降,居影响第一位。46.0%的浙商认为贸易摩擦造成了汇兑损失,44.0%的浙商认为贸易战导致了原材料价格波动,36.0%的浙商认为贸易战导致出口减少(见图 7)。

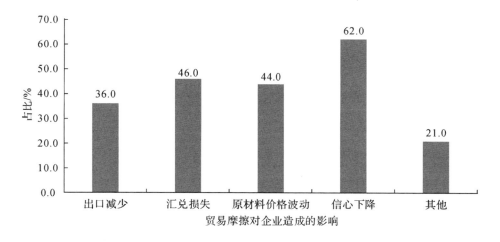

图 7   中美贸易摩擦对企业的影响

三、五大黄金法则

采取积极的举措应对中美贸易摩擦,确保经济运行的平稳,是 2018 年经济工作的重中之重。完成 2018 年度经济工作目标,要积极应对,更要善于应对。

扩大国际多边市场。在进一步关注美国市场的同时,要更加注重寻求新的市场发展空间,尤其要高度关注"一带一路"沿线国家对中国企业出口机会的改善。"一带一路"是新时期中国国际化的希望之路,出口型企业要积极跟进。同时要注意,企业不光要从市场空间上去开拓,更要从产品附加值上去入手,提高产品附加值,优化出口产品结构。努力提高产品和服务的"不可替代性",是市场发展永远的铁律。

建立原材料价格预警机制。梳理与浙江省中小企业生产密切相关的重要基础生产资料,分类建立核心生产资料价格监测体系,由权威部门定期、及时向全社会发布中小企业核心生产资料价格指数,加强基础生产资料中长期价格预测分析,及时、主动发布相关报告,合理引导市场预期,引导中小企业科学安排原材料采购和生产计划。

引导金融服务实体经济。在当前实体经济资金趋紧情况下,建议出台相关金融政策,支持和引导金融向实体经济输血,在贷款条件、还款条件、利率等方面给予实体企业倾斜。鼓励有条件的企业通过上市、发债等方式在资本市场直接融资。进一步推动政策性融资担保机构的建设,强化政策性融资担保机构对实体企业的担保服务。

大力推动企业数字化转型。引导企业积极响应"数字经济"一号工程战略,加强核心技术攻关,积极谋划区块链、人工智能和柔性技术等前沿领域,不断提升企业信息化、智能化和网络化水平,培育企业数字化能力,提升企业市场竞争能力。

积极培育为中小微企业提供数字化产品、数字化技术、数字化应用解决方案等服务的数字信息工程服务公司,鼓励数字信息工程服务公司开发适用于数字化智能装备和应用软件产品、中小微企业数字化提升的全套解决方案。

全面优化企业营商环境。政府应该着力打造公平公正的营商环境,以"最多跑一次"改革为突破口,以电子政务、智慧政务和大数据平台为着力点,全面深化放管服改革,加强对企业项目建设、创办企业和投融资方面的服务和支持。全面落实降低一般工商业电价的一揽子政策措施,持续推动企业降本减负。围绕企业用工需求,加大高端人才的招引力度,引导各类院校加强人才梯度培养。

原载《浙商》2018 年第 87 期,总第 171 期

2019,风云浙商话风云

　　2019 年 1 月 18 日,号称浙江经济界的"奥斯卡"的 2018 年度"风云浙商"颁奖典礼在杭州隆重举行,在红地毯上,人们看到了荣获 2018 年度风云浙商的 10 张面孔,更看到了为他们颁奖的一个个熟悉的身影。"风云浙商"作为浙江经济界最有影响力的评选活动,对入围人选可谓"拉高标杆","严格把关"。正因为"风云浙商"这个称号极高的含金量,每年的颁奖典礼都会吸引社会各界的目光。2018 年恰逢改革开放 40 年,我们回顾浙商企业家那一个个熟悉的名字和身影,无论是已经离开这个世界的鲁冠球、冯根生、沈爱琴、步鑫生,还是今天老当益壮、仍然在舞台中央的宗庆后、池幼章,无论是新经济的代表者马云、姚力军、刘启宏,还是坚守制造业、耕耘实体经济转型升级的王水福、丁毅、阮积祥,无论是 1982 年出生的胡玮炜、风华正茂的年轻新一代,还是年过八旬的池幼章,这些浙商企业家,不仅仅是浙江改革创新标志式的风云人物,也是中国改革开放 40 年的代表人物,他们无愧于这个时代称号——风云浙商,他们是这个伟大时代最值得人们尊重的榜样。

　　16 年来每一位"风云浙商"所具有的共同标签至少有以下五个方面。

　　第一,风云浙商是市场经济的"弄潮儿",勇立潮头。改革开放的 40 年,是中国从计划经济向市场经济转型的 40 年。在 2001 年中国加入 WTO 后,中国市场化改革的步伐从未如此的坚定。在这种坚定的时代步伐面前,努力顺势而为、争做市场经济的弄潮儿,为天下创造财富,为百姓增加福祉,始终走在市场化改革的前列,成为一代又一代浙商最大的使命。

第二,风云浙商是技术进步推动产业变革的"领航者",引领发展。创新是一个国家和民族进步不懈的动力,科技革命日新月异,产业迭代永无止境。没有淘汰的产业,只有出局的企业。无论是在生产领域,还是在流通领域,浙商敢于"吃螃蟹",更善于"吃螃蟹"。马云和他的阿里巴巴,为什么没有诞生在北京,也没有诞生在上海,却诞生在了杭州,成为今天经济研究界的"天问"。姚力军,这个东北汉子,漂洋过海,学成回来,又为什么没有选择在其他地方,却偏偏来到了余姚这个中华文明的发源地继续书写新的文明?与科技为伴、与技术为伍,努力在模式、技术等方面的市场定价机制上,领先一步、高人一招,是风云浙商的第二大看点。

第三,风云浙商是新时代社会责任的"承担者",利义并举。从传统儒家思想的利义观,到时代浙商的新精神文化,浙商积极倡导履行中国企业的社会责任。赈灾捐款,捐资助学,甚至把全部的财富用到了创办浙江省第一所中外合作办学的宁波诺丁汉大学,浙江万里教育集团董事长徐亚芬女士,是"利义并举、义中取利、先义后利"的典型代表。杭州纵横通信股份有限公司董事长苏维锋创办了国家 5A 级公募基金会,十年磨一剑,募款已超亿元,为中国特色的慈善与企业社会责任开辟了新的道路。

第四,风云浙商是制度变革与环境优化的"促进者",引领改革。邓小平同志曾经说过,中国的改革开放事业,没有现成的模式可以照抄照搬。从摸着石头过河开始,到顶层设计与基层实践相结合,改革的路到底如何走?从章华妹拿到第一张个体工商户营业执照,到步鑫生开始实行计件工资制;从宗庆后"小鱼吃大鱼"、兼并杭州罐头食品厂,再到冯根生拥有杭州第二中药厂 5% 左右的股份;从义乌小商品市场的"有形市场"到阿里巴巴的"无形市场"。即使没有获得"风云浙商"的称号，他们同样值得人们尊重。浙商企业家是最具活力的推动中国市场化改革不断深入的中国当代企业家群体。

第五，风云浙商是传统文化创新与时代精神的"创造者"、中坚力量。文化与精神是一个民族的记忆与符号，是一个民族是否真正能够在人类文明史上留下光辉与灿烂的重要载体。英国首相丘吉尔有这样一句名言："我宁愿失去一个印度，也不愿失去一个莎士比亚。"浙江，作为河姆渡文化、良渚文化的发源地，对于中国经济社会发展的价值，不仅仅体现在产业与经济上，更体现在文化与精神上。工业革命走过了第一次、第二次、第三次历史进程，人类正开启第四次革命的新征程，生产力的技术进步必将改变生产关系，而这种改变首先表现在新时期的文化与精神领域。任何形态的经济发展都蕴含了特定的文化力支撑，当代浙商弘扬以"创业、创新、担当、合作、法治、奋斗"为核心的精神，拥抱新时代、抢抓新机遇，风云浙商群体，在创造财富，更书写新的文明、展示新的精神，他们是诠释当代中国特色社会主义核心价值观的中坚力量。

风云浙商的这五种力量展示出了浙江经济的魅力，体现了浙江企业的时代风采！当今世界经济正面临着前所未有的大分流、大变革，科技革命的风云变幻必然带来产业发展的演进迭代，期待更多的浙商企业家能够在这个风云时代，展现更多的人生风采！

原载《浙江经济》2019 年第 2 期

2018,从"浙商新领军者"到 "领军浙商"的新风采

　　按照往年惯例,这个月将会有两份比较有分量的报告要新鲜出炉,一份是关于2018年浙商500强的大榜单,另一份是关于新领军者的小榜单。在我的眼里,前者反映的是浙商"集团军"的整体力量,后者反映的是浙商"特种兵"个性魅力。

　　首先我们来看看集团军的新风采。在十年前,浙商企业有38家营业收入超过百亿元,而十年后,百亿级别的企业达到了142家,其中有11家企业突破了千亿大关。浙江省千亿级规模的大企业数量第一次突破两位数,这是值得记录的。在大多数人看来,浙江经济的特征,主要看点在中小企业,大企业、大集团并不具备优势。正可谓"十年磨一剑"!如果用千亿级企业作为一个重要的门槛,那么浙江的千亿大户在全国的地位已经超越了浙江GDP在全国的排名。大企业、大集团作为国家和地区发展的重要标志,具有明显的渠道、品牌、技术等优势,对于区域经济的发展来说,无疑是十分重要的。从历史纵向的角度看,无论是第一次工业革命还是第二次工业革命的演进轨迹,均充分体现了"公司的力量"。在如今开始的第三次,甚至第四次工业革命中,这种"公司的力量"比任何时候都显得更为重要。把大公

司、大集团摆到区域经济发展更加突出的位置，无疑是十分重要的。从空间横向的角度看，无论是发达国家，还是发展中国家，都十分重视大企业、大集团的培育和发展。重视培育和发挥大企业、大集团的力量，并不是让强势的市场主体去实现"垄断"发展，而是在任何时代、任何条件下，群龙都不可无首，这对追赶型发展的中国来说，尤为重要。从省委、省政府提出重点培育省级工业龙头企业146家，到培育103家"三名企业"103家，再到更加体现市场化导向的浙商500强企业榜单，浙江的种种实践是这种发展轨迹的真实体现。

认真分析2018年的浙商大企业、大集团，可以发现其具有三个明显的特征：时代性、国际化、高成长性。向来"以小为美"的浙江，开启了"以大带小"的新时代。时代性体现在技术的发展轨迹上，特别是以"互联网＋、机器人＋、标准化＋、大数据＋"为标志和A（人工智能）B（区块链）C（云计算）D（大数据）为时代特征的技术方向，是浙商能够快速长大的重要逻辑。国际化体现在市场轨迹上，浙商500强区别于其他商帮最大的特征之一，就是"跳出"浙江发展浙江，尤其在全球范围内整合要素资源，实现浙商企业的快速发展。高成长性体现在发展的结果上，在分析这些大企业、大集团时，我们可以明显地看到，这些公司的规模已经非常大了，但是发展的速度并没有明显减缓。虽然已经是"一头大象"，但是很多企业的"奔跑（发展）"速度依然是两位数，让很多"中速"发展论无法解释。也许今天的浙商大企业、大集团，已经进入了一个新时代！

如果说大企业、大集团的发展有些让人意外，需要好好研究，那么2018年的新领导企业更值得我们研究。我们先来关注一下新领军企业的评选条件：一是在全国范围内具备一定公众影响力的浙江籍或在浙江创业的企业家；二是企业在所属行业内有良好口碑，市场占有率较高，属于行业内的隐形冠军或者行业排名前三；三是企业在2017年表现出强劲增长力，打造了新的增长空间，2017年营收超过1亿元，并达10％以上增长，或者实现了至少一轮融资，金额达到5000万元以上；四是对大数据、云计算、区块链等新经济领域有独到见解，并在此领域有所布局或有所成果。今天，也许这些新领军企业和浙商500强企业相比，还有很大的差距，但是这些有点"苛刻"的评比条件似乎可以更好地告诉我们浙江企业未来发展的力量。从产业发展驱动经济发展的轨迹上看，在浙江省委十四届二次全会上，浙江省第一次正式地提出了"未来产业"的概念。2018年的新领军企业也许是这种发展概念落地的最好证明。

如果浙江省区域经济发展的"山、水、林、田、湖"所形成的环境，对于广大企业来说是最好的"阳光雨露"，那么，今天的小企业就是明天的大企业、大集团，今天的浙商新领军企业就是明天的浙商500强。以大企业、大集团为引领，以中小企业为支撑，共同形成良好的协同创新体系，是未来浙江经济继续走在中国前列、全面实现"两个高水平"目标的不二选择。

原载《浙江经济》2018年第10期

后　记

党的十九大提出的建设现代化经济体系、推进高质量发展,可以看成是中国经济发展指导思想上最大的、最统一的一次经济发展指导思想转变。浙江省作为中国经济发展速度最快、民营经济最发达、国际化程度最高的省份之一,如何在高质量上走在前列,不但是一个实践问题,更是一个理论问题。在经济进入新常态后,国家开启了以供给侧结构性改革为主线的改革新思想,从原来的宏观经济分析注重消费、投资、出口的"三驾马车"到供给侧结构性改革思想,应该说是国家宏观层面上更加重视工业化思想的重要体现。从重视需求、市场端到更加重视生产、制造能力的提升,是国家与地方政府层面在经济思想上的一次转变,这对于工业部门来说无疑是十分重要的工作指导思想与工作抓手的巨大转变。中国的供给侧结构性改革,无疑是习近平新时代中国特色社会主义经济思想的重要内容与实践。对于工业化已经进入后工业化阶段,市场化程度较高的省份来说,应如何把高质量的要求落到实处? 即使从全球已经实现工业化的国家和地区来看,也并没有现成的模式可以借鉴。本着为改革闯关、为创新找路的目标,浙江省紧紧抓住以新一代信息技术为主要路径的科技革命与产业变革机会,以实施新政策、培育新主体、探索新模式、实现新跨越为主要目标，积极开展了以创新驱动为目标、"两化"融合为推手、"三名"工程为导向、"四换"战略为要求和"五水共治"为保障的"12345"工程，大力推进产业与经济结构的优化，同时在政府数字化转型中，努力推进"最多跑一次"改革，以"最多跑一次是常态，多跑一次是例外"为要求，倒逼政府职能转变，着力把生产力的提升和生产关系的变革有机结合起来，开展了大量的实践探索和政策创新。实践证明，这些探索和创新取得了较好的效果。2018年以来，浙江省委省政府围绕贯彻2016年G20峰会、2017年世界互联网大会上中央关于数字经济发展的战略部署，制定以大力发展数字经济为主要路径、促进浙江高质量发展的战略部署，在实践中以"亩均论英雄"为切入点，大力推进以"腾笼换鸟、机器换人、空间换地、电商换市"为主要路径的供给侧结构性改革，再次引领了数字化、网络化、智能化发展的新实践。

需要指出的是，在本书即将完稿的时候，有两个重要的事件发生。一是关于民营经济的新争论。在党的十九大报告指出"党政军民学，东西南北中，党是领导一切的"的大背景下，理论界发生了对"民营经济离场"观点的讨论，引起了社会的广泛关注。民营经济是浙江经济的主体，是该离场，还是转型升级进入高质量发展新阶段？这也是笔者开始重新思考的问题。二是关于中美贸易摩擦的不断升级。2019年8月，美国特朗普政府又提出将对余下的中国出口美国的3000亿美元产品再加征10％的关税，这对中国制造业，尤其对中国高技术产业的发展，提出了严峻的考验。直到本书第二次更新定稿的2019年盛夏，这场中美贸易摩擦走向仍然未明。

本书是笔者关于浙江经济观察与研究的第三本专著，前两本分别以"问道""求索"为主题，本书则以"跨越"为主题，比较全面系统地回顾总结了近5年以来浙江省区域经济在创新与跨越过程中的种种实践与探索，力求通过在产业与区域层面的研究，发现产业结构调整与创新实践过程中的共性问题，并总结出可复制、可推广的模式与路径,使其能够为中国其他更多的地区所借鉴。

本书中的很多研究,都是在实际工作过程中的报告提炼与总结,具有较好的实际指导意义,同时为学习习近平新时代中国特色社会主义思想提供了良好的时代教案。

本书在编写过程中得到了浙江省工业和信息化研究院工业经济研究室、互联网经济研究室、信息经济研究室、智能制造研究室等各部门主任的大力支持,也得到了之江产经智库办公室的大力支持,在此一并表示衷心的感谢。

兰建平

2019 年夏于杭州

图书在版编目（CIP）数据

跨越区域经济高质量发展 / 兰建平著. --杭州：
浙江大学出版社，2020.5
ISBN 978-7-308-20051-6

Ⅰ.①跨… Ⅱ.①兰… Ⅲ.①区域经济发展—研究—
中国 Ⅳ.①F127

中国版本图书馆 CIP 数据核字（2020）第 032165 号

跨越区域经济高质量发展

兰建平　著

责任编辑	陈佩钰	
文字编辑	陈逸行	
责任校对	杨利军　牟杨茜	
封面设计	春天书装	
出版发行	浙江大学出版社	
	（杭州市天目山路 148 号　邮政编码 310007）	
	（网址：http://www.zjupress.com）	
排　　版	杭州中大图文设计有限公司	
印　　刷	杭州高腾印务有限公司	
开　　本	710mm×960mm　1/16	
印　　张	24	
字　　数	357 千	
版 印 次	2020 年 5 月第 1 版　2020 年 5 月第 1 次印刷	
书　　号	ISBN 978-7-308-20051-6	
定　　价	98.00 元	